COMMUNIQUER EN ESPAGNOL

par

Jean Chapron
Professeur à l'E.C.C.I.P.

Pierre Gerboin
Professeur à l'E.C.C.I.P.

Enrique Pastor
Professeur assistant à l'École centrale de Paris

PRESSES POCKET

Contenido

ISBN : 2 - 266 - 03143 - 0

Sommaire

Présentation

Objectifs

Cet ouvrage a pour but de développer, en espagnol, une communication adaptée aux interlocuteurs et à la situation.

COMMUNIQUER EN ESPAGNOL

— Vous apprend comment :
- demander des renseignements ;
- indiquer des intentions ;
- échanger des impressions ;
- manifester des regrets, etc.

— Vous enseigne les tournures les plus idiomatiques dans les différents registres de la langue.

— Vous met en garde contre les erreurs les plus communément faites par les francophones.

— Vous facilite une révision systématique des structures de l'espagnol.

Ce livre permet ainsi aux élèves, et à tous ceux qui apprennent en général, d'enrichir leurs moyens linguistiques et d'améliorer la précision, la variété et la spontanéité de leur expression.

Il sera également utile aux voyageurs et aux professionnels amenés à négocier, en les entraînant à savoir choisir la formule idiomatique la plus fidèle à leur pensée, et la mieux apte à obtenir les informations recherchées.

Dans la collection LES LANGUES POUR TOUS, cette méthode peut constituer une étape intermédiaire entre L'ESPAGNOL POUR TOUS EN 40 LEÇONS et PRATIQUER L'ESPAGNOL ou L'ESPAGNOL ÉCONOMIQUE ET COMMERCIAL.

Contenu

— L'ouvrage comporte 40 unités de 4 pages. Chaque unité correspond à un domaine de communication.

— La première page présente deux dialogues en espagnol de longueur et de difficulté croissante.

— La deuxième page propose un ensemble de notes et remarques — grammaticales, lexicales, etc. —, ainsi que les éléments de traduction nécessaires à la parfaite compréhension des dialogues.

Tous les mots rencontrés dans les dialogues sont repris et traduits dans le lexique en fin d'ouvrage.

— La troisième page fournit des expressions idiomatiques et du vocabulaire complémentaires, dans le même domaine de communication. De plus, elle précise les différences entre :

- langue écrite et langue parlée
- langue familière et langue plus formelle
- usage péninsulaire et usage hispanoaméricain.

Elle aide ainsi à adapter la communication aux différents types de situation et d'auditoire.

— La quatrième page présente des exercices avec corrigé, et notamment un thème d'imitation qui permet de retrouver, à partir du français, les expressions utilisées dans les dialogues de la premièr page.

Conseils d'utilisation

— Lisez plusieurs fois les dialogues de la page 1.
— Reportez-vous aux notes de la page 2.
— Consultez le mémento grammatical et le lexique, en fin de volume.
— Étudiez la page 3, et comparez les expressions proposées à celles de la page 1.
— Faites les exercices de la page 4, après avoir relu si besoin la page 1.

Enregistrement
Les cassettes contiennent :
— l'enregistrement intégral des dialogues 1 et 2 ;
— des exercices de répétition ;
— des questions avec corrigé portant sur le dialogue 2.

Principales abréviations

adj.	adjectif	m.	substantif masculin
adv.	adverbe	mpl.	substantif masculin pluriel
Amér.	Amérique	num.	numéral
conj.	conjonction	pers.	personnel
démons.	démonstratif	pl.	pluriel
f.	substantif féminin	poss.	possessif
fpl.	substantif féminin pluriel	prép.	préposition
fam.	familier	pron.	pronom
fig.	figuré	T.S.	tutoiement singulier
ind.	indéfini	T.P.	tutoiement pluriel
inter.	interrogatif	v.	voir
interj.	interjection	V.S.	vouvoiement singulier
inv.	invariable	V.P.	vouvoiement pluriel

Dialogue 1

— Buenos días, señor García.
— Buenos días. Permítame que le presente[1] al nuevo representante[2] de la zona oeste[3], el señor Rupérez.
— Mucho gusto[4].
— Encantado, pero creo que ya nos conocemos[5].
— Pues, mire[6], yo, así, de repente[7], no caigo[8].
— Sí, hombre, sí[9], nos presentaron[10] en la Feria de Barcelona del año pasado.

Dialogue 2

(en una fiesta)

E. = Enrique J. = Jesús C. = Concha

E. — Hola, Jesús[11]. He tardado un poco[12] porque no daba con la casa[13]. Espero no llegar tarde[14].
J. — No, qué va[15], pasa, que te voy a presentar[16].
E. — ¿ Ha venido mucha gente ?
J. — Sí, mucha, ha venido prácticamente todo el mundo.
E. — Oye, no veo a tus padres.
J. — Están en el comedor. Más tarde los verás.
E. — Vale, como quieras[17]. Y éstos, ¿ quiénes son ?
J. — Ese es Rafael, es el hijo de un abogado[18] que trabaja con mi padre, pero es un pelmazo[19]. Mira, ésa de allí[20] es mi hermana pequeña, Concha. Voy a presentártela[21].
E. — Claro, cómo no.
J. — Concha, mira, éste es Enrique[22], un compañero[23] de Facultad. Él también estudia informática.
C. — ¡ Hola !
E. — ¡ Hola ! ¿ Qué tal ?
J. — Mi otra hermana, Carmen, que es azafata[24], no está, porque hoy está sustituyendo[25] a una compañera.
E. — Y la chica alta, morena[26], de vestido negro[27], ¿ quién es ?
J. — Ah, Tere, es la mayor de mis primas[28]. ¿ Quieres que te la presente[29] ? Nos llevamos muy bien[30]. Ya te he hablado de ella.
E. — Claro, ya me acuerdo[31], la que se fue a estudiar a Barcelona. Tenía muchas ganas de conocerla[32].

1. **permítame que le presente** : *permettez-moi de vous présenter ;* **permitir,** *permettre,* impératif vouvoiement singulier. **Permitir** est suivi du subjonctif présent de **presentar,** *présenter.* V. mémo 28.1.
2. **al nuevo representante** : *le nouveau représentant ;* emploi de la préposition **a** devant le complément direct lorsque celui-ci désigne une personne déterminée ; **a + el = al.**
3. **la zona oeste,** *le secteur ouest* (littéralement, *la zone*).
4. **mucho gusto** : *enchanté, très heureux.*
5. **creo que ya nos conocemos** : *je crois que nous nous connaissons déjà.*
6. **pues, mire** : *eh bien, écoutez.*
7. **yo, así, de repente** : *moi, comme ça, sur le coup ;* **de repente,** *tout à coup, soudain.*
8. **no caigo** : *je ne vois pas ;* **caer,** *tomber.* V. mémo 28.3 (ici, idiomatisme : *réussir à se souvenir de quelque chose*).
9. **sí, hombre, sí** : *mais si, mon vieux, mais si.*
10. **nos presentaron** : *on nous a présentés ;* **presentaron,** 3e personne du pluriel du passé simple de **presentar.** V. mémo 28.1. La 3e personne du pluriel traduit ici l'indéfini *on.* V. mémo 12.
11. **hola, Jesús** : *bonjour, Jesús (Sauveur) ;* **hola,** informel, familier, *bonjour, salut.*
12. **he tardado un poco** : *je me suis un peu attardé.*
13. **no daba con la casa** : *je ne trouvais pas la maison ;* **dar,** *donner.* V. mémo 28.3. **Dar con,** *trouver, tomber sur.*
14. **llegar tarde** : *arriver trop tard (ou en retard).*
15. **no, qué va** : *mais non, allons donc.*
16. **te voy a presentar** : *je vais te présenter ;* **ir,** *aller.* V. mémo 28.4. Emploi de la préposition **a** après un verbe de mouvement.
17. **vale, como quieras** : *d'accord, comme tu voudras.*
18. **el hijo de un abogado** : *le fils d'un avocat.*
19. **es un pelmazo** : *c'est un casse-pieds, un raseur.*
20. **ésa de allí** : *celle-là, là-bas.*
21. **voy a presentártela** : *je vais te la présenter ;* l'enclise, v. mémo 10.
22. **mira, éste es Enrique** : *tiens, voici Henri.*
23. **compañero** : *camarade,* parfois *collègue.*
24. **azafata** : *hôtesse de l'air.*
25. **está sustituyendo** : *elle remplace ;* **estar** + gérondif = *être en train de.*
26. **la chica alta, morena** : *la grande (jeune) fille brune.*
27. **de vestido negro** : *à la robe noire.*
28. **la mayor de mis primas** : *l'aînée de mes cousines.*
29. **quieres que te la presente** : *veux-tu que je te la présente.* **Querer,** *vouloir, aimer (tendrement).* V. mémo 28.5.
30. **nos llevamos muy bien** : *nous nous entendons très bien.*
31. **claro, ya me acuerdo** : *bien sûr, je m'en souviens bien ;* **acordarse,** *se souvenir,* verbe à diphtongue. V. mémo 28.1.
32. **tenía muchas ganas de conocerla** : *j'avais très envie de la connaître.*

1 - Salutations :

saludarse	se saluer
saludo	salutation
buenos días	bonjour (le matin)
buenas tardes	bonjour (l'après-midi)
buenas noches	bonsoir, bonne nuit
que descanses (-e, -éis, -en)	repose-toi, (reposez-vous) bien
hola	bonjour, salut (fam.)
adiós	au revoir
hasta luego	au revoir, à tout à l'heure
hasta pronto	à bientôt
hasta la vista	" "
hasta mañana	à demain
¿cómo está Ud. ?	comment allez-vous ?
¿cómo le va ?	comment ça va ?
¿qué tal ?	ça va ? (familier)
muy bien, ¿y Ud. ?	très bien, et vous ?
bien	ça va
bastante bien, gracias	pas mal, merci
así, así	comme ci, comme ça
regular	" "
dar los buenos días	souhaiter le bonjour
saludar con la mano	saluer de la main
saludar con un abrazo	saluer en donnant l'accolade
déle saludos de mi parte	vous lui direz bonjour de ma part

2 - Faire les présentations :

presentar	présenter, faire les présentations
este es el señor...	voici monsieur...
esta es la señora (señorita)	voici madame (mademoiselle)
el señor Martínez	monsieur Martinez
la señora de Martínez	madame Martinez (épouse de Martinez)
los señores de Martínez	monsieur et madame Martinez
don Antonio Martínez	monsieur (devant un prénom) Antonio Martínez
doña María Solana	madame Maria Solana
viuda de...	veuve (nom de famille du mari)

(En Espagne, la femme mariée conserve son nom de jeune fille ; parfois on ajoute le nom du mari au nom de jeune fille : doña María Solana *de Martínez*.

A Mettre au pluriel :

1. ¿ Hablas español ? — Sí, hablo español.
2. ¿ Habla Ud. alemán ? — No, no hablo alemán.
3. ¿ Qué bebes ? — Estoy bebiendo un café.
4. ¿ Bebe Ud. vino ? — No, yo no bebo nunca vino.
5. ¿ Dónde vives ? — Vivo en Barcelona.
6. ¿ Vive Ud. en Madrid ? — No, vivo en Sevilla.

B Mettre au singulier :

1. Hemos tardado un poco.
2. Vamos a llegar tarde.
3. ¿ Queréis que os la presente ?

C Traduire :

1. Monsieur López habite-t-il dans cette maison ?
2. Bonjour, monsieur, comment allez-vous ? — Bien, merci.
3. Voici ma petite sœur, Concha. — Très heureux.
4. Enchantée de vous connaître, monsieur Garcia.
5. Je ne trouvais pas la maison et je suis arrivé en retard.
6. Cette grande fille brune est l'aînée de mes cousines.

Corrigé

A
1. ¿ Habláis español ? — Sí, hablamos español.
2. ¿ Hablan Uds. alemán ? — No, no hablamos alemán.
3. ¿ Qué bebéis ? — Estamos bebiendo un café.
4. ¿ Beben Uds. vino ? — No, nosotros no bebemos nunca vino.
5. ¿ Dónde vivís ? — Vivimos en Barcelona.
6. ¿ Viven Uds. en Madrid ? — No, vivimos en Sevilla.

B
1. He tardado un poco.
2. Voy a llegar tarde.
3. ¿ Quieres que te la presente ?

C
1. ¿ Vive el Sr. López en esta casa ?
2. Buenos días, señor, ¿ cómo está Ud. ? — Bien, gracias.
3. Esta es mi hermana pequeña, Concha. — Mucho gusto.
4. Encantada de conocerle, Sr. García.
5. No daba con la casa y he llegado tarde.
6. Esa chica alta y morena es la mayor de mis primas.

Dialogue 1

— **Buenas tardes, ¿ vive aquí D. Luis González[1] ?**
— **Sí, soy yo[2].**
— **Mire[3], vengo de parte de[4] Juan Carmona...**
— **Claro, pase, pase[5], por favor. No se quede en la puerta[6]. Póngase cómodo[7]. Déme el abrigo[8].**
— **Yo no quería entretenerle mucho[9]...**
— **No faltaría más[10]. ¿ Qué quiere tomar[11] ?**

Dialogue 2

(una visita inesperada)

C. = Carlos E. = Emilio

C. — Hombre, ¡Emilio ! ¡cuánto tiempo sin verte[12] ! Anda, pasa, pasa[13]... No te quedes ahí. Oye, Merche, mira quién está aquí. Oye[14], hacía tiempo que no venías por aquí[15]. ¿ Dónde te has metido[16] ?
E. — Pues, mira, pasaba por aquí, y me dije[17]...
C. — Claro, hombre, ya era hora[18]. Entra, entra, no te quedes ahí. Y, ¿ qué tal ?, ¿ qué es de tu vida[19] ? Mira, quítate el abrigo[20] y ponte cómodo[21]. Allí, allí, siéntate[22] allí en el sofá.
E. — No, mira, a estas horas, yo sólo pasaba para saludaros y saber cómo estabais, pero no quería molestaros[23].
C. — Pero, hombre, ¿ qué cosas estás diciendo[24] ? ¡ Cómo vas a molestar[25] !
E. — ¿ Y vosotros ? ¿ Qué tal ?
C. — Bien, bien, pues, me alegro mucho de volverte a ver[26]. A ver, ¿ qué quieres tomar ?
E. — No, oye, de verdad, que sólo...
C. — Venga, dime qué quieres[27]... Así que, otra vez por aquí[28]...
E. — Pues, sí, aquí estoy otra vez. A ver por cuanto tiempo[29].
C. — Es que tu última visita duró muy poco. Esta noche tienes que quedarte a cenar[30] con nosotros.
E. — Mira, oye, es que yo...
C. — Nada, nada. Ya sabes que ésta es tu casa.
E. — Muchas gracias.
C. — Bueno, te quedas a cenar.

1. **¿ vive aquí D. Luis (...) ?** : *Monsieur Louis (...) habite-t-il ici ?*
2. **soy yo** : *c'est moi* ; traduction de *c'est* + pronom personnel : **ser** se met à la même personne que le pronom qui suit.
3. **mire** : *eh bien, voilà* ; impératif de **mirar**, *regarder* (v. mémo 29) ici à valeur interjective ; sert à appeler l'attention.
4. **vengo de parte de** : *je viens de la part de* ; **venir**, v. mémo 28.6.
5. **claro, pase, pase** : *bien sûr, entrez, entrez* ; impératif vouvoiement singulier de **pasar**, *passer*. V. mémo 29.
6. **no se quede en la puerta** : *ne restez pas devant la porte* ; **quedarse**, *rester* ; impératif, v. mémo 29.
7. **póngase cómodo** : *mettez-vous à l'aise* ; **ponerse**, *se mettre* ; impératif vouvoiement singulier, v. mémo 29.
8. **déme el abrigo** : *donnez-moi votre manteau* ; **dar**, *donner* ; impératif, v. mémo 29. Si l'idée de possession n'est pas essentielle, l'espagnol remplace le possessif par l'article.
9. **yo no quería entretenerle mucho** : *je ne voulais (ou voudrais) pas prendre trop de votre temps* ; **entretener**, *passer le temps, faire perdre le temps de quelqu'un.*
10. **no faltaría más** : *je vous en prie* (sous-entendu : *vous ne me dérangez pas*) ; m. à m. : *il ne manquerait plus que cela.*
11. **¿ qué quiere tomar ?** : *que voulez-vous boire ?* ; **tomar**, *prendre.*
12. **¡ cuánto tiempo sin verte !** : *il y a bien longtemps que je ne t'ai vu !* ; m. à m., *combien de temps sans te voir !*
13. **anda, pasa, pasa** : *allons, entre, entre.*
14. **oye** : *écoute* ; impératif tutoiement singulier de **oír**, *entendre*. V. mémo 28.4.
15. **hacía tiempo que no venías por aquí** : *il y a une éternité que tu n'étais pas venu par ici.*
16. **¿ dónde te has metido ?** : *où étais-tu passé ?* ; **meterse**, *se fourrer.*
17. **me dije** : *je me suis dit,* passé simple de **decir**. V. mémo 28.3.
18. **claro, hombre, ya era hora** : *oui, mon vieux, il était temps.* **Era**, indicatif imparfait irrégulier de **ser**, *être*. V. mémo 28.5.
19. **¿ qué es de tu vida ?** : *que deviens-tu ?*
20. **quítate el abrigo** : *enlève ton manteau* ; **quitar**, *enlever* est à la forme réfléchie et l'article remplace le possessif.
21. **ponte cómodo** : *mets-toi à l'aise* ; **pon**, impératif tutoiement singulier irrégulier de **poner**, *mettre, poser*. V. mémo 29.
22. **siéntate** : *assieds-toi* ; **sentarse**, *s'asseoir*. V. mémo 28.1.
23. **no quería molestaros** : *je ne voulais pas vous déranger.*
24. **¿ qué cosas estás diciendo ?** : *qu'est-ce que tu racontes ?*
25. **cómo vas a molestar** : *tu ne me déranges nullement.*
26. **me alegro mucho de volverte a ver** : *je me réjouis beaucoup de te revoir.*
27. **venga, dime qué quieres** : *allons, dis-moi ce que tu veux.*
28. **así que, otra vez por aquí** : *alors te revoilà par ici.*
29. **a ver por cuanto tiempo** : *à savoir pour combien de temps.*
30. **tienes que quedarte a cenar** : *tu dois rester dîner.*

1 - Autres façons d'accueillir :

¡ tú por aquí !	toi ici !
¡ bienvenidos !	soyez les bienvenus !
me alegro de verte	je suis content de te voir
está encantada con que te quedes	elle est enchantée que tu restes
Ud. no puede imaginarse el gusto que me da	vous ne vous imaginez pas le plaisir que vous me faites
pase, si quiere, pero no tengo mucho tiempo	entrez, si vous voulez, mais je n'ai pas beaucoup de temps
no creo que nos conozcamos	je ne crois pas que nous nous connaissions
está Ud. en su casa, ésta es su casa	vous êtes ici chez vous

2 - Notions contraires :

negarse a recibir	refuser sa porte
le echaron	il a été renvoyé
¡ fuera todos !	tout le monde dehors !
no le dejaré entrar	je ne le laisserai pas entrer
ella le rechazó	elle le repoussa
dar a uno con la puerta en las narices	claquer la porte au nez de quelqu'un
botar	flanquer dehors, vider (fam.)

3 - Vocabulaire complémentaire :

Synonymes

la acogida, el recibimiento	l'accueil
la hospitalidad	l'hospitalité
admitir	admettre
aceptar	accepter
albergar	loger
acoger	accueillir
tomar	prendre

Antonymes

rehusar, rechazar	refuser
echar a la calle	jeter à la rue
desahuciar	donner congé (locataire)
despedirse de	dire au revoir, prendre congé
despedir (a alguien)	congédier, renvoyer
echar, expulsar	expulser
desalojar	" "
poner de patas en la calle	mettre quelqu'un dehors
despedirse a la francesa	filer à l'anglaise
seguir su camino	passer son chemin

A Mettre à l'imparfait de l'indicatif :

1. D. Luis González vive aquí.
2. Vengo de parte de Juan.
3. Me reciben siempre bien.
4. Voy a casa de mis amigos.
5. Nos alegramos mucho de verle cuando viene.

B Transformer en s'adressant à plusieurs personnes qu'on tutoie :

1. ¡Qué cosas dices !
2. ¡Cómo vas a molestar !
3. ¡No te quedes en la puerta !
4. Siéntate en el sofá.
5. ¿Qué es de su vida ?

C Traduire :

1. Ils viennent de la part de M. Gonzalez.
2. Elle se réjouit beaucoup de te revoir.
3. Il enlève son manteau et se met à l'aise.
4. Toi et toi, que voulez-vous boire ?
5. Il doit rester dîner avec nous.

Corrigé

A
1. D. Luis González vivía aquí.
2. Venía de parte de Juan.
3. Me recibían siempre bien.
4. Iba a casa de mis amigos.
5. Nos alegrábamos mucho de verle cuando venía.

B
1. ¡Qué cosas decís !
2. ¡Cómo vais a molestar !
3. ¡No os quedéis en la puerta !
4. Sentaos en el sofá.
5. ¿Qué es de vuestra vida ?

C
1. Vienen de parte del Sr. González.
2. Ella se alegra mucho de volverte a ver.
3. Se quita el abrigo y se pone cómodo.
4. Tú y tú, ¿qué queréis tomar ?
5. Tiene que quedarse a cenar con nosotros.

Dialogue 1

— ¿ Qué quieres tomar[1] ? ¿ qué te apetece[2] ?
— Nada, nada no te molestes[3].
— Sí, hombre, toma algo[4].
— Bueno, ponme[5] una copa[6] de Jerez.
— ¿ Quieres algo para picar[7] ?
— No, gracias, de verdad, no suelo tomar nunca nada[8] entre las comidas.
— Anda, ¡ cómo no vas a comer nada[9] !
— Bueno, ¿ tienes almendras o algo así[10] ?

Dialogue 2 (en casa de la tía)

S. = sobrino T. = tía

S. — Nada, tía, nada, no te molestes. Sólo[11] hemos venido un momento a verte para que conozcas a mi novia[12].
T. — ¡ Cómo me va a molestar ! Venga[13], os voy a preparar de merendar[14]. Tú antes comías mucho.
S. — Gracias, tía, es que acabamos de comer[15] hace poco[16] y no tenemos hambre[17].
T. — Entonces, os saco unas pastas[18] muy buenas que tengo.
S. — De verdad que no, gracias.
T. — Sí, hombre, antes te gustaban mucho[19], cuando eras pequeño y venías a verme[20].
S. — No, gracias, están muy buenas, pero es que mi novia está haciendo un régimen[21] y no puede tomar esas cosas.
T. — ¿ De verdad[22] que no quieres que te saque unas pastas ? Bueno, pues, entonces, algo para picar. ¡ Cómo no vais a comer nada ! Os voy a poner unas almendras. Y de beber, ¿ que queréis beber ? Ud., señorita, ¿ qué le pongo de beber ?
S. — Gracias, tía, pero ella no bebe nada.
T. — ¿ No bebe nada ?
S. — No, nada, ni café, ni alcohol, nada de nada[23]. Sólo agua. Bebe mucha agua.
T. — Pues, nada, nada[24], yo le traigo agua[25]. Y a ti, hijo[26], ¿ qué te apetece ?
S. — Lo mismo que tú[27], tía.
T. — Entonces, nos vamos a beber una copita del licor de hierbas[28] y así brindamos por los jóvenes[29].

1. **tomar** : *prendre*. C'est **tomar** et non **coger** qu'on utilise dès que *prendre* s'applique à une boisson, un aliment, etc.
2. **¿ qué te apetece ?** : *qu'est-ce qui te fait envie ?*
3. **no te molestes** : *ne te dérange pas ;* impératif négatif de **molestarse**, v. mémo 29.
4. **sí, hombre, toma algo** : *mais si, mon vieux, prends quelque chose.*
5. **ponme** : m. à m., *mets-moi, sers-moi, donne-moi.* Impératif de **poner** avec enclise du pronom, v. mémo 29.
6. **una copa** : *un verre* (à pied). Autrement, **un vaso** : **un vaso de agua** *(un verre d'eau).*
7. **picar** : *piquer,* mais aussi *picorer.*
8. **no suelo tomar nunca nada** : *d'habitude, je ne prends jamais rien ;* **soler**, *avoir l'habitude de,* verbe à diphtongue. V. mémo 28.1.
9. **¿ cómo no vas a comer nada ?** : *comment ? tu vas bien prendre quelque chose*, m. à m., *comment tu ne vas rien prendre ?*
10. **almendras o algo así** : *des amandes ou quelque chose comme ça.*
11. **sólo** : *seulement,* traduit aussi *ne... que :* **solo** sans accent écrit signifie *seul.*
12. **mi novia** : *ma fiancée ;* **los novios** signifie aussi *les jeunes mariés.*
13. **venga** : *allons, allez.*
14. **preparar de merendar** : *préparer à goûter.*
15. **acabamos de comer** : *nous venons de déjeuner ;* **acabar de** suivi de l'infinitif marque le passé récent. Ne pas confondre avec **venir de** qui indique l'origine.
16. **hace poco** : *il y a peu de temps.* Également **hace poco tiempo.**
17. **no tenemos hambre** : *nous n'avons pas faim.*
18. **unas pastas** : *des petits gâteaux, des petits fours.*
19. **te gustaban mucho** : *tu les aimais beaucoup.* Construction du verbe **gustar**, v. mémo 27.
20. **cuando eras pequeño y venías a verme** : *quand tu étais petit et que tu venais me voir.*
21. **está haciendo un régimen** : *elle fait (elle suit) un régime.*
22. **de verdad** : *vraiment.*
23. **nada de nada** : *vraiment rien, rien du tout.*
24. **pues, nada, nada** : *bon, bon* (sous-entendu, *je n'insiste pas*).
25. **yo le traigo agua** : *je lui apporte de l'eau.* **Traer**, *apporter.* V. mémo 28.6.
26. **hijo** : littéralement, *fils,* mais dans un dialogue, employé comme vocatif, il indique l'affection : *mon petit, mon grand, mon ami,* etc.
27. **lo mismo que tú** : *la même chose que toi.* Notez que l'espagnol utilise l'article neutre **lo** + l'adjectif et non pas la tournure **la misma cosa** (qui désignerait un objet).
28. **licor de hierbas** : *liqueur à base de plantes.*
29. **así brindamos por los jóvenes** : *ainsi nous buvons à la santé des jeunes.* **Echar un brindis (brindar)**, *porter un toast.*

1 - Autres façons d'offrir :

convidar a, invitar a	offrir, inviter à
nos convida a tomar una copa	il nous invite à prendre un verre
invito yo	c'est moi qui régale
invitar a una ronda	offrir une tournée
obsequiar con	offrir, faire cadeau
le obsequiaron con un frasco de perfume	ils lui firent cadeau d'un flacon de parfum
regalar	faire cadeau, offrir, donner
proponer	proposer
te propongo que cenemos ahora	je te propose de dîner maintenant
hacer propuestas (proposiciones)	faire des propositions
hacer un donativo	faire un don

2 - Notions contraires :

pedir	demander
dar un sablazo, sablear	taper
mendigar, pordiosear	mendier
reclamar	réclamer
pedir prestado	emprunter
ser tacaño, roñoso, agarrado	être radin, pingre
ser parco en gastar	être regardant à la dépense

3 - Vocabulaire complémentaire :

tener hambre	avoir faim
tener sed	avoir soif
¡Buen provecho !	bon appétit
¡Que aproveche !	,, ,,
¿te apetecería tomar un Jerez ?	ça te dirait de prendre un xerès ?
¿a que no lo bebes de un trago ?	je te parie que tu ne le bois pas d'un coup
¿a qué no sabes de qué tengo ganas ?	tu sais de quoi j'ai envie ?
brindo por ti/a tu salud	je bois à ta santé
os lo dejo de buena gana	je vous le laisse de bon cœur
come algo más	mange un peu plus
prueba ese plato. Está muy bueno	goûte ce plat. C'est très bon
¿gusta(s) ? (en offrant de la nourriture)	voulez-vous (veux-tu) goûter ?
las tapas	les amuse-gueule
vino tinto, rosado, blanco	vin rouge, rosé, blanc
una comilona	un gueuleton
quedarse de sobremesa	rester un moment à table après le repas

A Remplacer « querer » par « apetecer » :

1. ¿ Quiere un poco más ?
2. ¿ Queréis una cerveza ?
3. ¿ Quieren la especialidad de la casa ?
4. ¿ Quieres tomar algo ?
5. ¿ Quieres que te traiga otra cosa ?

B Mettre à la deuxième personne du pluriel :

1. Le propusiste algo, ¿ verdad ?
2. ¿ No sueles tomar café después de cenar ?
3. ¿ No quieres que te sirva otra copa ?
4. ¡ No puedes imaginar lo tacaño que es !
5. ¿ Qué pides para tu cumpleaños ?

C Traduire :

1. Je suis content qu'elle te l'ait proposé.
2. Ils m'ont proposé de dîner avec eux demain.
3. Je vais prendre la même chose que toi.
4. Que veux-tu que je t'offre ?
5. Non, merci, je n'ai plus faim.

Corrigé

A
1. ¿ Le apetece un poco más ?
2. ¿ Os apetece una cerveza ?
3. ¿ Les apetece la especialidad de la casa ?
4. ¿ Te apetece tomar algo ?
5. ¿ Te apetece que te traiga otra cosa ?

B
1. Le propusisteis algo, ¿ verdad ?
2. ¿ No soléis tomar café después de cenar ?
3. ¿ No queréis que os sirva otra copa ?
4. ¡ No podéis imaginar lo tacaños que son !
5. ¿ Qué pedís para vuestro cumpleaños ?

C
1. Me alegro de que te lo haya propuesto.
2. Me han propuesto que cene con ellos mañana.
3. Voy a tomar lo mismo que tú.
4. ¿ Qué quieres que te regale ?
5. No, gracias, ya no tengo hambre.

Dialogue 1

— ¿ Te apetece que vayamos[1] al cine esta noche ?
— Claro que sí[2], pero no he cenado todavía[3].
— Entonces[4], podríamos ir[5] al restaurante. ¿ Qué te parece « Casa Cándido »[6] ?
— Vale[7]. Oye, ¿ por qué no le decimos a tu prima que si quiere venir con nosotros[8] ?
— Estupendo. ¿ La llamamos ?[9]
— Se me está ocurriendo[10] que entonces tendríamos que reservar[11] una mesa.

Dialogue 2

(en el restaurante)

F. = Francisco A. = Amalia J. = Javier

F. — ¿ Qué os parece si nos sentamos allá[12] en el fondo, al lado de la ventana ?
A. — A mí me han dicho[13] que en este sitio se come bien y se está muy a gusto[14]. Además, las vistas son fenomenales[15].
J. — Oye, Francisco, tú que eres un gastrónomo y que sueles venir[16], ¿ qué nos recomiendas ?
F. — El cochinillo asado[17]. Es la especialidad de la casa.
J. — A mí no me apetece mucho[18]. ¿ Por qué no tomamos[19] una paella para los tres ?
A. — Oye, a mí eso me parece que es demasiado fuerte[20] para por[21] la noche.
F. — Entonces, truchas de Valsaín[22].
A. — No, yo no, para mí no. Yo ya he comido pesca[23] esta mañana y voy a pedir[24] otra cosa.
J. — Mirad[25], no nos vamos a complicar la vida. Lo más sencillo[26] es pedir el menú, que parece que está bien[27]. Además, unos amigos me lo han recomendado mucho.
F. — Vale. Y de beber, una jarra del vino de la casa[28].
J. — Muy bien. No hay que darle más vueltas[29]. Si estáis de acuerdo vamos a pedir.
F. — ¿ Queréis tomar algo antes ?
J. — No, mejor no[30]. ¿ Y tú ? ¿ Tomas algo ?
F. — No, yo tampoco[31].

1. **te apetece que vayamos** : *as-tu envie que nous allions* ; **apetecer,** *plaire, faire envie, avoir envie* ; **vayamos** est le présent du subjonctif du verbe **ir**. V. mémo 28.4.
2. **claro que sí** : *bien sûr que oui.*
3. **no he cenado todavía** : *je n'ai pas encore dîné.*
4. **entonces** : *alors, dans ces conditions.*
5. **podríamos ir** : *nous pourrions aller* ; **poder,** v. mémo 28.4.
6. **¿qué te parece ... ?** : *que dis-tu de ... ?*
7. **vale** : *d'accord.*
8. **¿por qué no le decimos... con nosotros ?** : *pourquoi ne dirions-nous pas à ta cousine de venir avec nous ?*
9. **estupendo. ¿La llamamos ?** : *très bien. On lui téléphone ?*
10. **se me está ocurriendo** : *j'ai une idée, il me vient à l'esprit* ; **ocurrírsele (a uno),** *venir à l'idée ou à l'esprit (de quelqu'un)* ; la forme progressive **estar** + gérondif indique que l'action est en cours.
11. **tendríamos que reservar** : *nous devrions réserver* ; **tener que** + infinitif, *devoir* (obligation contraignante) ; **tener,** *avoir.* V. mémo 28.6.
12. **¿qué os parece si nos sentamos allá ?** : *qu'est-ce que vous en pensez si nous nous asseyons là-bas ?*
13. **a mí me han dicho** : *on m'a dit,* traduction de *on* par la 3e personne du pluriel. V. mémo 12.
14. **y se está muy a gusto** : *et que l'on y est très bien (à l'aise).*
15. **además, las vistas son fenomenales** : *en plus, la vue est magnifique.*
16. **eres un gastrónomo y que sueles venir** : *tu es une fine gueule et un habitué* (m. à m. : *qui a l'habitude de venir*) ; **soler,** *avoir l'habitude de,* verbe à diphtongue. V. mémo 28.1.
17. **cochinillo asado** : *cochon de lait rôti.*
18. **a mí no me apetece mucho** : *je n'en ai pas très envie.* Cf. 1.
19. **¿Por qué no tomamos... ?** : *pourquoi ne prenons-nous pas... ?*
20. **a mí eso me parece que es demasiado fuerte** : *il me semble (je pense) que c'est trop lourd* (m. à m., *fort*).
21. **para por la noche** : *pour le soir* ; **para,** *pour* ; **por la noche,** *le soir, la nuit.*
22. **truchas de Valsaín** : *des truites de Valsaín.*
23. **yo ya he comido pesca** : *j'ai déjà mangé du poisson* (**pescado**).
24. **voy a pedir** : *je vais commander* ; **ir,** *aller.* V. mémo 28.4. **Pedir,** *demander, commander.* V. mémo 28.2.
25. **mirad** (interj.) : *écoutez,* de **mirar,** *regarder,* impératif tutoiement pluriel. V. mémo 29.
26. **lo más sencillo** : *le plus simple.*
27. **que parece que está bien** : *qui semble bien (qui a l'air bon).*
28. **una jarra del vino de la casa** : *un pichet du vin de la maison.*
29. **no hay que darle más vueltas** : *il n'y a plus à y revenir.*
30. **no, mejor no** : *non, il ne vaut mieux pas.*
31. **yo tampoco** : *moi non plus.*

1 - Autres façons de suggérer :

me sugiere que vaya...	il me suggère d'aller...
una sugerencia	une suggestion
hacer una sugerencia	faire une proposition
aconsejar	conseiller
preconizar	préconiser
insinuar	insinuer
animar a	inciter à
incitar a	pousser à
deberíamos + infinitif	nous devrions + infinitif
sería mejor + infinitif	il vaudrait mieux + infinitif
sería mejor que tú + imparfait du subjonctif	tu ferais mieux de + infinitif
más vale + infinitif	il vaut mieux + infinitif
creo que lo mejor + indicatif...	je pense que le mieux...
¿no cree que... ?	vous ne pensez pas que... ?
quiere que + subjonctif	il veut que + subjonctif
¿y si + subjonctif imparfait ?	et si + indicatif imparfait ?
yo que (tú, Ud., vosotros...)	moi, à (ta, votre, ...) place

2 - Notions contraires :

desaconsejar	déconseiller
disuadir	dissuader
desanimar	décourager
no ser recomendable	être à déconseiller
poner reparos	faire des objections
poner pegas	faire des difficultés
dar marcha atrás	faire marche arrière

3 - Autres traductions :

aludir	faire allusion
dar a entender	laisser (donner à) entendre
evocar	évoquer
hablar con segundas	parler par sous-entendus
proponer	proposer
sobreentender	sous-entendre
suscitar	susciter
desengañar	détromper

4 - Vocabulaire complémentaire :

un supuesto	un exemple, une hypothèse
una alusión	une allusion
un sobreentendido	un sous-entendu
una propuesta, proposición	une proposition
una insinuación	une insinuation
una segunda intención	une arrière-pensée
juzgue por sí mismo	à vous d'en juger

A Mettre au conditionnel :

1. **Podemos ir con Paco al restaurante esta noche.**
2. **Es mejor llamar para reservar una mesa.**
3. **Vamos al cine con tu prima y su novio.**

B Faire précéder de « te apetece que... » :

1. **Mi hermano viene con nosotros.**
2. **Tomamos la especialidad de la casa.**
3. **Nos sentamos al lado de la ventana.**

C Traduire :

1. On m'a dit que l'on mange bien dans ce restaurant.
2. Je n'ai pas encore dîné et j'ai grand faim.
3. Des amis m'ont recommandé le menu touristique.
4. Que dirais-tu si nous prenions un pichet de vin de la maison ?
5. Ce soir je n'ai pas envie de sortir.
6. Nous allons commander une paella pour trois.
7. Veux-tu que nous allions au cinéma demain soir ?
8. Je crois que le mieux serait de téléphoner pour réserver.

Corrigé

A 1. **Podríamos ir con Paco al restaurante esta noche.**
2. **Sería mejor llamar para reservar una mesa.**
3. **Iríamos al cine con tu prima y su novio.**

B 1. **¿Te apetece que mi hermano venga con nosotros ?**
2. **¿Te apetece que tomemos la especialidad de la casa ?**
3. **¿Te apetece que nos sentemos al lado de la ventana ?**

C 1. **Me han dicho que se come bien en este restaurante.**
2. **No he cenado todavía y tengo mucha hambre.**
3. **Unos amigos me han recomendado el menú turístico.**
4. **¿Qué te parece si tomamos una jarra de vino de la casa ?**
5. **No me apetece salir esta noche.**
6. **Vamos a pedir una paella para tres.**
7. **¿Quieres que vayamos al cine mañana por la noche ?**
8. **Creo que lo mejor sería llamar para reservar.**

Dialogue 1

— ¿A ti qué te gusta más[1] ? ¿Leer o ver la televisión ?
— No tengo una verdadera preferencia. A mí me tira más la televisión[2], pero depende...
— Y en general, ¿qué prefieres ? ¿quedarte en casa o salir ?
— Me da igual una cosa que otra[3].
— Pues, a mí, me encanta salir[4].
— A mí, en realidad, lo que más me gusta de todo[5] es el ajedrez[6]. Soy un buen aficionado[7] y no juego mal del todo[8].

Dialogue 2

(en un bar)

P. = Pepe L. = Lucía

P. — Oye, Lucía, así, en general[9], ¿a ti qué te gusta más ? : ¿el cine o el teatro ?
L. — Hombre[10], por lo general, me gustan los dos[11], pero, de todas formas[12], lo que más me gusta es quedarme en casa leyendo[13], eso es lo que más me gusta.
P. — ¡Qué aburrido ! ¿no[14] ?
L. — A mí me gusta estar en casa, pero no siempre, claro.
P. — Bueno, ¿y ahora qué hacemos[15] ? ¿prefieres que vayamos[16] al cine o que demos una vuelta[17] ?
L. — Mira, a mí me da lo mismo[18]. En realidad, yo no tengo ningún interés especial[19] en ninguna de las dos cosas.
P. — Entonces, a ti te da igual.
L. — Bueno, si te apetece[20], podemos ir por ahí[21].
P. — Vamos entonces[22], ¿llamamos a Nacho[23] ?
L. — No, mira. Eso, no. En ningún caso. Me cae bastante mal[24].
P. — Vale[25], pues, llamamos a Pilar y salimos a dar una vuelta juntos...
L. — De ninguna manera. Peor aún[26]. Esa me cae todavía peor. Es muy antipática.
P. — Entonces, no sé qué podemos hacer[27]. Visto el plan[28], lo mejor, entonces[29], es irme a casa. Tú haces lo que quieras, y ya está[30].
L. — Bueno, vete a casa[31], si quieres, pero yo, de todas formas, me voy por ahí.

1. **¿a ti qué te gusta más ?** : *que préfères-tu* (m. à m. : *qu'aimes-tu le plus ?*) ; **gustar**, *plaire, aimer*. V. mémo 27.
2. **a mí me tira más la televisión** : *je suis davantage attiré par la télévision ;* (m. à m. : *la télévision m'attire davantage).*
3. **me da igual una cosa que otra** : *l'une et l'autre choses me sont égales ;* **me da igual**, *ça m'est égal.*
4. **pues, a mí, me encanta salir** : *eh bien, moi, j'adore sortir.*
5. **lo que más me gusta de todo** : *ce que j'aime par-dessus tout.*
6. **el ajedrez** : *les échecs* (le jeu).
7. **soy un buen aficionado** : *je suis un bon amateur.*
8. **no juego mal del todo** : *je ne joue pas mal du tout ;* **jugar al ajedrez**, *jouer aux échecs ;* **jugar**, verbe à diphtongue. V. mémo 28.1.
9. **oye, así, en general** : *écoute, comme ça, en général ;* **así**, *ainsi, de cette manière, comme ça.*
10. **hombre** : *eh bien...*, interjection très courante.
11. **me gustan los dos** : *j'aime les deux choses.* Cf. 1.
12. **de todas formas** : *de toute façon.*
13. **es quedarme en casa leyendo** : *c'est rester à la maison à lire ;* **leyendo**, gérondif de **leer**, *lire*, **quedarse**, *rester.*
14. **¡qué aburrido ! ¿no ?** : *C'est ennuyeux, non ?*
15. **¿qué hacemos ?** : *que faisons-nous ?*, **hacer**, *faire*. V. mémo 28.4.
16. **¿prefieres que vayamos... ?** : *préfères-tu que nous allions ?* **preferir**, verbe du type **sentir**. V. mémo 28.2. **Vayamos**, subjonctif présent de **ir**, *aller*. V. mémo 28.4.
17. **o que demos una vuelta** : *ou que nous fassions un tour ;* **dar una vuelta** : *faire un tour*. **Dar**, *donner*. V. mémo 28.3.
18. **mira, a mí me da lo mismo** : *eh bien, cela m'est égal.*
19. **yo no tengo ningún interés especial** : *je n'ai pas de préférence particulière.*
20. **si te apetece** : *si tu en as envie, si cela te dit.*
21. **podemos ir por ahí** : *nous pouvons aller faire un tour* (m. à m. : *aller par là*). ; **poder**, *pouvoir*. V. mémo 28.4.
22. **vamos entonces** : *allons-y alors ;* **vamos**, impératif affirmatif irrégulier de **ir**. V. mémo 29.
23. **llamamos a Nacho** : *nous téléphonons à Nacho* (diminutif d'Ignacio) ; **llamar**, *appeler, téléphoner.*
24. **me cae bastante mal** : *il m'est assez antipathique.*
25. **vale** : *d'accord.*
26. **de ninguna manera. Peor aún** : *en aucun cas. C'est encore pis.*
27. **no sé qué podemos hacer**, *je ne sais pas ce que nous pouvons faire ;* **saber**, *savoir*. V. mémo 28.5.
28. **visto el plan** : *étant donné les circonstances.*
29. **lo mejor, entonces** : *le mieux, alors.*
30. **y ya está** : *et c'est tout.*
31. **vete a casa** : *rentre chez toi.* **Vete** : impératif irrégulier de **irse**. V. mémo 29.

1 - Autres façons de marquer la préférence :

sentir una predilección por	avoir un penchant pour
es su cantante predilecto (favorito)	c'est son chanteur préféré
inclinarse por	pencher pour
tener una inclinación	avoir un penchant
sentir debilidad por	avoir un faible pour
estar a favor de	être en faveur de
ser favorable a	être favorable à
elegir	choisir
más vale que, es mejor que...	il vaut mieux que
privilegiar	privilégier
prevalecer	prévaloir
mimar	choyer, gâter

2 - Expressions :

esto me parece preferible	ça me paraît préférable
¡me encanta ! (expression féminine)	j'aime beaucoup
¡me chifla tu coche ! (fam.)	j'adore ta voiture
lo pone por las nubes	il le porte aux nues
está loco por las películas del oeste	il est fou de westerns
le da por (jugar al tenis) el tenis	il s'est mis (à jouer) au tennis
se pirra por la música (fam.)	il raffole de musique
está chocho con sus nietos (fam.)	il est gâteux devant ses petits-enfants
de preferencia	de préférence
mostrar preferencia	montrer une préférence particulière

3 - Notions contraires :

no gustar nada	ne pas aimer du tout
aborrecer, odiar	détester, haïr
dar asco	dégoûter
sentir aversión por	avoir de l'aversion pour
revolver el estómago	soulever le cœur
ser repelente	être repoussant
dar repugnancia	écœurer
no me importa	peu m'importe
me es (da) lo mismo (igual)	ça m'est égal
me importa un comino (un bledo, un pito, tres pepinos) (fam.)	je m'en fiche, je m'en moque comme de l'an quarante

A Mettre à la deuxième personne du singulier :

1. ¿ Qué preferís ? ¿ Me lo decís de una vez ?
2. ¿ Sois aficionados al ajedrez ?
3. ¿ Os quedáis esta tarde en casa ?
4. Si os apetece, salís.
5. ¿ Dais una vuelta o vais al cine ?
6. ¿ Queréis que vayamos al teatro esta semana ?

B Mettre à l'imparfait :

1. A ella siempre le da lo mismo y no se decide nunca.
2. ¿ Ud. prefiere ver la televisión ?
3. No juegas mal del todo.
4. No le gusta nada.

C Traduire :

1. Je n'aime pas ce que tu dis.
2. Comment ? Tu n'aimes pas ce que je dis ?
3. Qu'est-ce que tu aimes le plus ? Le cinéma ou la télé ?
4. Mes amis, je ne sais pas ce que vous pouvez faire.
5. Je crois que le mieux c'est de rester à la maison.
6. Moi, cela m'est égal.
7. Je ne préfère aucun des deux.

Corrigé

A
1. ¿ Qué prefieres ? ¿ Me lo dices de una vez ?
2. ¿ Eres aficionado al ajedrez ?
3. ¿ Te quedas esta tarde en casa ?
4. Si te apetece, sales.
5. ¿ Das una vuelta o vas al cine ?
6. ¿ Quieres que vayamos al teatro esta semana ?

B
1. A ella siempre le daba lo mismo y no se decidía nunca.
2 ¿ Ud. prefería ver la televisión ?
3. No jugabas mal del todo.
4. No le gustaba nada.

C
1. No me gusta lo que dices.
2. ¿ Cómo ? ¿ No te gusta lo que digo ?
3. ¿ Qué te gusta más ? ¿ El cine o la televisión ?
4. Amigos míos, no sé qué podéis hacer.
5. Yo creo que lo mejor es quedarse en casa.
6. A mí me da igual.
7. No prefiero ninguno de los dos.

Dialogue 1

— Oye[1], ¿a ti te gusta eso[2] ?
— Pues, sí, me gusta mucho, me encanta.
— Yo no te entiendo. A mí no me gusta nada[3]. Explícame cómo[4] puede gustarle a alguien llevar eso[5].
— Es una prenda[6] muy agradable. Yo me siento a gusto[7].
— A mí los colores no me acaban de gustar[8].
— Chica, eso es cuestión de gustos.

Dialogue 2

(comprando un traje)

C. = Carlos V. = vendedor

C. — Buenas tardes[9], necesito un traje[10] y una camisa que haga juego[11].
V. — Mire, voy a enseñarle algunos que no están mal. ¿Cómo los quiere ?
C. — Pues, no sé...
V. — Mire, ese gris, por ejemplo, ¿qué le parece ?
C. — No está mal. Quizá[12], un poco oscuro[13]. Me gustaría algo menos serio.
V. — Entonces, este azul, es más claro. Pruébeselo[14], ya verá qué bien le queda[15].
C. — No me está mal[16], me gusta más que el gris[17]. ¿Cuánto vale ?
V. — No es muy caro. Vale 26 890 pesetas.
C. — Pues, sí, no está mal, pero el único inconveniente que tiene es el precio. Es demasiado caro. Yo quisiera algo más barato[18]. La verdad es que el precio es lo que menos me gusta de él.
V. — Podemos ver otros más baratos. Por ejemplo, éste, está muy bien de precio[19] y a mí me parece muy bonito.
C. — Voy a probármelo a ver[20] qué tal me sienta[21]. El color sí que es bonito[22].
V. — En mi opinión, le queda muy bien.
C. — No, mire, ya pasaré otro día[23].
V. — Como Ud. quiera[24]. (Este cliente me cae fatal[25] : no sabe lo que quiere).
C. — (Este vendedor no me cae nada bien[26]. Quiere venderme algo sea como sea[27]).

1. **oye** : impératif de **oír**, *entendre,* sert à appeler l'attention de l'interlocuteur : *eh !, écoute !* ou *regarde !*
2. **eso** : *ceci, cela, ça.*
3. **no me gusta nada** : *ça ne me plaît pas du tout.*
4. **cómo** : *avec un accent écrit, comment ;* **como**, *comme.*
5. **cómo puede gustarle a alguien llevar eso** : *comment quelqu'un peut prendre plaisir à porter ça.*
6. **una prenda** : *un vêtement.*
7. **yo me siento a gusto** : *je me sens bien, à l'aise.* Conjugaison de **sentir**. V. mémo 28.2.
8. **los colores no me acaban de gustar** : *les couleurs ne m'emballent pas ;* m. à m., *les couleurs n'arrivent pas à me plaire.* **No acabar de**, *ne pas arriver (ou réussir) à.*
9. **buenas tardes** : *bonjour* dans un registre formel (sinon, **hola**). Employé après le déjeuner jusqu'à la nuit tombante. Avant le déjeuner **buenos días** et le soir ou la nuit **buenas noches.**
10. **necesito un traje** : *j'ai besoin d'un costume.* **Necesitar** est construit sans *de.*
11. **una camisa que haga juego** : *une chemise qui aille avec* (le costume). **Hacer juego**, *aller ensemble, faire pendant, assortir.*
12. **quizá (quizás, tal vez, acaso)** : *peut-être.*
13. **oscuro** : *obscur,* mais appliqué à une couleur, *sombre.*
14. **pruébeselo** : *essayez-le,* impératif enclitique de **probar**. V. mémo 29.
15. **qué bien le queda** : *comme il vous va bien.*
16. **no me está mal** : *il ne me va pas mal.*
17. **me gusta más que el gris** : *je le préfère au gris.*
18. **quisiera algo más barato** : *je voudrais quelque chose de meilleur marché.* **Quisiera**, subjonctif imparfait de **querer**, remplace souvent le conditionnel **querría.**
19. **éste, está muy bien de precio** : *celui-ci est à un prix très abordable.*
20. **voy a probármelo a ver** : *je vais l'essayer pour voir.* La préposition **a**, nécessaire avec les verbes de mouvement, indique également le but. L'enclise, v. mémo 10.
21. **qué tal me sienta** : *comment il me va.* **Sentar** ≠ **sentir**, cf. 7. **Sentar**, *aller, convenir,* est un verbe à diphtongue. V. mémo 28.1.
22. **el color sí que es bonito** : **sí**, dans cet emploi, établit une opposition, *en revanche,* ou renchérit : *la couleur, elle est très jolie.*
23. **ya pasaré otro día** : *je repasserai* (m. à m., *je passerai un autre jour*) ; **ya** ne se traduit pas et renforce le futur.
24. **como Ud. quiera** : *comme vous voudrez.*
25. **este cliente me cae fatal** : *ce client ne me plaît pas du tout.* **(Me, te, le, ...) cae(n) bien, mal, ...** appliqué aux personnes marque la sympathie **(bien)** ou l'antipathie **(mal).**
26. **este vendedor no me cae nada bien** : *ce vendeur ne m'est pas sympathique du tout.*
27. **sea como sea** : *de toute façon, à tout prix.*

1 - Aimer quelque chose :

me gusta mucho	j'aime beaucoup
me agrada	ça me plaît
me encanta	j'aime énormément
me entusiasma	ça m'enthousiasme
estar loco por	être fou de
ser aficionado a	être amateur de
apasionarse por	se passionner pour

2 - Ne pas aimer quelque chose :

no me gusta nada	je n'aime pas du tout
no me gusta en absoluto	" "
¿te gusta ? — no tanto	tu aimes ? — pas tellement
desagradar	déplaire
aborrecer, detestar, odiar	détester, haïr

3 - Aimer quelqu'un :

a/ éprouver de l'amitié :

Luis me gusta	Luis me plaît bien
me cae bien (simpático)	je le trouve sympathique
lo encuentro agradable	je le trouve agréable

b/ éprouver de l'affection :

querer a sus hijos	aimer ses enfants
tenerle cariño (afecto) a alguien	avoir de l'affection pour quelqu'un
tenerle apego a alguien	être attaché à quelqu'un

c/ éprouver de l'amour :

quiero a Carmen	j'aime Carmen
querer con locura	aimer à la folie
enamorarse	s'éprendre, tomber amoureux
estar enamorado de	être amoureux de
encapricharse	s'amouracher

4 - Manifester de l'antipathie :

me cae antipático (mal, fatal)	je le trouve antipathique
no poder ver a alguien	ne pas pouvoir voir quelqu'un
no poder sufrir a alguien	ne pas pouvoir sentir quelqu'un
no tragar a alguien	ne pas pouvoir encaisser quelqu'un

(Attention à l'emploi de **amar : amar a Dios, al prójimo,** *aimer Dieu, son prochain.* Son emploi est rare et désuet dans le sens d'*éprouver de l'amour.*)
(Attention : **antipático** peut aussi se traduire par *désagréable* au sens figuré ; **¡qué antipático eres !,** *ce que tu es désagréable !*)

A Compléter avec « gustar » ou « caer » et les pronoms convenables :

1. Pues a mí sí.......... esta camisa.
2. Luis y Pedro.......... antipáticos a nosotras.
3. A nosotros no.......... el pescado.
4. ¿.......... a Ud. ese tipo de libros ?
5. A mí ese chico.......... mal.
6. A ellos.......... mucho el cine.
7. ¿A vosotros.......... bien esas chicas ?
8. ¿A Uds. .... salir de noche ?
9. Juan a mí no.......... nada bien.
10. ¿A ti.......... eso ?

B Mettre à la première personne du pluriel :

1. Yo no te entiendo.
2. Ya pasaré otro día.
3. Yo sé lo que quiero.

C Traduire :

1. Je voudrais un costume et une chemise qui aille avec.
2. J'aimerais quelque chose de moins clair, de plus sérieux.
3. Je vais vous montrer d'autres modèles meilleur marché.
4. Ce costume me va bien et je me sens à l'aise.

Corrigé

A

1. Pues a mí sí me gusta esta camisa.
2. Luis y Pedro nos caen antipáticos a nosotras.
3. A nosotros no nos gusta el pescado.
4. ¿Le gusta a Ud. ese tipo de libros ?
5. A mí ese chico me cae mal.
6. A ellos les gusta mucho el cine.
7. ¿A vosotros os caen bien esas chicas ?
8. ¿A Uds. les gusta salir de noche ?
9. Juan a mí no me cae nada bien.
10. ¿A ti te gusta eso ?

B

1. Nosotros no te entendemos.
2. Ya pasaremos otro día.
3. Nosotros sabemos lo que queremos.

C

1. Quisiera un traje y una camisa que haga juego con él.
2. Me gustaría algo menos claro, más serio.
3. Le voy a enseñar otros modelos más baratos.
4. Este traje me sienta bien y me siento a gusto.

Dialogue 1

— Oiga, me hace el favor[1], ¿ Ud. no sabrá[2] si hay por aquí[3] algún banco[4] ?
— Sí, ahí al lado[5] tiene uno.
— Y, ¿ sabe Ud. a qué hora cierran ?
— Deben de estar a punto de[6] cerrar, si no han cerrado ya[7].
— Pues, no sé qué voy a hacer.
— No sé qué decirle.
— ¿ Y Ud., no sabe quién podría informarme dónde hay un cajero automático[8] ?
— Mire, vaya a aquella tienda[9] y allí a lo mejor[10] le informan.

Dialogue 2

(en la calle)

J. = Jaime S. = señora V. = vendedor de periódicos

J. — Oiga, señora, por favor, ¿ hay alguna farmacia por aquí ?
S. — Lo siento[11], no sé. No soy del barrio[12]. Pregunte mejor[13] a aquel señor de allá, el del quiosco de periódicos. Allí le pueden informar.
J. — Buenas tardes. ¿ Me da « El País » ? Y esa revista de allá[14] del fondo. Sí, ésa[15], la de la portada roja[16], ¿ cuánto vale ?
V. — Pues, el periódico son[17] cincuenta pesetas, más la revista, que cuesta doscientas setenta y cinco, son trescientas veinticinco pesetas en total.
J. — Mire, por cierto[18], ¿ Ud. no sabrá si hay por aquí cerca una farmacia ?
V. — Pues, mire, sí, hay una[19], que no está muy lejos. Pero no sé si ahora la va a encontrar abierta, porque ya es un poco tarde[20], pero, a lo mejor, si se da prisa[21]...
J. — ¿ A qué hora cierran ?
V. — Pues, las farmacias abren de nueve a dos y de cuatro a siete[22]. Como todos los comercios. Si no, tiene que buscar una de guardia[23].
J. — ¿ Y dónde podría informarme de las farmacias que están de guardia ?
V. — Mire en las páginas[24] de « El País ». Si no, en la farmacia misma, pero dése prisa[25], que le van a cerrar[26]...

1. **me hace el favor** : *s'il vous plaît.* Expression qui sert également pour appeler l'attention quand on veut demander un renseignement : *auriez-vous la gentillesse de.* Elle sous-entend **de informarme, de decirme,** *de me renseigner, de me dire.*
2. **Ud. no sabrá si** : *vous ne sauriez pas si.* Le futur espagnol peut donner un ton conjectural à l'expression et rendre de cette façon la demande plus acceptable.
3. **por aquí** : *par ici, tout près, dans le coin.*
4. **algún banco** : *une banque.* L'emploi de **algún** — au lieu de **un** — ajoute une nuance d'indétermination, *une banque* (n'importe laquelle).
5. **ahí al lado** : *là à côté.* **Ahí,** *là,* désigne un lieu entre ce qui est proche (**aquí**) et ce qui est éloigné (**allí**).
6. **deben de estar a punto de** : *elles doivent être sur le point de...* **Deber de** + infinitif marque la probabilité. **Deber** + infinitif exprime une obligation à caractère général ou moral. **Deben obedecer,** *ils doivent obéir.* La langue parlée confond de plus en plus souvent **deber de** et **deber.**
7. **ya** : *déjà,* surtout quand il est placé après le verbe.
8. **un cajero automático** : *un distributeur de billets, une billetterie,* m. à m., *un caissier automatique.*
9. **una tienda** : *une boutique.*
10. **a lo mejor** : *peut-être.*
11. **lo siento** : *je regrette.*
12. **el barrio** : *le quartier* (d'une ville).
13. **mejor** : *mieux,* adverbe, signifie ici *plutôt.*
14. **allá** : *là-bas,* et non pas **allí,** parce qu'il y a mouvement avec le geste qui indique où est la revue : *là-bas au fond.*
15. **ésa** : *celle-ci.* Pronom démonstratif. V. mémo 6.
16. **la de la portada roja** : *celle à couverture rouge.* V. mémo 6.
17. **son** : notez l'accord du verbe avec l'attribut pluriel (**cincuenta pesetas**) malgré un sujet singulier (**el periódico**), *c'est cinquante pesetas.*
18. **por cierto** : *à propos, au fait.*
19. **sí, hay una** : *oui, il y en a une.*
20. **ya es un poco tarde** : *il est maintenant un peu tard ;* **ya** signifie ici *déjà* ou *maintenant.* Cf. 7.
21. **si se da prisa** : *si vous vous dépêchez, si vous vous pressez.*
22. **de nueve a dos y de cuatro a siete** : *de 9 à 14 heures et de 16 à 19 heures.* C'est la façon la plus fréquente d'indiquer les heures d'ouverture, mais l'heure elle-même doit se dire : **son las nueve, son las dos...**
23. **tiene que buscar una de guardia** : *vous devez en chercher une qui soit de garde.*
24. **las páginas** : *les pages.*
25. **dése prisa** : *hâtez-vous,* impératif de **darse prisa,** v. mémo 29.
26. **que le van a cerrar** : *parce qu'on va vous fermer la porte au nez.*

1 - Autres façons de se renseigner :

• demander des renseignements :

pedir información	demander un renseignement
pedir informes sobre alguien o sobre algo	demander des renseignements sur quelqu'un ou sur quelque chose
pedir detalles	demander des détails
preguntar	demander, interroger
preguntar por algo	s'informer sur quelque chose
preguntar por alguien	demander des nouvelles de quelqu'un
hacer una pregunta	poser une question
enterarse de	s'informer de, se renseigner sur
documentarse	se documenter
pedir una muestra	demander un échantillon
investigar	faire des recherches
consultar una guía, un plano	consulter un guide, un plan
entrevistarse con alguien, tener una entrevista con alguien	avoir un entretien avec quelqu'un
quisiera saber...	je voudrais savoir...

• donner le renseignement :

comunicar	communiquer
participar	faire savoir
contestar, responder	répondre
anunciar	annoncer
notificar	notifier, faire savoir
poner al corriente	mettre au courant
facilitar datos	fournir des renseignements
proporcionar informaciones	donner des renseignements

2 - Notions contraires :

no saber, ignorar	ignorer
no estar al tanto (al corriente)	ne pas être au courant
hacerse el sordo	faire la sourde oreille
hacer la vista gorda	fermer les yeux
callarse	se taire
silenciar	passer sous silence
esconder, tapar, ocultar	cacher

3 - Autres expressions :

a título de información	à titre de renseignement
características técnicas	renseignements techniques, fiche technique
dirigirse a la oficina de información	s'adresser aux renseignements
hacer una encuesta o un sondeo	faire une enquête ou un sondage

A Poser les questions en utilisant le mot interrogatif qui convient :

1. **El Ayuntamiento está en la calle Mayor.**
2. **Llegará pasado mañana.**
3. **La farmacia más próxima queda bastante lejos.**
4. **Este chico es el hijo mayor de mi hermana.**
5. **La película es de Berlanga.**

B Traduire :

1. Dites, s'il vous plaît, pouvez-vous...?
2. Y-a-t-il une banque par ici ?
3. Tu sais à quelle heure ça ferme ?
4. Ils étaient sur le point de fermer.
5. Il ne sait pas comment il va le faire.
6. Savez-vous qui peut me renseigner ?
7. Dans cette boutique, ils le savent peut-être.
8. Je regrette, je ne sais pas.
9. Je ne suis pas du quartier.
10. Je ne suis pas sûr que ça soit ouvert.
11. Si vous vous pressez, c'est encore possible.
12. Le magasin ouvre de neuf à quatorze heures.
13. Quelles sont les pharmacies qui sont de garde ?

Corrigé

A

1. **¿Dónde está el Ayuntamiento ?**
2. **¿Cuándo llegará ?**
3. **¿Dónde queda la farmacia más próxima ?**
4. **¿Quién es este chico ?**
5. **¿De quién es la película ?**

B

1. **Oiga, me hace el favor, ¿puede...?**
2. **¿Hay un banco por aquí ?**
3. **¿Sabes a qué hora cierran ?**
4. **Estaban a punto de cerrar.**
5. **No sabe cómo va a hacerlo.**
6. **¿Sabe Ud. quién puede informarme ?**
7. **En esta tienda a lo mejor lo saben.**
8. **Lo siento, no lo sé.**
9. **No soy del barrio.**
10. **No estoy seguro de que esté abierto.**
11. **Si se da prisa, todavía es posible.**
12. **El almacén (la tienda) abre de nueve a dos.**
13. **¿Cuáles son las farmacias que están de guardia ?**

Dialogue 1

— Te ruego que no me interrumpas[1], ya está bien[2].
— Perdona, yo sólo[3] quería echarte una mano[4], no pensaba molestarte[5].
— Mira, por favor, te pido que no digas nada más[6], porque si no, no voy a terminar nunca[7].
— De acuerdo, no vuelvo a decir nada, pero procura[8] tú no pedirme nada tampoco[9].
— Sólo una cosa, ¿ te importaría dejarme solo[10] ?

Dialogue 2

(Tu mujer ha llamado...)[11]

C. = Carmen J. = Juanjo

C. — Tu mujer ha llamado y te ha dejado varios encargos[12].
J. — ¿ Cuándo ha llamado ?
C. — Hace un minuto, cuando no estabas[13].
J. — ¿ Y qué quería ?
C. — Aquí lo tengo apuntado[14] : « Cuando llegues[15], recoge[16] las llaves que están en la portería[17] ; sube a casa y, lo primero de todo[18], pon los plomos[19], que están rotos[20]. Cógelos del cajón[21] del armario de la cocina ; después pasa a recoger las sábanas[22], que están en la tintorería. El recibo[23] está encima de la mesa[24] del comedor ; deja la puerta bien cerrada cuando salgas[25], que siempre se te olvida[26] ; recoge a los niños del colegio y haz la compra[27] ».
J. — Espera, espera, que no se me olvide : que recoja las llaves de casa en la portería, que ponga los plomos, porque si no, no voy a ver nada, y no sé cómo los voy a encontrar, que pase después a recoger las sábanas en la tintorería, que cierre bien la puerta, que traiga a los niños del colegio y que haga con ellos la compra, porque si no, no cenamos.
C. — Muy bien, no se te olvida nada.
J. — ¿ No te dijo nada más ?
C. — Ah, sí, se me olvidaba : que no la esperes[28], que les des de cenar[28] a todos y que te acuestes[28], que ella llegará tarde.
J. — ¿ Y qué más[29] ?

1. **te ruego que no me interrumpas** : *je te prie de ne pas m'interrompre.* **Rogar,** *prier,* verbe à diphtongue. V. mémo 28.1. Les verbes de prière exigent le subjonctif dans la subordonnée pour traduire l'infinitif français. V. mémo 20.
2. **ya está bien** : *ça suffit, ça commence à bien faire.*
3. **sólo** : avec un accent signifie *seulement.*
4. **echarte una mano** : *te donner un coup de main, t'aider.*
5. **molestarte** : *te gêner, te déranger.*
6. **te pido que no digas nada más** : *je te demande de ne plus rien dire.* Les verbes de demande suivent la même règle que ceux de prière. Cf. 1. **Pedir,** *demander.* V. mémo 28.2.
7. **no voy a terminar nunca** : *je ne vais jamais terminer.*
8. **procura** : impératif tutoiement singulier de **procurar,** *essayer de, tâcher de.* V. mémo 29.
9. **no pedir nada tampoco** : *ne rien demander non plus.*
10. **solo** : sans accent écrit, *seul.* Cf. 3.
11. **tu mujer ha llamado** : *ta femme a téléphoné (appelé).*
12. **varios encargos** : *plusieurs commissions.*
13. **cuando no estabas** : *quand tu n'étais pas là.*
14. **lo tengo apuntado** : *je l'ai noté.* **Tener** remplace ici **haber** en tant qu'auxiliaire pour mettre l'accent sur l'accomplissement de l'action.
15. **cuando llegues** : *quand tu arriveras.* V. mémo 21.
16. **recoge** : impératif de **recoger,** *prendre, passer prendre.*
17. **en la portería** : *chez le concierge.*
18. **lo primero de todo** : *avant toute chose.*
19. **los plomos** : *les plombs, les fusibles.*
20. **que están rotos** : *qui ont sauté (*...**fundidos,** *...fondus).* **Roto** est le participe irrégulier de **romper,** *casser ;* le verbe est employé dans tous les cas où il s'est produit un dysfonctionnement : *tomber en panne, déchirer, fendre,* etc.
21. **el cajón** : *le tiroir.*
22. **las sábanas** : *les draps.*
23. **el recibo** : *le reçu, le ticket.*
24. **encima de la mesa** : *sur la table.*
25. **cuando salgas** : *quand tu sortiras.* Cf. 15. **Salir,** *sortir, partir.* V. mémo 28.5.
26. **siempre se te olvida** : *tu oublies toujours.* **Olvidar** ou **olvidarse** signifie *oublier ;* s'y ajoute ici une construction indirecte (**se te olvida**) qui est fréquente.
27. **haz la compra** : *fais les courses.* Impératif de **hacer,** *faire,* impératif irrégulier tutoiement singulier. V. mémo 29.
28. **no la esperes...des de cenar...te acuestes...** : *que tu ne l'attendes pas... que tu serves le dîner... que tu te couches...* Les trois subjonctifs dépendent d'un verbe sous-entendu : **ha dicho que,** *elle a dit que.* **Decir,** *dire,* est ici un verbe d'ordre, il est donc suivi du subjonctif dans la subordonnée. Cf. 1.
29. **¿y qué más ?** : *et quoi d'autre ?*

1 - Autres façons de demander de faire quelque chose :

¿haga (Ud.) el favor de...?	veuillez
¿podría (Ud.)...?	pourriez-vous...?
por favor, ¿puede (Ud.)...?	s'il vous plaît, pouvez-vous...?
¿quiere (Ud.)...?	voulez-vous...?
¿quisiera (Ud.)... ?	voudriez-vous... ?
sería (Ud.) tan amable de	voudriez-vous être assez aimable de
tenga la bondad de	ayez la gentillesse (l'obligeance) de
perdone la molestia	excusez-moi de vous déranger
si no es molestia	si cela ne vous gêne pas
si no le molesta	" "
si no le importa	" "

2 - Demander que l'on donne quelque chose :

¿me puede dar... ?	pouvez-vous me donner... ?
¿podría darme... ?	pourriez-vous me donner... ?
haga el favor de darme	veuillez me donner
por favor, déme	s'il vous plaît, donnez-moi

3 - Autres expressions :

pedir un favor	demander un service
pedir perdón	demander pardon
pedir ayuda	demander de l'aide
pedir socorro (auxilio)	demander du secours
pedir prestado	emprunter
pedir la palabra	demander la parole
solicitar	demander, solliciter
dirigir una solicitud	adresser une requête
a petición de	à la demande de

4 - Langue écrite (correspondance) :

sírvase mandarme	veuillez m'envoyer
sírvanse mandarme	" "
le(s) ruego me mande(n)	je vous prie de m'envoyer
le(s) rogaría me mandara(n)	je vous prierais de m'envoyer
le(s) ruego se sirva(n)	je vous prie de bien vouloir
le(s) rogaría se sirviera(n)	je vous prierais de bien vouloir
le(s) agradecería me mandara(n)	je vous serais reconnaissant de m'envoyer
le(s) pido me mande(n)	je vous demande de m'envoyer
le(s) suplico me mande(n)	je vous demande instamment de m'envoyer

A **Mettre les verbes à l'impératif pour tutoyer une personne :**

1. **Perdonar.**
2. **Recoger las llaves.**
3. **Cerrar la puerta.**
4. **Acostarse temprano.**
5. **Hacer la compra.**
6. **No pedir nada.**

B **Mettre les verbes à l'impératif pour vouvoyer une personne :**

1. **Salir pronto.**
2. **Poner orden.**
3. **Dejar el recibo.**
4. **Sacar el libro.**
5. **Venir deprisa.**

C **Traduire :**

1. Je voulais seulement te donner un coup de main.
2. Je te demande de ne plus rien dire.
3. Elle a dit de ne pas l'attendre.
4. Quand tu arriveras, passe prendre les clefs chez le gardien.
5. Je ne sais pas comment je vais les trouver, ces clefs.
6. Je vous prie de m'envoyer le reçu.

Corrigé

A **1. Perdona.**
2. Recoge las llaves.
3. Cierra la puerta.
4. Acuéstate temprano.
5. Haz la compra.
6. No pidas nada.

B **1. Salga pronto.**
2. Ponga orden.
3. Deje el recibo.
4. Saque el libro.
5. Venga deprisa.

C **1. Sólo quería echarte una mano.**
2. Te pido que no digas nada más.
3. Ha dicho que no la esperes.
4. Cuando llegues, pasa a recoger las llaves en la portería.
5. No sé cómo voy a encontrarlas esas llaves.
6. Le ruego me mande el recibo.

Dialogue 1

— Oiga, por favor, ¿ queda muy lejos[1] Correos[2] ? Creo que me he perdido[3].
— Claro, está en sentido opuesto[4]. Mire : tiene que[5] dar media vuelta[6] y coger esa calle[7] de enfrente[8].
— ¿ Y después ?
— Tiene que continuar todo recto[9].
— Vale, ya veo[10], muchas gracias.
— No hay de qué[11].

Dialogue 2

(para ir a...)

P. = Paco S. = un señor

P. — Por favor, ¿ sabe dónde está la carretera de Burgos[12] ?
S. — Uy, eso está bastante lejos.
P. — Es que estoy buscando[13] la estación de autocares para Hermosilla de Arriba.
S. — Mire, por aquí no va nada bien[14]. ¿ Ve Ud. aquella plaza ?
P. — ¿ Cuál ? ¿ Ésa de allá abajo ?
S. — Sí, ésa. Bueno, pues tiene que llegar allí[15], coger la gran avenida[16] que sale enfrente hasta el final, y allí tiene que haber[17] algún cartel[18] que indique la dirección.
P. — Y, ¿ está muy lejos de aquí ?
S. — Bueno, depende[19]. ¿ Va Ud. en coche ?
P. — No, no.
S. — Pues a pie queda bastante lejos, pero puede coger el metro, dirección Centro, y se baja[20] en la novena o décima estación[21]. Allí tiene que hacer un cambio[22], pero lo mejor es que vuelva a preguntar[23], porque queda todavía bastante lejos, me parece a mí.
P. — ¿ Y no sabe Ud. si hay algún autobús que me lleve[24] directo hasta allí ?
S. — Sí creo que el 16[25], pero tiene que bajarse en la parada[26] Cánovas.
P. — ¿ Y dónde se coge ?
S. — Tiene que cruzar la avenida[27]. Un poco más abajo[28] tiene la parada.
P. — Muchas gracias. Es Ud. muy amable.

1. **queda muy lejos** : *c'est très loin.* **Quedar**, *rester,* s'utilise souvent avec le sens d'*être,* en particulier avec les adverbes **lejos, cerca** *(près).*
2. **Correos** : *la Poste.* Notez l'absence d'article.
3. **me he perdido** : *je me suis perdu.* **Haber** est le seul auxiliaire en espagnol. **He venido,** *je suis venu,* **me he dado cuenta,** *je me suis rendu compte.* Conjugaison de **haber,** v. mémo 28.4.
4. **en sentido opuesto** : *dans la direction opposée.*
5. **tiene que** : *vous devez.* **Tener que** + infinitif, *devoir,* indique une nécessité, une obligation. V. mémo 17.
6. **dar media vuelta** : *faire demi-tour.* Avec **vuelta, paseo, paso,** le verbe utilisé est **dar. Dar una vuelta, un paseo, un paso,** *faire un tour, une promenade, un pas.*
7. **coger esa calle** : *prendre cette rue.*
8. **de enfrente** : *d'en face, qui est en face.*
9. **todo recto** : *tout droit.*
10. **vale, ya veo** : *d'accord, je vois* ou *j'y suis.* **Ver,** *voir,* v. mémo 28.6.
11. **no hay de qué** : *il n'y a pas de quoi.*
12. **la carretera de Burgos** : *la route de Burgos.*
13. **estoy buscando** : *je cherche ;* **estar** + gérondif = ***être en train de.***
14. **por aquí no va nada bien** : *vous n'y êtes pas du tout ;* m. à m., *par ici vous n'y allez pas du tout.*
15. **llegar allí** : *aller jusque-là ;* m à m., *arriver là-bas.*
16. **la gran avenida** : *la grande avenue,* **grande** devant un nom singulier, masculin ou féminin, devient **gran.** V. mémo 4.
17. **haber** est le seul auxiliaire. Cf. 3, mais c'est aussi comme en français l'impersonnel *y avoir.*
18. **algún cartel** : *un panneau* (aussi *une affiche).* **Alguno,** *quelque,* devant un nom masculin singulier devient **algún.** V. mémo 4.
19. **depende** : *ça dépend.*
20. **se baja** : *vous descendez.* Le verbe prend souvent la forme pronominale particulièrement pour marquer l'effort, la décision prise.
21. **la novena... estación** : *la neuvième... station.* V. mémo 8.
22. **hacer un cambio** : *changer* (de ligne, de train, de bus, etc.).
23. **vuelva a preguntar** : *que vous redemandiez.* **Volver a** + infinitif indique la répétition de l'action exprimée par l'infinitif. **Volver,** verbe à diphtongue, v. mémo 28.1.
24. **me lleve** : *puisse me conduire.* **Lleve,** subjonctif présent de **llevar,** *porter,* ici, *conduire.* V. mémo 28.1.
25. **creo que el 16** : *je crois que c'est le 16.* Notez l'absence du verbe **ser.**
26. **la parada** : *l'arrêt de l'autobus* (ou du train) désigne aussi bien l'endroit que l'action.
27. **tiene que cruzar la avenida** : *vous devez traverser l'avenue.* Cf. 5.
28. **un poco más abajo** : *un peu plus bas.*

1 - Autres façons de demander une adresse :

Toutes les formules sont précédées de **Por favor, Me hace el favor...**

¿podría decirme dónde... ?	pourriez-vous me dire où... ?
¿podría indicarme dónde... ?	pourriez-vous m'indiquer où... ?
¿sabría decirme dónde... ?	sauriez-vous me dire où... ?
¿sabe Ud. dónde queda... ?	savez-vous où se trouve... ?
¿para ir a... ?	pour aller à... ?
¿no sabrá Ud. ... ?	est-ce que vous connaissez... ?
¿voy bien para... ?	je vais bien en direction de... ?
¿a dónde lleva... ?	où conduit... ?
¿cómo se va a... ?	comment va-t-on à... ?
¿de dónde sale... ?	d'où part... ?

2 - Autres expressions d'accompagnement :

creo que me he perdido (extraviado)	je crois que je me suis perdu
no sé muy bien dónde estoy	je ne sais pas très bien où je suis
no conozco muy bien el barrio	je ne connais pas très bien le quartier
es que no soy de aquí	(c'est que) je ne suis pas d'ici

3 - Expressions pour indiquer une adresse (vouvoiement) :

coja	prenez
tome la primera bocacalle	prenez la première rue
siga (todo) derecho	continuez tout droit
párese en el primer cruce	arrêtez-vous au premier carrefour
gire (tuerza) a la derecha	tournez à droite
fíjese bien en el cartel de la autopista	regardez bien le panneau de l'autoroute
no pierda la salida	ne ratez pas la sortie
bájese después	descendez après

4 - Expressions pour indiquer une adresse (tutoiement) :

coge	prends
toma la primera bocacalle	prends la première rue
sigue (todo) derecho	continue tout droit
párate en el primer cruce	arrête-toi au premier carrefour
gira (tuerce) a la derecha	tourne à droite
fíjate bien en el cartel de la autopista	remarque bien le panneau de l'autoroute
no pierdas la salida	ne rate pas la sortie
bájate después	descends après

A Dire le contraire :
Exemple : *Queda muy lejos → Queda muy cerca*

1. Va bien para Burgos.
2. Está en el buen sentido.
3. Vaya a la izquierda.
4. Entonces, cojo a la derecha.
5. Un poco más abajo.
6. Enfrente de ese edificio.

B Mettre au conditionnel :

1. ¿ Pueden decirme dónde está la Avenida Sagasta ?
2. ¿ Puede indicarme dónde queda la calle de Zaragoza ?
3. ¿ Sabe decirme dónde está la estación ?
4. ¿ Es Ud. tan amable de decirme dónde está Correos ?

C. Traduire :

1. Vous n'êtes pas dans la bonne direction.
2. Vous devez faire demi-tour.
3. Vous devez descendre au prochain arrêt.
4. Vous devez traverser la rue.
5. Vous devez continuer tout droit.

Corrigé

A
1. Va mal para Burgos.
2. Está en sentido opuesto.
3. Vaya a la derecha.
4. Entonces, cojo a la izquierda.
5. Un poco más arriba.
6. Detrás de ese edificio.

B
1. ¿ Podrían decirme dónde está la Avenida Sagasta ?
2. ¿ Podría indicarme dónde está la calle Zaragoza ?
3. ¿ Sabría decirme dónde está la estación ?
4. ¿ Sería Ud. tan amable de decirme dónde está Correos ?

C
1. No va bien por aquí.
2. Tiene que dar media vuelta.
3. Tiene que bajarse en la próxima parada.
4. Tiene que cruzar la calle.
5. Tiene que seguir todo recto.

Dialogue 1

— Si no tenéis otra cosa que hacer, venid a cenar[1] a casa mañana. Luisa se pondrá muy contenta[2] de veros[3].
— Lo siento mucho[4], pero yo tengo un compromiso[5].
— Anula la cita[6] que tienes y venís de todas formas[7].
— Me parece difícil, pero podemos dejarlo para otro día[8].
— ¿ Cuándo te viene bien[9] ?
— No sé, el fin de semana, por ejemplo.
— Bueno, entonces quedamos para el viernes[10].
— De acuerdo. De todas formas, te llamo antes para confirmar.

Dialogue 2

(por fin me ha invitado)

P. = Pili M. = Montse

P. — ... Oiga, ¿ eres Montse[11] ? Oye, soy yo, Pili, que por fin me ha llamado Jorge esta mañana para invitarme.
M. — No me digas[12], cuenta, cuenta[13], ¿ y qué te ha dicho[14] ?
P. — Pues, nada, al principio me preguntó[15] : « ¿ estás libre el viernes ? » o « ¿ qué haces este viernes ? ». Algo así[16]. Yo le contesté que había quedado más o menos[17], pero que no había previsto nada concreto[18].
M. — Pues me alegro por ti[19], pero, si no recuerdo mal[20], habíamos quedado las dos para el viernes.
P. — Ya, hija, lo siento, ya sé que habíamos decidido salir juntas[21], pero es que no podía hacer otra cosa.
M. — Bueno, da igual. ¿ Y qué más[22] ? ¿ Qué más te contó ?
P. — Estuvo un poco ceremonioso. Me dijo : « ... si no tienes ningún compromiso, podemos quedar para el viernes. A mí me apetece que nos veamos[23]. ¿ Por qué no cenamos juntos y así charlamos[24] ? » Y yo : « Vale, por mí, encantada. »
M. — Y, ¿ dónde habéis quedado ?
P. — Me dijo que pasaría a recogerme[25] por mi casa a eso de las diez[26] o diez y media. Oye, vienes un día por casa y te cuento con más detalles.
M. — Vale, ya nos veremos cuando estés[27] menos ocupada.
P. — De acuerdo, adiós.
M. — Adiós.

1. **venid a cenar** : ***venez dîner*** ; **venid,** impératif tutoiement pluriel de ***venir.*** V. mémo 29.
2. **Luisa se pondrá muy contenta** : ***Luisa sera très contente.* Ponerse,** ***se mettre,*** a ici le sens de ***devenir*** ; il est utilisé avec des adjectifs qui expriment un état physique ou psychologique (**contento, de buen humor, enfermo, nervioso...**) pour exprimer un changement passager. Conjugaison de **poner,** v. mémo 28.5.
3. **de veros** : ***de vous voir.* Os,** ***vous,*** enclise du pronom : les pronoms personnels compléments d'un infinitif se placent à la fin du verbe en ne formant plus qu'un seul mot. V. mémo 10.
4. **lo siento mucho** : ***je regrette beaucoup,*** **sentir,** v. mémo 28.2.
5. **tengo un compromiso** : ***j'ai un engagement.***
6. **anula la cita** : ***annule le rendez-vous.***
7. **venís de todas formas** : ***vous venez de toute façon.***
8. **podemos dejarlo para otro día** : ***nous pouvons remettre ça à un autre jour*** ; **poder,** ***pouvoir.*** V. mémo 28.4. **Dejar,** ***laisser.***
9. **¿cuándo te viene bien ?** : ***quand est-ce que ça te convient ?***
10. **entonces quedamos para el viernes** : ***alors, nous prenons rendez-vous pour vendredi*** ; **quedar,** ***rester,*** a également le sens de ***prendre un rendez-vous*** (non professionnel).
11. **oiga, ¿eres Montse ?** : ***allô, c'est toi, Montse ?***
12. **no me digas** : ***pas possible, sans blague, allons donc.***
13. **cuenta** : ***raconte.*** **Contar** a le sens de ***raconter*** et de ***compter*** ; verbe à diphtongue, v. mémo 28.1.
14. **¿y qué te ha dicho ?** : ***que t'a-t-il dit ?*** **Decir,** v. mémo 28.3.
15. **al principio me preguntó** : ***il m'a d'abord*** (m. à m., ***au début***) ***demandé.***
16. **algo así** : ***quelque chose comme ça.***
17. **le contesté que había quedado más o menos** : ***je lui ai répondu que j'avais plus ou moins rendez-vous.*** Cf. 10.
18. **no había previsto nada concreto** : ***je n'avais rien prévu (décidé) précisément.***
19. **pues me alegro por ti** : ***eh bien, j'en suis très heureuse pour toi.*** **Alegrarse,** ***se réjouir.***
20. **si no recuerdo mal** : ***si je me souviens bien, si j'ai bonne mémoire.*** **Recordar,** ***se rappeler, se souvenir,*** verbe à diphtongue. V. mémo 28.1.
21. **juntas** : ***ensemble*** ; **juntos** est un adjectif toujours au pluriel.
22. **da igual. ¿Y qué más ?** : ***ça ne fait rien. Et quoi d'autre ?***
23. **a mí, me apetece que nos veamos** : ***j'ai envie que nous nous voyions.***
24. **y así charlamos** : ***et comme ça nous bavarderons*** (m. à m., ***bavardons).***
25. **pasaría a recogerme** : ***il passerait me prendre.***
26. **a eso de las diez** : ***vers dix heures.***
27. **vale, ya nos veremos cuando estés...** : ***d'accord, nous nous reverrons quand tu seras...*** **Cuando** + subjonctif, v. mémo 21.

1 - Autres façons de faire une invitation :

invitar a (convidar a)	inviter, convier
quisiera invitarle a	je voudrais vous inviter à
¿le gustaría venir a... ?	aimeriez-vous venir (assister) à
¿puede Ud. venir a... ?	pouvez-vous venir (assister)
queda Ud. invitado a	vous êtes invité à
me encantaría que (+ subj.)	je serais ravi que (+ subj.)
espero que le sea posible	j'espère qu'il vous sera possible
¿por qué no venís a... ?	pourquoi ne viendriez-vous pas... ?

2 - Accepter une invitation :

le agradezco mucho su invitación	je vous remercie beaucoup de votre invitation
tendré mucho gusto en	j'aurai beaucoup de plaisir à
por mí, encantado	en ce qui me concerne, avec joie
con mucho gusto	avec (grand) beaucoup de plaisir

3 - Refuser une invitation :

sentir (lamentar) no poder	regretter de ne pas pouvoir
me encantaría, pero...	je serais ravi, mais...
lo siento, pero...	je suis désolé, mais...
tengo otro compromiso	je suis déjà pris, je me suis déjà engagé

4 - Autres expressions :

me han invitado	je suis invité
ser el invitado de una nación	être l'hôte d'une nation
incitar a	inviter à (figuré)
le ruego que (+ subj.)	je vous prie de, je vous invite à (+ infinitif)
sacar (invitar) a bailar	inviter à danser

5 - Langue écrite, invitation formelle :

Don Felipe Peñalara y señora tienen el honor de invitarles a la ceremonia que se celebrará en el Salón de Actos del Ayuntamiento el viernes 12 de mayo a las cinco de la tarde y a la cena que tendrá lugar a continuación a las nueve de la noche en el hotel...

Madame et Monsieur Peñalara ont l'honneur de solliciter votre présence à la cérémonie qui aura lieu dans le Salon d'Honneur de la Mairie le vendredi 12 mai à 17 heures et au dîner qui suivra à 21 heures en l'hôtel...

Exercices

A Dire le contraire avec un impératif :

1. No vengas mañana.
2. No salgas esta tarde.
3. No me lo traiga.
4. No se lo deies.

B Donner un ordre négatif :

1. Déjame la llave en el casillero.
2. Llámalos esta tarde.
3. Pídele los libros.
4. Haced lo que ha dicho.

C Remplacer les tutoiements par des vouvoiements :

1. Anula la cita y ven a vernos esta tarde.
2. Decídete y escríbele la carta de invitación.
3. Invitadla a pasar el fin de semana con nosotros.
4. Venid cuando estéis menos ocupados.

D Traduire :

1. J'aimerais t'inviter à prendre un verre.
2. Je regrette beaucoup mais ce soir je suis prise.
3. Je t'appellerai pour confirmer notre rendez-vous de mardi.
4. Il m'a dit hier qu'il passerait me prendre vers 10 heures.

Corrigé

A
1. Ven mañana.
2. Sal esta tarde.
3. Tráigamelo.
4. Déjaselo.

B
1. No me dejes la llave en el casillero.
2. No los llames esta tarde.
3. No le pidas los libros.
4. No hagáis lo que ha dicho.

C
1. Anule la cita y venga a vernos esta tarde.
2. Decídase y escríbale la carta de invitación.
3. Invítenla a pasar el fin de semana con nosotros.
4. Vengan cuando estén menos ocupados.

D
1. Me gustaría invitarte a una copa.
2. Lo siento mucho, pero esta noche tengo un compromiso.
3. Te llamaré para confirmar nuestra cita del martes.
4. Me dijo ayer que pasaría a recogerme a eso de las diez.

Dialogue 1

— Y tú, ¿qué opinas[1] de este vídeo[2] ?
— No sé, a mí me parece que[3] no es el mejor. Yo que tú[4], hablaría con mi hermano, que entiende mucho de esto[5].
— ¡Vaya[6] ! ¿Y tú no podrías recomendarme uno ?
— Hombre, mira, francamente no. Lo que sí te puedo decir[7] es que yo no me precipitaría en comprar[8]. Infórmate antes bien.
— Bueno. No sé por qué me había imaginado que tú me podrías aconsejar[9].

Dialogue 2

(buscando un regalo[10])

A. = Antonio M. = Montse D. = dependiente

A. — ¿Qué opinas de este juego[11] ? ¿Tú crees que estará bien ? Es un regalo original.
M. — Hombre[12], no sé. No sé qué quieres que te diga. Podemos mirar otra cosa.
A. — Entonces[13], algo de ropa[14]. Una corbata[15], pero eso es menos original. Tú, que conoces bien a Luis[16], ¿qué le regalarías ? ¿Cuál de las dos cosas me aconsejarías ?
M. — No sé. Esto de[17] los regalos siempre es complicado y no aciertas nunca[18]. Yo que tú, trataría de buscar[19] algo clásico y, al mismo tiempo, original, pero no es fácil.
A. — Mira[20], lo mejor es que preguntemos a un vendedor y que él nos recomiende algo clásico, pero no demasiado conocido. Mire, por favor. Estamos buscando un regalo para un amigo, pero no sabemos muy bien qué. Estábamos dudando entre[21] este juego y una corbata. Ud., que tiene experiencia, ¿qué nos aconseja que compremos[22] ?
D. — Miren, si me permiten un consejo, yo que Uds.[23] no compraría una corbata. Todo el mundo regala lo mismo[24]. Deberían ir[25] a la sección de discos[26] y buscar uno que le guste. Si no[27], yo procuraría encontrar[28] algo decorativo : esta estatuilla[29], por ejemplo, pero mejor es[30] que Uds. lo piensen[31] y se decidan.
M. — Vale[32], muchas gracias.
D. — De nada[33].

1. **¿qué opinas de... ?** : *que penses-tu de...*
2. **un vídeo** : *un magnétoscope.*
3. **a mí me parece que** : *il me semble que, je vois que.*
4. **yo que tú** : *moi à ta place.*
5. **que entiende mucho de esto** : *qui s'y connaît bien.* **Entender,** verbe à diphtongue. V. mémo 28.1.
6. **¡Vaya !** : exclamation de surprise : *eh bien, dis donc.*
7. **lo que sí te puedo decir** : *en revanche ce que je peux te dire.*
8. **no me precipitaría en comprar** : *je ne me presserais pas d'acheter.*
9. **aconsejar** : *conseiller,* mais *un conseil,* **un consejo.**
10. **un regalo** : *un cadeau.*
11. **un juego** : *un jeu.*
12. **hombre** : m. à m., *homme,* mais ici avec une valeur affective : *mon vieux.*
13. **entonces** : *alors.*
14. **algo de ropa** : *un vêtement ;* m. à m., *quelque chose de vêtement, en rapport avec le vêtement.*
15. **una corbata** : *une cravate.*
16. **que conoces bien a Luis** : *qui connais bien Louis :* attention à la préposition **a.** V. mémo 14.
17. **esto de...** : *cette affaire de...*
18. **y no aciertas nunca** : *tu ne tombes jamais bien.* **Acertar,** *réussir, deviner, trouver.* Verbe à diphtongue. V. mémo 28.1.
19. **trataría de buscar** : *j'essaierais de chercher ;* **tratar de,** *essayer de ;* synonymes : **intentar, procurar.**
20. **mira** : *écoute,* mais aussi *dis.* Impératif de **mirar,** sert d'interjection pour appeler l'attention de quelqu'un.
21. **estábamos dudando entre** : *nous hésitions entre.*
22. **¿qué nos aconseja que compremos ?** : *que nous conseillez-vous d'acheter ?* Les verbes de conseil exigent un subjonctif pour traduire l'infinitif français. V. mémo 20.
23. **yo que Uds.** : *moi à votre place.*
24. **lo mismo** : *la même chose, les mêmes choses.* V. mémo 1.
25. **deberían ir** : *vous devriez aller.*
26. **la sección de discos** : *le rayon des disques.*
27. **si no** : *sinon.* A ne pas confondre avec **sino** qui signifie *mais* quand la première partie de la phrase est négative.
28. **yo procuraría encontrar** : *j'essaierais de trouver.* **Procurar,** *essayer,* a la même construction que **intentar.** Cf. 19.
29. **esta estatuilla** : *cette statuette.* Diminutif de **estatua.**
30. **mejor es** : *il vaut mieux.*
31. **que lo piensen** : *que vous y réfléchissiez ;* m. à m., *que vous pensiez à cela.*
32. **vale** : *d'accord, c'est entendu.*
33. **de nada** : *de rien, à votre service.*

1 - Autres façons de conseiller :

dar un consejo	donner un conseil
advertir	observer, faire remarquer
avisar	prévenir, faire savoir
exhortar	exhorter
indicar	indiquer
incitar	inciter
inducir	pousser, amener à
sugerir	suggérer
insinuar	insinuer
encaminar	orienter, diriger
aludir	faire allusion à
dar a entender	laisser entendre
asesorar	conseiller
recomendar	recommander
persuadir	persuader
ser persuasivo	être persuasif
convencer	convaincre
influir, influenciar	influer
deslizar una opinión	glisser une opinion
meter en la cabeza	mettre dans la tête

2 - Autres façons de déconseiller :

desaconsejar	déconseiller
desengañar	détromper
disuadir	dissuader
prevenir	prévenir
apartar	détourner, dissuader
oponerse a	s'opposer à

3 - Vocabulaire complémentaire :

a mi parecer	à mon avis
asesorarse	prendre conseil
celebrar consejo	tenir conseil
seguir un consejo	suivre un conseil
pedir un consejo	demander un conseil
consultar algo con alguien	consulter quelqu'un à propos de quelque chose
ejercer (una) presión	presser, exercer une pression
presionar	faire pression
remitirse a	s'en remettre à
fiarse de, confiar en,	s'en rapporter à
él es buen consejero	il est de bon conseil
dejarse aconsejar por	se laisser conseiller par
el asesor técnico	le conseiller technique
el concejal	le conseiller municipal

A **Transformer les phrases en mettant le premier verbe au conditionnel :**

1. **Te aconsejo que no lo digas.**
2. **Os aconsejo que lo vendáis.**
3. **¿Te parece bien que lo proponga él ?**
4. **Te aconsejo que no lo admitas.**
5. **Es fácil que se oponga a que lo utilices.**

B **Transformer selon le modèle :** ***Sal*** **→ Te aconsejo que salgas**

1. **Hazlo → Te aconsejo que...**
2. **Venid todos → Os aconsejo que...**
3. **Cómpralo → Te aconsejo que...**
4. **Vete → Te aconsejo que...**
5. **Callaos → Os aconsejo que...**
6. **Decidíos → Os aconsejo que...**

C **Traduire :**

1. Qu'est-ce que tu penses de ce livre ?
2. Moi à ta place, je n'achèterais pas cela.
3. Essaie de faire un cadeau original.
4. Le mieux c'est que nous demandions à un vendeur.
5. J'ai l'impression qu'il va nous conseiller de ne pas y aller.

Corrigé

A 1. **Te aconsejaría que no lo dijeras (dijeses).**
2. **Os aconsejaría que lo vendierais (vendieseis).**
3. **¿Te parecería bien que lo propusiera (propusiese) él ?**
4. **Te aconsejaría que no lo admitieras (admitieses).**
5. **Sería fácil que se opusiera a que lo utilizaras (utilizases).**

B 1. **Te aconsejo que lo hagas.**
2. **Os aconsejo que vengáis todos.**
3. **Te aconsejo que lo compres.**
4. **Te aconsejo que te vayas.**
5. **Os aconsejo que os calléis.**
6. **Os aconsejo que os decidáis.**

C 1. **¿Qué opinas de ese libro ?**
2. **Yo que tú, no compraría eso.**
3. **Trata de hacer un regalo original.**
4. **Lo mejor es que preguntemos a un vendedor.**
5. **Me parece que nos va a aconsejar que no vayamos.**

Dialogue 1

— Mira[1], te he comprado este pequeño recuerdo. Es para celebrar[2] que hoy hace un año que nos conocemos[3].
— ¡Qué bonito[4] ! No sabes lo contenta que estoy[5].
— Hoy también me vas a dejar que me encargue yo de todo[6].
— ¿Y yo ? ¿Te podré echar una mano[7] ?
— Bueno, tú puedes ayudarme un poco, pero hoy soy yo el que[8] se encarga de todo.
— De acuerdo.

Dialogue 2

(en una clínica)

R. = Ramón C. = Charo

R. — Mira, Charo, te he traído[9] estas flores. He pensado que te harían ilusión[10]. También te he traído unos bombones[11]. Me acordé de repente[12] de lo que te gustaban[13]. Me imagino que te dejarán[14] comerlos ahora que estás casi bien y vas a salir dentro de poco[15] de la clínica.
C. — Muchas gracias, pero no tenías que haberte molestado en traer tantas cosas[16].
R. — Ah, casi se me olvidaba, al pasar delante de un quiosco[17], se me ocurrió[18] comprarte también algunas revistas, para que pases el rato[19] porque, como pasas tanto tiempo aquí, sin hacer nada...
C. — Muchas gracias. Eres muy amable.
R. — Espera, espera, no te muevas[20], déjame que te alcance yo[21] el vaso de agua.
C. — ¡Qué amable estás hoy ! ¿Tienes fiebre ?
R. — No, sin broma[22], ¿de verdad que no necesitas nada ?
C. — Nada ; muchas gracias.
R. — Ya sabes que, si necesitas algo cuando vuelvas a casa[23] o que te eche una mano para cualquier cosa[24], no tienes más que decírmelo[25]. Para eso estoy[26], y yo hago todo lo que esté en mi mano[27]. Por lo demás, no te preocupes[28]. Lo del seguro corre de mi cuenta[29] y no tienes por qué preocuparte. En cuanto a lo de nuestro divorcio, yo me encargo de todo. Bueno, me voy, que tengo mucha prisa[30]. Que te mejores[31].

1. **mira** : *regarde, tiens.*
2. **celebrar** : *fêter.*
3. **hace un año que nos conocemos** : *il y a un an que nous nous connaissons.* **Hace**, *il y a, cela fait* (sens temporel).
4. **¡qué bonito !**: *comme c'est joli ! que c'est joli !*
5. **lo contenta que estoy** : *comme je suis contente.* **Lo... que** encadrant un adjectif, un participe passé ou un adverbe équivaut à **qué** exclamatif ; **¡qué contenta estoy !** V. mémo 1.
6. **me vas a dejar que me encargue yo de todo** : *tu vas me laisser me charger de tout.* **Encargarse de**, *se charger de.*
7. **¿te podré echar una mano ?** : *est-ce que je pourrai te donner un coup de main ?* **Poder**, *pouvoir.* V. mémo 28.4.
8. **soy yo el que** : *c'est moi qui* (**eres tú el que...**, *c'est toi qui...*, etc.)
9. **mira, te he traído** : *tiens, je t'ai apporté.* **Traer**, *apporter.* **Haber** + participe passé. V. mémo 26.
10. **que te harían ilusión** : *qu'elles te feraient plaisir.* **Ilusión** : *joie, espoir, rêve, illusion.*
11. **unos bombones** : *des chocolats ; bonbons* = **caramelos.**
12. **me acordé de repente** : *je me suis rappelé tout à coup.* **Acordarse**, *se souvenir, se rappeler,* verbe à diphtongue. V. mémo 28.1.
13. **de lo que te gustaban** : *comme tu les aimais.*
14. **me imagino que te dejarán** : *je pense qu'on te laissera.*
15. **dentro de poco** : *sous peu, bientôt.*
16. **no tenías que haberte molestado en traer tantas cosas** : *tu n'aurais pas dû prendre la peine d'apporter tant de choses ;* m. à m., *tu ne devais pas avoir pris la peine.*
17. **al pasar... un quiosco** : *en passant devant un kiosque.*
18. **se me ocurrió** : *j'ai eu l'idée.* **Se me (te, le...) ocurre** est une construction d'un emploi fréquent qui signifie *il me (te, lui,...) vient à l'esprit, je pense tout à coup,...*
19. **para que pases el rato** : *pour te faire passer le temps.*
20. **no te muevas** : *ne bouge pas.* Impératif négatif de **moverse** (verbe à diphtongue). V. mémo 29.
21. **déjame que te alcance yo** : *laisse-moi te passer ;* **alcanzar**, *atteindre.*
22. **no, sin broma** : *non, sérieusement* (m. à m. *sans blague).*
23. **cuando vuelvas a casa** : *quand tu reviendras à la maison.*
24. **cualquier cosa** : *n'importe quoi.*
25. **no tienes más que decírmelo** : *tu n'as qu'à me le dire.*
26. **para eso estoy** : *je suis là pour ça.*
27. **lo que esté en mi mano** : *ce qui sera de mon ressort.*
28. **por lo demás, no te preocupes** : *pour le reste, ne t'inquiète pas.* **Preocuparse**, *s'inquiéter, se préoccuper, s'en faire.*
29. **lo del seguro corre de mi cuenta** : *je me charge (de l'affaire) de l'assurance ;* m. à m., *l'affaire de l'assurance est à ma charge.*
30. **tengo mucha prisa** : *je suis très pressé.*
31. **que te mejores** : *meilleure santé* (m. à m. *porte-toi mieux*).

1 - Offrir un cadeau :

regalar algo	faire cadeau de quelque chose
dar de regalo	donner en cadeau
toma, esto es para ti	tiens, c'est pour toi
le he traído...	je vous ai apporté...
me pareció que le gustaría	j'ai pensé que ça vous ferait plaisir

2 - Accepter un cadeau :

se lo agradezco mucho	je vous en remercie beaucoup
no hacía falta (no era necesario)	il ne fallait pas
no tenía que haberse molestado	il ne fallait pas vous déranger
es usted muy amable	vous êtes trop gentil

3 - Proposer de l'aide :

¿puedo ayudarle en algo ?	puis-je vous aider ?
si le puedo ayudar en algo...	si je peux vous être utile
¿le echo una mano ?	je vous donne un coup de main ?
¿quiere que le eche una mano ?	voulez-vous que je vous donne un coup de main ?
¿si quiere, puedo...	si vous voulez, je peux...
¿necesita que le ayude ?	vous avez besoin d'aide ?

4 - Accepter de l'aide :

sí, con mucho gusto	oui, très volontiers
muy amable, gracias	c'est très gentil, merci

5 - Refuser de l'aide :

no, gracias, no hace falta	non, ça va, merci
no es necesario, no hace falta	ce n'est pas nécessaire
ya me las arreglaré (yo solo)	je me débrouillerai bien (tout seul)

6 - Autres traductions :

¿qué se le ofrece ?	qu'y a-t-il pour votre service ?
proponer sus servicios	offrir ses services
si me necesita...	si vous avez besoin de moi
no dude en llamarme	n'hésitez pas à m'appeler
ya sabe dónde me tiene	vous savez où me trouver
viene (como) de perlas	ça tombe à point
dar el aguinaldo	donner des étrennes
tener un (buen) detalle	avoir un beau geste

A Compléter avec « molestarse » :

1. No hace falta que ....(Ud.).
2. No es necesario que ....(tú).
3. No hará falta que ....(vosotros).
4. No creo que haga falta que ....(ella).
5. No será necesario ....(Uds.).
6. No tienes por qué ....(tú).

B Compléter :

1. Ya sabes que haré lo que (estar) ....en mi mano.
2. Yo te lo arreglo cuando (volver) ....tú.
3. ¿Quieres que te lo (solucionar) ....yo ?
4. Si me (necesitar) ....llámeme.

C Traduire :

1. Si tu as besoin de quelque chose, tu sais où je suis.
2. Ne t'inquiète pas, je me chargerai de tout.
3. Puis-je t'aider ? — Non, merci, ce n'est pas nécessaire.
4. Quand je reviendrai, je te donnerai un coup de main.
5. Je t'ai apporté un livre, j'ai pensé qu'il te plairait.
6. Nous partons maintenant car nous sommes très pressés.

Corrigé

A
1. No hace falta que se moleste.
2. No es necesario que te molestes.
3. No hará falta que os molestéis.
4. No creo que haga falta que se moleste.
5. No será necesario que se molesten.
6. No tienes por qué molestarte.

B
1. Ya sabes que haré lo que esté en mi mano.
2. Yo te lo arreglo cuando vuelvas tú.
3. ¿Quieres que te lo solucione yo ?
4. Si me necesita, llámeme.

C
1. Si necesitas algo, ya sabes dónde estoy.
2. No te preocupes (que) yo me encargaré de todo.
3. ¿Puedo ayudarte ? — No, gracias, no hace falta.
4. Cuando vuelva, te echaré una mano.
5. Te he traído un libro, se me ha ocurrido que te gustaría.
6. Nos vamos ahora porque tenemos mucha prisa.

Dialogue 1

— No sé qué me pasa[1], pero cuàndo paso por las tiendas[2], siempre me entran ganas[3] de comprar algo.
— A mí, no. A mí me pasa lo contrario. Mi marido me pregunta[4] siempre : ¿ Por qué no te compras algo, mujer ? Pero, yo, la verdad, es que tengo de todo.
— Pues, yo, al contrario. Por ejemplo, me compraría de buena gana[5] ese bolso[6], pero, ya sabes...
— Chica, tú, con tu dinero, haces lo que te dé la gana[7].

Dialogue 2

(en un bar)

D. = Daniel P. = Paco

D. — Paco, ¿ quieres que te traigan otro café[8] ?
P. — No, gracias, Daniel. No me apetece.
D. — ¿ Qué te pasa ?
P. — Nada. Que no tengo ganas de nada[9], ni de café ni de nada.
D. — Tú no estás[10] nada bien últimamente[11].
P. — No. Estoy harto de todo[12]. Sí, te aseguro que me están dando ganas de dejarlo todo[13] y de irme[14]. Ya no aguanto más[15] los problemas de la oficina[16]. Las cosas van cada vez peor[17]. Está todo fatal[18]. Francamente, sabes, cogía y no volvía más[19]...
D. — Hombre, si hiciéramos lo que nos gustara siempre[20]. Hay que saber[21] aguantar[22] también un poco.
P. — Es que tú no estás enterado[23], como trabajas en el nuevo servicio. Lo que más me fastidia[24] es eso. Todo el mundo cree encima[25] que estamos inmejorablemente[26].
D. — No, la verdad es que no estoy muy al tanto[27].
P. — Mira, no soporto mucho hablar de este tema[28], pero, lo que pasa es que el nuevo encargado[29] no hace nada, y, además[30], ha logrado que[31], en poco tiempo, no lo aguante nadie.
D. — Anda, vamos a tomar algo. No te pongas así[32].
P. — Eres muy amable pero no tengo ganas de nada.
D. — ¿ Una copita de anís ?
P. — No, gracias, otro día.
D. — Bueno ¡ Camarero ! ¡ La cuenta[33] !

1. **no sé qué me pasa** : *je ne sais pas ce qui m'arrive.* **Pasar** : *passer, se passer, arriver, survenir.*
2. **paso por las tiendas** : *je passe devant les magasins.*
3. **me entran ganas** : *je suis prise d'envie.*
4. **me pregunta** : *me demande.* **Preguntar** signifie *demander, poser des questions, interroger.*
5. **de buena gana** : *de bon gré, volontiers, avec plaisir.*
6. **ese bolso** : *ce sac à main.*
7. **haces lo que te dé la gana** : *tu fais ce qui te chante, ce qui te passe par la tête.* **Dar la gana,** *faire envie.*
8. **¿ quieres que te traigan otro café ?** : *tu veux qu'on t'apporte un autre café ?* Ici la 3e personne du pluriel traduit l'indéfini **on**, v. mémo 12 ; **querer,** *vouloir ;* **traer,** *apporter,* v. mémo 28. 5 et 6.
9. **que no tengo ganas de nada** : *je n'ai envie de rien.*
10. **estás** marque à l'évidence la deuxième personne et **tú** indique l'insistance : *toi, tu ne vas pas bien.*
11. **últimamente** : *dernièrement, ces derniers temps.*
12. **estoy harto de todo** : *j'en ai assez de tout.*
13. **me están dando ganas de dejarlo todo** : *j'ai envie de tout laisser tomber.*
14. **irme** : *s'en aller, partir.*
15. **ya no aguanto más** : *je ne supporte plus.*
16. **la oficina** : *le bureau ;* **el oficio,** *le métier.*
17. **cada vez peor** : *de pis en pis.*
18. **está todo fatal** : *tout va très mal*
19. **cogía y no volvía más** : *pour un peu, je n'y retournerais plus ;* tournure idiomatique ; **coger y** suivi d'un autre verbe, tous deux conjugués au même temps, indique la résolution ou l'intention. **Hacía mucho frío, cogimos y nos metimos en un café,** *il faisait très froid et nous avons décidé d'entrer dans un café.*
20. **si hiciéramos lo que nos gustara siempre** : *si nous faisions toujours ce qui nous plaît.* Pour la construction **si** + imparfait du subjonctif, v. mémo 22.
21. **hay que saber** : *il faut savoir.*
22. **aguantar** : *être tolérant,* m. à m. *supporter, endurer.* Cf. 15.
23. **tú no estás enterado** : *tu n'es pas au courant.*
24. **lo que más me fastidia** : *ce qui m'ennuie le plus.*
25. **encima** : *sur, dessus ;* ici, *par-dessus le marché, en outre.*
26. **estamos inmejorablemente** : *nous sommes très bien.*
27. **no estoy muy al tanto** : *je ne suis pas bien au courant.*
28. **este tema** : *cette affaire,* mais aussi *ce sujet.*
29. **el nuevo encargado** : *le nouveau chef.*
30. **además** : *en plus, en outre.*
31. **ha logrado que** : *il a réussi à ce que.*
32. **no te pongas así** : *ne te mets pas dans cet état-là.*
33. **¡ camarero ! ¡ la cuenta !** : *garçon ! l'addition ! (la note !).*

1 - Avoir envie. Variantes :

tener ganas	avoir envie
(dan ganas	j'éprouve l'envie
(me, te, le, (vienen ganas	j'ai envie
nos, os, les) (entran ganas	je suis pris de l'envie
(apetece	j'ai envie
se me (se te, se le..., etc.) antoja	j'ai (tu as...) envie

2 - Autres façons d'exprimer l'envie :

querer	vouloir
soñar con	rêver de
suspirar por	soupirer après
aspirar a	aspirer à
pretender	prétendre
ambicionar, tener la ambición de...	ambitionner
anhelar	aspirer, désirer ardemment
ansiar	convoiter
tener hambre, sed	avoir faim, soif

3 - Faire envie :

me (te, le,..) hace ilusión eso	cela me (te,...) fait envie
dar envidia	faire envie à quelqu'un
tener envidia de, envidiar	jalouser, envier
comerse con los ojos	dévorer des yeux

4 - Autres expressions :

tiene muchas ganas de esto	il en a grande envie
tiene unas ganas locas de...	il a une envie folle de...
morirse de ganas de	mourir d'envie de
la envidia se lo come	il est rongé d'envie
hace lo que le da la gana	il n'en fait qu'à sa tête
¡no me da la gana hacerlo !	je n'ai pas envie de le faire !
(trabaja) de buena gana	il travaille volontiers
(trabaja) de mala gana	il travaille de mauvaise grâce
¡le voy a quitar las ganas !	je vais lui en faire passer l'envie
le tiene ganas (fam.)	il lui en veut
comer con ganas	manger avec appétit
comer sin ganas	manger sans appétit
se me hace la boca agua	j'en ai l'eau à la bouche

A **Compléter la phrase en mettant le verbe entre parenthèses à la forme convenable :**

1. **Me gustaría que vosotros lo (hacer)........................**
2. **¿ Os apetece que nosotros (ir).........................allí ?**
3. **Tengo ganas de que Pepe (venir)..............cuanto antes.**
4. **Si (querer)................................., cómpralo.**
5. **No discutamos más y (tomar)........................algo.**

B **Traduire :**

1. Je ne sais pas ce qui m'arrive.
2. Elle est toujours prise d'envie d'acheter quelque chose.
3. Moi, vraiment, je n'ai envie de rien.
4. Elle s'achèterait volontiers ce sac à main.
5. Il n'en fait qu'à sa tête.
6. Veux-tu que je t'apporte quelque chose ?
7. Ces derniers temps il n'était pas bien du tout.
8. Il en avait assez de tout.
9. Il avait envie de tout laisser tomber.
10. Il n'était au courant de rien.
11. Les choses allaient de pis en pis (ou : de mal en pis)
12. En plus, il ne supportait pas son nouveau chef.

Corrigé

A

1. **Me gustaría que vosotros lo hicierais (hicieseis).**
2. **¿ Os apetece que nosotros vayamos allí ?**
3. **Tengo ganas de que Pepe venga cuanto antes.**
4. **Si quieres, cómpralo.**
5. **No discutamos más y tomemos algo.**

B

1. **No sé lo que me pasa (lo que me ocurre).**
2. **Siempre le entran ganas de comprar algo.**
3. **Yo, la verdad, no tengo ganas de nada.**
4. **Ella se compraría de buena gana ese bolso.**
5. **Sólo hace lo que le da la gana.**
6. **¿ Quieres que te traiga algo ?**
7. **Últimamente no estaba nada bien.**
8. **Estaba harto de todo.**
9. **Tenía ganas de dejarlo todo.**
10. **No estaba al tanto de nada.**
11. **Las cosas iban cada vez peor.**
12. **Además, no aguantaba a su nuevo jefe.**

Dialogue 1

— ¿Qué planes tenéis[1] para este verano? ¿A dónde vais de vacaciones?
— Teníamos el proyecto de hacer un viaje[2], pero tengo que ir al sur[3] a ver a alguien[4].
— ¿Y vas solo?
— No, quisiera que viniera también mi mujer[5]. Mi empresa[6] tiene intención de mandarme allí[7], y quiero que vea un poco la zona.
— No te preocupes[8], ya verás[9] cuando veas aquello cómo acabas decidiéndote[10].

Dialogue 2

(proyectos inmediatos)
M. = Manolo J. = José María

M. — Entonces, José María, cuando termines el mes que viene las prácticas[11], ¿qué piensas hacer?
J. — Primero, me tomaré unos días de descanso[12].
M. — Y, ¿a dónde vas a ir?
J. — Pues, todavía no lo he decidido completamente...
M. — ¿Todavía no sabes?
J. — Bueno, sí. Lo más probable... Había pensado ir a casa de[13] mis padres. Allí me quedaré[14] un par de días[15] y podré ver a todo el mundo. Saldré un poco por ahí por la montaña[16]. Ahora es buena época.
M. — Me imagino que llamarás alguna vez[17] por teléfono.
J. — Sí, claro. Y si tengo tiempo, incluso me acerco[18] hasta el pueblo de los tíos[19], que hace un montón de tiempo[20] que no los veo. Después, no lo sé muy bien todavía. Quisiera encontrar un sitio tranquilo para descansar[21], pero todavía no lo tengo decidido[22].
M. — Pero, dentro de poco[23] empiezas[24] a trabajar. Tendrás que[25] organizarte, ¿no?
J. — Pues, sí. En cuanto haya vuelto[26], tendré que ponerme a buscar un piso. Tenía intención de coger algo por el centro[27], no muy grande y me gustaría irlo amueblando poco a poco[28], pero me imagino que no va a ser nada fácil.
M. — Oye, ¿por qué no te quedas y empiezas a buscarlo ya?

1. **¿qué planes tenéis... ?** : *quels sont vos projets... ?*
2. **el proyecto de hacer un viaje** : *le projet de faire un voyage.*
3. **tengo que ir al sur** : *je dois aller dans le Sud.* V. mémo 17.
4. **ver a alguien** : *voir quelqu'un.* **Alguien**, complément d'objet direct, représente une personne et doit être précédé de **a**.
5. **quisiera que viniera también mi mujer** : *je voudrais que ma femme vienne aussi.* Pour la concordance des temps, v. mémo 18.
6. **mi empresa** : *mon entreprise.*
7. **de mandarme allí** : *de m'y envoyer (de m'envoyer là-bas).*
8. **no te preocupes** : *ne t'inquiète pas.* Impératif, v. mémo 29.
9. **ya verás** : *tu vas voir ;* m. à m., *tu verras bien.*
10. **cuando veas aquello cómo acabas decidiéndote** : *lorsque tu verras cela (là-bas) tu finiras par te décider.* Dans une subordonnée, *quand* + futur = **cuando** + subjonctif présent. **Acabar** + gérondif = *finir par* + infinitif.
11. **las prácticas** : *le stage.*
12. **unos días de descanso** : *quelques jours de repos.*
13. **a casa de** : *chez.*
14. **allí me quedaré** : *j'y resterai.*
15. **un par de días** : *deux jours, deux jours à peu près.*
16. **saldré un poco por ahí por la montaña** : *j'irai me promener un peu dans la montagne.* **Por ahí** indique un lieu indéterminé, *un peu partout, quelque part.* **Por**, placé après un verbe de mouvement, suggère le déplacement à l'intérieur d'un lieu.
17. **alguna vez** : *de temps à autre* (**alguna que otra vez**).
18. **incluso me acerco** : *j'irai même.* **Acercarse**, *s'approcher, aller ou venir à (jusque).* **Incluso** : *même.*
19. **de los tíos** : *de mon oncle et de ma tante.* Pour les noms de parenté, le couple (homme et femme) est désigné par le masculin pluriel : **mis abuelos**, *mes grands-parents.*
20. **que hace un montón de tiempo** : *car il y a un bon bout de temps ;* **montón**, *tas, monceau, masse.*
21. **para descansar** : *pour me reposer.* **Descansar** n'est jamais pronominal en espagnol.
22. **todavía no lo tengo decidido** : *je ne l'ai pas encore décidé.* **Tener** + participe passé met l'accent sur l'action réalisée.
23. **dentro de poco (tiempo)** : m. à m., *dans peu de temps, d'ici peu, sous peu, bientôt.*
24. **empiezas** : *tu commences ;* **empezar** diphtongue. V. mémo 28.1.
25. **tendrás que** : *tu devras.* Cf. 3.
26. **en cuanto haya vuelto** : *dès que je serai rentré.* Cf. 10. **Vuelto** est le participe passé irrégulier de **volver**, *revenir.*
27. **coger algo por el centro** : *prendre quelque chose dans le centre.*
28. **me gustaría irlo amueblando poco a poco** : *j'aimerais le meubler petit à petit.* **Ir** + gérondif insiste sur le déroulement progressif et régulier de l'action. Construction du verbe **gustar**, v. mémo 27.

1 - Projeter, faire des projets :

proyectar	projeter, envisager
hacer un proyecto	faire un projet
formar un proyecto	former un projet
tener el proyecto de	projeter de
planear, pensar (hacer)	avoir l'intention de (faire)
tener intención de	" "
tener el propósito de	" "
¿qué tiene pensado ?	quels sont vos projets ?
proponer(se)	(se) proposer
tener un plan (planes)	1. avoir un projet, 2. avoir un plan
prever	prévoir
¿qué tiene previsto ?	qu'avez-vous prévu ?
preparar	préparer
programar	programmer
planificar	planifier
idear (un plan)	imaginer (un projet, un plan)
bosquejar	ébaucher
esbozar	esquisser

2 - Ne pas avoir de projets, renoncer :

renunciar (a un proyecto)	renoncer (à un projet)
abandonar	renoncer
proponer un contraproyecto	proposer un contreprojet
quitársele a uno las ganas de...	1. ne plus avoir envie de 2. faire passer l'envie
retirarse	se retirer

3 - Reporter ou rejeter un projet :

aplazar	ajourner, remettre, renvoyer à plus tard
diferir	différer
dejar para más adelante	remettre, reporter à plus tard
dejar para más tarde	" "
rechazar un proyecto	rejeter un projet
rehusar, negarse a	refuser, ne pas accepter

4 - Vocabulaire complémentaire :

el plano	le plan (tracé, surface)
vender sobre plano	vendre sur plans
el plan	le projet, le plan
plan de ordenación	plan d'aménagement
plan de desarrollo	plan de développement
plan de pensiones	plan de retraite

A Mettre au futur :

1. Empiezo a trabajar dentro de poco en esa empresa.
2. Tienes que organizarte mejor.
3. Propuso un plan de reestructuración.
4. Vamos a casa de nuestros padres.
5. Podéis tomar unos días de descanso.
6. Salen mañana para Méjico.
7. ¡Tú haces lo que yo te diga !

B Compléter en conjuguant le verbe indiqué entre parenthèses :

1. Te decidirás cuando (ver) .... aquello.
2. Saldremos en cuanto (volver) .... Jorge.
3. Iré a verlos tan pronto como (tener) .... tiempo.
4. Cuando (llegar) .... Ana, hablaremos del proyecto.
5. Te lo diré en cuanto lo (saber) ....

C Traduire :

1. Qu'as-tu prévu pour les vacances ?
2. J'envisage (j'ai le projet) d'aller en Argentine cet hiver.
3. J'aimerais que tu viennes avec moi.
4. Je voudrais trouver un endroit tranquille pour me reposer.
5. Je partirai dès que je pourrai.

Corrigé

A
1. Empezaré a trabajar dentro de poco en esa empresa.
2. Tendrás que organizarte mejor.
3. Propondrá un plan de reestructuración.
4. Iremos a casa de nuestros padres.
5. Podréis tomar unos días de descanso.
6. Saldrán mañana para Méjico.
7. ¡Tú harás lo que yo te diga !

B
1. Te decidirás cuando veas aquello.
2. Saldremos en cuanto vuelva Jorge.
3. Iré a verlos tan pronto como tenga tiempo.
4. Cuando llegue Ana, hablaremos del proyecto.
5. Te lo diré en cuanto lo sepa.

C
1. ¿Qué tienes previsto para las vacaciones ?
2. Tengo el proyecto de ir a Argentina este invierno.
3. Me gustaría que vinieras conmigo.
4. Quisiera encontrar un sitio tranquilo para descansar.
5. Me iré en cuanto pueda.

Dialogue 1

— Me hace el favor [1], ¿ cuánto le debo[2] ? Pero estos dos libros me cuenta aparte[3], porque no son para mí.
— Lo suyo son[4] 3 450 pesetas, y los dos libros 1 987. En total, 5 437.
— Pues, mire, creo que no tengo suficiente dinero en efectivo. ¿ Aceptan aquí tarjetas de crédito[5] ?
— Sí, claro, no hay ningún problema. ¿ Me deja un documento de identidad[6], por favor ?
— Tenga, aquí tiene la tarjeta y el carné de identidad[7].

Dialogue 2

(en una tienda)

C. = comprador V. = vendedora, dependienta.

C. — Por favor, señorita, las camisas de esta estantería[8] no tienen el precio marcado. ¿ Me puede decir cuánto valen ?
V. — ¡ Qué raro[9] ! Dice Ud. que no llevan precio[10]. ¡ Cuánto me extraña[11] ! Seguro que acaban de ponerlas[12], pero yo no puedo informarle[13], porque no me encargo de[14] esa sección. Tiene que preguntar[15] a otra dependienta.
C. — Pero si no hay nadie[16].
V. — Entonces, pregunte por el precio en caja. Lo siento, pero yo no puedo ayudarle.
C. — Oiga, señorita, esas camisas no están marcadas y quisiera[17] saber qué precio tienen.
V. — ¿ Cuáles ? ¿ Las del rincón[18] ? Espere un momento[19]. Esas están especialmente rebajadas[20]. Sólo cuestan[21] 1 990 pesetas. Están muy bien de precio[22].
C. — Entonces, creo que me voy a llevar un par de ellas[23]. ¿ Le puedo dejar aquí todo esto ? Ahora mismo vengo[24]. Voy a ver si tienen mi talla... Ya estoy aquí[25]. ¿ Me cobra Ud. todo[26] o tengo que ir a otra caja a pagar ?
V. — No. Yo le cobro todo. A ver qué lleva[27]... Un par de camisas a 1 990, 3 980 ; los pantalones, 6 890. Son 10 870.
C. — Aquí tiene mi tarjeta de crédito.
V. — Muchas gracias. Espere un momentito, ahora mismo se la devuelvo[28].

1. **me hace el favor** : *s'il vous plaît.*
2. **¿ cuánto le debo ?** : *combien vous dois-je ? ;* **deber,** *devoir.*
3. **me (los) cuenta aparte** : *vous me (les) comptez à part.* **Contar,** *compter,* mais aussi *raconter, conter ;* diphtongue, v. mémo 28.1.
4. **lo suyo son 3 450 pesetas** : *pour vous ça fait 3 450 pesetas.*
5. **tarjetas de crédito** : *cartes de crédit.* **Carta de crédito** : *lettre de crédit.*
6. **¿ me deja un documento de identidad ?** : *vous me faites voir une pièce d'identité ?* **Dejar,** *laisser (voir,* ver est sous-entendu).
7. **aquí tiene... el carné de identidad** : *voici... ma carte d'identité.*
8. **estantería** : *rayonnage, étagères.*
9. **¡ qué raro !** : *c'est curieux ! c'est bizarre !*
10. **no llevan precio** : *elles n'ont pas de prix ;* **llevar,** *porter.*
11. **¡ cuánto me extraña !** : *(comme) c'est surprenant.* **Extrañarse de algo,** *s'étonner de quelque chose.*
12. **seguro que acaban de ponerlas** : *on vient certainement de les (y) mettre ;* **seguro que** : *sûrement, certainement.* **Acabar de** + infinitif, *venir de* + infinitif (passé récent). **Poner,** *mettre, poser.* V. mémo 28.5.
13. **no puedo informarle** : *je ne peux pas vous renseigner.*
14. **no me encargo de** : *je ne m'occupe pas de...* **Encargarse de** : *se charger de.*
15. **tiene que preguntar** : *vous devez demander.* **Tener que** + infinitif, obligation personnelle contraignante. Attention : **preguntar,** *demander, interroger* et **pedir,** *demander (exiger).*
16. **pero si no hay nadie** : *mais vous voyez bien qu'il n'y a personne.*
17. **quisiera** : *je voudrais.* Le conditionnel du verbe **querer, querría** est généralement remplacé par l'imparfait du subjonctif.
18. **¿ cuáles ? ¿ las del rincón ?** : *lesquelles ? celles du coin ?*
19. **espere un momento** : *attendez un instant.*
20. **rebajadas** : *soldées.* **Rebajar** : *baisser, diminuer, mettre au rabais, faire un rabais.*
21. **sólo cuestan** : *elles ne coûtent que.* **Sólo,** *ne... que, seulement.* **Costar,** verbe à diphtongue. V. mémo 28.1.
22. **están muy bien de precio** : *elles sont très bon marché* **(muy baratas).**
23. **me voy a llevar un par de ellas** : *je vais en emporter deux.* **Llevarse,** *emporter ;* **un par de,** *une paire de,* s'emploie couramment pour traduire *deux.*
24. **ahora mismo vengo** : *je reviens tout de suite.*
25. **ya estoy aquí** : *me revoici.*
26. **¿ me cobra Ud. todo ?** : *je paie tout ici ? ;* m. à m., *vous encaissez tout ?* **Cobrar,** *encaisser, toucher, percevoir.*
27. **a ver qué lleva** : *voyons, qu'avez-vous ?* **Llevar,** *porter.*
28. **se la devuelvo** : *je vous la rends ;* **devolver,** *rendre ;* diphtongue, v. mémo 28.1. Pronoms personnels compléments, v. mémo 10.

1 - Demander le prix :

¿cuánto vale (valen)... ?	combien vaut (valent)... ?
¿cuánto cuesta (cuestan)... ?	combien coûte (coûtent)... ?
¿cuánto es ?	c'est (ça fait) combien ?
¿cuánto es todo ?	ça fait combien en tout ?
¿qué precio tiene ?	quel en est le prix ?
¿cuál es el precio ?	" "
¿a qué precio están los tomates ?	à combien sont ces tomates ?
¿me trae la cuenta, por favor ?	la note, s'il vous plaît ?
quisiéramos pagar por separado	nous voudrions payer séparément

2 - Notions complémentaires :

¿aceptan cheques de viaje ?	acceptez-vous les chèques de voyage ?
¿hacen un descuento ?	y a-t-il une remise ?
¿no tiene algo más barato ?	avez-vous quelque chose de moins cher (meilleur marché) ?
me parece que se ha equivocado	il me semble que vous vous êtes trompé
¿y esta cantidad de qué es ?	à quoi correspond cette somme ?
¿está todo incluido ?	tout est compris ?
¿va (está) incluido el servicio ?	le service est-il compris ?
cambiar	faire de la monnaie
¿tiene cambio de... ?	avez-vous la monnaie de... ?
cóbrese, por favor	payez-vous, s'il vous plaît
dar la vuelta	rendre la monnaie
devolver dinero	rendre de l'argent
dejar una señal	verser des arrhes
correr a cuenta de	être aux frais de

3 - Payer (pagar, abonar) :

pagar al contado	payer, régler au comptant
pagar a plazos	payer à tempérament
pagar a la entrega	payer à la livraison
pagar contra recibo	payer contre reçu
pagar de su bolsillo	payer de sa poche
pagar en efectivo (en metálico)	payer en espèces
pagar por adelantado	payer à l'avance
abonar los derechos	payer les droits
pagar (satisfacer) una deuda	payer, régler une dette
sufragar los gastos	payer les frais

A Compléter avec « ser » ou « estar » au présent de l'indicatif :

1. ¿ Cuánto .... ?
2. En total, ...ocho mil pesetas.
3. ¿ Dónde ....el dependiente ?
4. Estas camisas no ....marcadas.
5. ¿ ....todo incluido ?
6. Este libro ....mío.
7. Esta corbata ....de seda.
8. Nosotros ....tres.

B Mettre le verbe au présent de l'indicatif :

1. Los conté aparte.
2. Lo sentí mucho.
3. No pude informarle.
4. Quise pagar pero no me dejaron.

C Traduire :

1. Je voudrais savoir quel est le prix de cet article.
2. Pouvez-vous me montrer quelque chose de meilleur marché ?
3. Il me semble que vous vous êtes trompé dans le calcul.
4. Cette chemise est soldée, elle ne coûte que 3 000 pesetas.

Corrigé

A 1. ¿ Cuánto es ?
2. En total, son ocho mil pesetas.
3. ¿ Dónde está el dependiente ?
4. Estas camisas no están marcadas.
5. ¿ Está todo incluido ?
6. Este libro es mío.
7. Esta corbata es de seda.
8. Nosotros somos tres.

B 1. Los cuento aparte.
2. Lo siento mucho.
3. No puedo informarle.
4. Quiero pagar pero no me dejan.

C 1. Quisiera saber cuál es el precio de este artículo.
2. ¿ Puede enseñarme algo más barato ?
3. Me parece que se ha equivocado en el cálculo.
4. Esta camisa está rebajada, sólo cuesta 3 000 pesetas.

Dialogue 1

— ¡Ah ! ¡Hola[1], Martínez ! ¿Qué le trae por aquí[2] ?
— Buenos días, don Manuel[3]. Si tiene un minuto, quisiera hablar con Ud.[4] porque me gustaría proponerle algo.
— Bueno, vamos a ver[5], pero espero que sus argumentos sean convincentes y lleguemos a un acuerdo[6]...
— Eso espero yo también. Bueno, pues, se trata de lo siguiente[7]...
— Porque si no[8], ya sabe que me negaré[9]...
— Espere, ya verá cómo[10] le va a interesar lo que le propongo.

Dialogue 2

(en una reunión)

D = director J = jefe de Personal

D. — Señores, muchas gracias por[11] haber asistido[12] hoy y les recuerdo[13] que estamos reunidos para hablar de las nuevas proposiciones que han llegado hasta nosotros[14]. Como ya sabrán[15], la oferta se puede resumir así...

J. — Perdone que le interrumpa[16], pero antes de continuar, sugiero lo siguiente, aunque sea una cuestión[17] de procedimiento : ¿ no sería mejor retrasar esta reunión hasta que los representantes de los trabajadores lleguen a un acuerdo y así conocer sus argumentos en este período particularmente difícil por el que pasamos ? ¿ Por qué no esperar unos días para conocer el punto de vista laboral[18] ? Negarse a ello es perder una información esencial en estos momentos especialmente conflictivos[19].

D. — Estoy de acuerdo con usted en que esa información es importante, pero, sintiéndolo mucho[20], me veo en la obligación de contradecirle en lo demás[21]. Yo no estoy en absoluto de acuerdo[22] con la demora[23] que propone. De todas formas, podemos votar su ponencia[24]. Por mi parte, no veo inconveniente alguno[25].

J. — Como Ud. quiera[26].

D. — Bueno, les propongo que sometamos a votación[27] la propuesta del señor Jefe de Personal.

1. **¡hola ! :** *bonjour*
2. **¿qué le trae por aquí ? :** *qu'est-ce qui vous amène ?*
3. **buenos días, don Manuel :** *bonjour, monsieur Manuel.* Dans ce contexte l'emploi de **buenos días,** qui répond à **hola, Martínez,** marque le respect, confirmé par l'emploi de **don** devant le prénom.
4. **quisiera hablar con Ud. :** *je voudrais vous parler.* **Quisiera,** utilisé habituellement au lieu du conditionnel **querría.** Notez **hablar con usted.**
5. **vamos a ver :** *voyons un peu.*
6. **espero que sus argumentos sean convincentes y lleguemos a un acuerdo :** *j'espère que vos arguments seront convaincants et que nous arriverons à un accord.* Après le verbe **esperar,** l'espagnol emploie souvent le subjonctif pour traduire le futur français. V. mémo 19.
7. **se trata de lo siguiente :** *voici de quoi il s'agit* : m. à m., *il s'agit de l'affaire suivante.* **Lo** + adjectif, v. mémo 1.
8. **si no :** *sinon ;* **sino,** *mais.* V. mémo 16.
9. **me negaré :** *je refuserai.* **Negarse,** diphtongue. V. mémo 28.1.
10. **cómo :** *comment.* **Como** (sans accent), *comme.*
11. **muchas gracias por :** *merci beaucoup de,* la préposition **por** exprime la cause des remerciements.
12. **haber asistido :** *être présent,* m. à m., *avoir assisté.*
13. **les recuerdo :** *je vous rappelle.* **Recordar** diphtongue. V. mémo 28.1.
14. **han llegado hasta nosotros :** *sont arrivés jusqu'à nous.*
15. **como ya sabrán :** *comme vous devez déjà le savoir.* Le futur peut avoir une valeur de conjecture.
16. **perdone que se le interrumpa :** *pardonnez-moi de vous interrompre.* **Perdonar** requiert le subjonctif dans la subordonnée.
17. **aunque sea una cuestión :** *même si c'est une question...* **Aunque** + subjonctif = *même si* + indicatif ; **aunque** + indicatif = *bien que* + subjonctif.
18. **el punto de vista laboral :** *le point de vue des ouvriers, du monde du travail.*
19. **en estos momentos especialmente conflictivos :** *en ces moments de tension particulière.*
20. **sintiéndolo mucho :** *tout en le regrettant beaucoup.*
21. **en lo demás :** *pour le reste.*
22. **yo no estoy en absoluto de acuerdo :** *je ne suis absolument pas d'accord.*
23. **la demora :** *le délai, le retard ;* ici, *le report.*
24. **votar su ponencia :** *soumettre au vote votre proposition.*
25. **no veo inconveniente alguno :** *je ne vois aucun inconvénient.* **Alguno, alguna...,** *quelque,* placés après le nom dans une phrase négative sont équivalents à *aucun, aucune.*
26. **como Ud. quiera :** *comme vous voudrez.*
27. **que sometamos a votación :** *que nous mettions aux voix.*

1 - Proposer (proponer) :

hacer (formular) una propuesta	faire une proposition
hacer una contraproposición	faire une contre-proposition
someter un proyecto	soumettre un projet
plantear un problema	poser un problème
sugerir	suggérer
hacer una oferta	faire une offre
tomar una iniciativa	prendre une initiative
insinuar	insinuer
presentar a alguien para un puesto	présenter quelqu'un pour un poste
exponer un plan	exposer un plan
a propuesta de	sur (la) proposition de

2 - Accepter (aceptar) :

aprobar	approuver
admitir	admettre
recibir	recevoir, agréer
asentir	acquiescer
decir que sí	accepter, dire oui
ponerse de acuerdo	se mettre (tomber) d'accord
acoger	accueillir

3 - Refuser (negarse) :

rehusar, negarse	refuser
rechazar	repousser, rejeter
disentir	être en désaccord
denegar	refuser
desdeñar	dédaigner
poner en duda	mettre en doute
poner en tela de juicio	mettre en question
volver a discutir	remettre en question
dejar para otro día	remettre à un autre jour

4 - Autres expressions :

como guste	à votre aise
cuando guste	quand il vous plaira
¿ qué te parece si... ?	qu'est-ce que tu en dis si... ?
¿por qué no vamos a...?	pourquoi n'allons-nous pas ?
¿y si fuéramos a...?	et si nous allions à...?
¿te apetece que vayamos a...?	cela te dirait si...?
¡ni hablar !	pas question ! en aucun cas !
¿conforme ?	d'accord ?
¿vale ? Vale	d'accord ? Oui, d'accord
eso depende de Ud.	cela dépend de vous

A Compléter la phrase en mettant le verbe entre parenthèses à la forme convenable :

1. No estaba de acuerdo con que ellos (venir) ....
2. Sugiero que nosotros (hacer) .... una contraproposición.
3. Me niego a que las cosas (seguir) .... así.
4. Propuso que nos (reunir) .... mañana.
5. Pongo en duda que (haber ocurrido) .... como dice.

B Compléter avec les prépositions convenables :

1. Bueno, vamos .... ver.
2. Se trata .... lo siguiente.
3. Muchas gracias .... haber asistido.
4. Estamos reunidos .... discutir.
5. Me veo en la obligación de contradecirle .... todo.

C. Traduire :

1. Je voudrais vous parler, monsieur.
2. J'espère que vos arguments seront convaincants.
3. Ne serait-il pas mieux de reporter la réunion ?
4. Je ne suis absolument pas d'accord.
5. Pardonne-moi de t'interrompre.

Corrigé

A 1. No estaba de acuerdo con que ellos vinieran.
2. Sugiero que nosotros hagamos una contraproposición.
3. Me niego a que las cosas sigan así.
4. Propuso que nos reuniéramos mañana.
5. Pongo en duda que haya ocurrido como dice.

B 1. Bueno, vamos a ver.
2. Se trata de lo siguiente.
3. Muchas gracias por haber asistido.
4. Estamos reunidos para discutir.
5. Me veo en la obligación de contradecirle en todo.

C 1. Quisiera hablar con Ud., señor.
2. Espero que sus argumentos sean convincentes.
3. ¿No sería mejor retrasar la reunión ?
4. No estoy de acuerdo en absoluto.
5. Perdona que te interrumpa.

Dialogue 1

— Oye, no he podido llamarte antes[1] y estaba en falta contigo[2]. Te agradezco mucho que me echaras una mano[3] en lo de Zarauz[4].
— Nada, hombre, qué menos[5], no tienes por qué agradecérmelo[6]. Es lo menos que podía haber hecho[7]. Además, ya sabes : « hoy por ti, mañana por mí »[8].
— Pues me has hecho un buen favor[9], porque el asunto[10] no se presentaba nada bien[11]. No sé cómo corresponder[12].
— Si no ha sido ninguna molestia[13], hombre. No te preocupes. A mandar[14], como se suele decir[15].

Dialogue 2

(al teléfono)

A. = Alejandro L. = Luis

A. — Luis, ¿ eres Luis ? Soy Alejandro. Oye, muchas gracias. Te llamaba para agradecerte que me mandaras[16] los catálogos que te pedí[17] la semana pasada.
L. — De nada.
A. — Espero que no haya sido[18] una molestia muy grande.
L. — No, hombre, no me ha costado nada[19].
A. — También quisiera darte las gracias[20] por esa información confidencial que me has comunicado tan amablemente sobre el asunto de Barcelona.
L. — Ya[21], pero sobre ese asunto, tienes que ser[22] de una gran discreción. Eso que no salga de nosotros dos[23], porque es bastante delicado.
A. — ¡ No faltaba más[24] !
L. — Eso, que quede entre nosotros[25].
A. — Por supuesto[26], ni que decir tiene[27].
L. — Vale, ya sé que puedo fiarme de ti.
A. — De todas formas, vuelvo a darte las gracias[28].
L. — Es lo mínimo que[29] podía hacer, aunque no sé si te habrá interesado[30].
A. — ¡ Cómo ! Por supuesto. No te puedes imaginar lo útil que me ha sido[31].
L. — Pues, ya sabes, a mandar.

1. **llamarte antes** : *te téléphoner avant.* **Llamar,** *appeler.*
2. **estaba en falta contigo** : *j'étais en dette* (de reconnaissance) *avec toi.*
3. **te agradezco mucho que me echaras una mano** : *je te remercie de m'avoir donné un coup de main.* Le verbe placé après **agradecer** se met au subjonctif, ici, l'imparfait car l'action de donner un coup de main appartient au passé. Conjugaison du verbe **agradecer,** v. mémo 28.7.
4. **lo de Zarauz** : *l'affaire de Zarauz.*
5. **qué menos** : *c'est la moindre des choses.*
6. **no tienes por qué agradecérmelo** : *tu n'as pas à me remercier.*
7. **es lo menos que podía haber hecho** : *c'est la moindre des choses que je pouvais faire.*
8. **« hoy por ti, mañana por mí »** : *à charge de revanche.*
9. **pues me has hecho un buen favor** : *eh bien, tu m'as rendu un grand service.*
10. **el asunto** : *l'affaire* (généralement non commerciale).
11. **nada bien** : *pas bien du tout.*
12. **corresponder** : *correspondre,* ici, *payer de retour, rendre.*
13. **si no ha sido ninguna molestia** : *mais ça ne m'a nullement dérangé ;* **molestia** : *gêne, dérangement, ennui, tracas.*
14. **a mandar** : *à ton service ;* **mandar,** *ordonner.*
15. **como se suele decir** : *comme on dit généralement.* **Soler,** *avoir l'habitude* (ou la coutume de), diphtongue. V. mémo 28.1.
16. **agradecerte que me mandaras** : *te remercier de m'avoir envoyé ;* **agradecer** est suivi du subjonctif. Cf. 3.
17. **que te pedí** : *que je t'ai demandés.* **Pedir,** *demander.* V. mémo 28.2. *Demander* (poser une question) se traduit avec **preguntar.**
18. **espero que no haya sido** : *j'espère que cela n'aura pas été.*
19. **no me ha costado nada** : *cela ne m'a causé aucune gêne* (m. à m., *rien coûté*).
20. **darte las gracias** : *te remercier.* **Dar las gracias = agradecer.**
21. **ya** : *oui, d'accord.*
22. **tienes que ser** : *tu dois être.*
23. **eso que no salga de nosotros dos** : *surtout que cela reste entre nous deux* (m. à m. : *ne sorte pas*).
24. **¡ no faltaba más ! (= ¡ no faltaría más !)** : ici dans le sens de *cela va de soi.* Sinon, selon les contextes, *il ne manquerait plus que cela* ou *je vous en prie.*
25. **que quede entre nosotros** : *que cela reste entre nous.*
26. **por supuesto** : *bien sûr, évidemment.*
27. **ni que decir tiene** : *cela va sans dire.*
28. **vuelvo a darte las gracias** : *je te remercie encore.*
29. **es lo mínimo que** : *c'est la moindre des choses que.* Cf. 7.
30. **aunque no sé si te habrá interesado** : *bien que j'ignore si cela a pu t'intéresser.* Le futur ici marque la probabilité.
31. **lo útil que me ha sido** : *comme cela m'a été utile.* V. mémo 1.

1 - Remerciements :

dar las gracias por	remercier pour (de)
gracias a todos	merci à tous
no, gracias	non, merci ou (refus poli) je vous (te) remercie
se lo agradezco	je vous en suis reconnaissant
se lo agradecemos mucho	nous vous en remercions infiniment
estar agradecido (a alguien)	être reconnaissant
quedar agradecido por	être reconnaissant de
expresar su agradecimiento	manifester sa reconnaissance
expresar su gratitud	témoigner sa gratitude
es Ud. muy amable	vous êtes trop gentil
muy amable por su parte	c'est très gentil de votre part
ha sido muy amable viniendo	c'est très gentil à vous d'être venu
no tenía que haberse molestado	il ne fallait pas vous déranger

2 - Répondre à des remerciements :

de nada	de rien, ce n'est rien, je vous en prie
no hay de qué	il n'y a pas de quoi
a su disposición	à votre disposition, à votre service

3 - Langue écrite (correspondance) :

le agradezco su invitación	je vous remercie de votre invitation
le agradecemos por anticipado	nous vous remercions à l'avance
agradeciéndole de antemano	en vous remerciant à l'avance
le agradezco me haya mandado	je vous remercie de m'avoir envoyé
les agradecería mucho me mandaran	je vous serais très reconnaissant de m'envoyer
les quedaría (estaría) agradecido por (si)	je vous serais très obligé de (si)
dándole las gracias por	en vous remerciant pour (de)

4 - Autres traductions :

gracias a	grâce à
y gracias si	il peut s'estimer heureux si
¡ qué gracia tiene !	comme c'est drôle !
no estar para gracias	ne pas avoir envie de plaisanter

A Transformer en s'adressant à plusieurs correspondants :

1. Le agradezco su carta del 12 del corriente.
2. Le agradezco me haya enviado los catálogos que le pedía.
3. Le agradecería me mandara estos artículos.
4. Agradeciéndole de antemano,...
5. Le quedaría agradecido si me dirigiera...
6. Te agradezco mucho el favor que me has hecho.

B Conjuguer le verbe indiqué entre parenthèses :

1. Te agradecería me (mandar) .... esos libros.
2. Les quedaría agradecido me los (remitir) ....
3. Te llamaba para que les (dar) .... las gracias.
4. Te llamo porque (estar) .... en falta contigo.

C Traduire :

1. Je n'ai pas pu t'appeler avant.
2. Je voudrais te remercier pour l'affaire d'hier.
3. Il ne manquerait plus que ça ! Tu n'as pas à me remercier.
4. Tu ne peux pas t'imaginer comme il est sympathique.
5. De rien, ça ne m'a nullement dérangé.
6. Merci beaucoup pour tout.

Corrigé

A
1. Les agradezco su carta del 12 del corriente.
2. Les agradezco me hayan enviado los catálogos que les pedía.
3. Les agradecería me mandaran estos artículos.
4. Agradeciéndoles de antemano,...
5. Les quedaría agradecido si me dirigieran...
6. Os agradezco mucho el favor que me habéis hecho.

B
1. Te agradecería me mandaras esos libros.
2. Les quedaría agradecido me los remitieran.
3. Te llamaba para que les dieras las gracias.
4. Te llamo porque estoy (estaba) en falta contigo.

C
1. No he podido llamarte antes.
2. Quisiera darte las gracias (agradecerte) por lo de ayer.
3. ¡No faltaba más ! No tienes por qué agradecérmerlo.
4. No te puedes imaginar lo simpático que es.
5. De nada, no ha sido ninguna molestia.
6. Muchas gracias por todo.

Dialogue 1

— Buenas tardes, vengo a devolverles[1] el coche que alquilé[2] la semana pasada y tengo que hacer al mismo tiempo[3] una reclamación : la cerradura[4] de la puerta del conductor dejó de funcionar[5] hace dos días[6] y se puede imaginar[7] lo cómodo que es eso[8] para entrar y salir. No hay derecho a que[9] se pague[10] lo que se paga y entreguen los coches en esas condiciones. Tendrían que tener más cuidado[11] y hacer las revisiones pertinentes.
— Espere un momento, haga el favor[12], que ahora viene el jefe y él podrá contestarle.

Dialogue 2

(una reclamación)
C. = cliente T. = telefonista

C. — Oiga[13], me hace el favor, ¿es ahí la agencia « La Rápida » ?
T. — Sí, señor, dígame.
C. — Ayer me aseguraron ustedes que el paquete que pasaron a recoger[14] por mi oficina[15]...¿ Que le dé la referencia[16] ? Pues, claro, número 435 23 12 G. Bueno, ¿ no es cierto que me dijeron que llegaría hoy a Bilbao ? Pues, bien, acabo de llamar[17] y todavía no ha llegado...
T. — Mire usted, si le dijeron que tardaría veinticuatro horas, es que tarda ese tiempo.
C. — Pero, vamos a ver, ¿ no le estoy diciendo que acabo de llamar a Bilbao y no han recibido nada ? Es que no hay derecho, oiga. Encima[18] pone en duda mi palabra[19]... Espere, espere que le diga mi opinión. Lo que no puede ser[20] es que ustedes me aseguren[21] una cosa que luego no cumplen[22]. No es normal que funcionen de esa manera.
T. — Espere un momento, por favor, que voy a hablar con el servicio correspondiente[23].
C. — Oiga, oiga, ¿ qué le ha explicado su compañera[24] ? Bueno, pues, esto no va a quedarse así[25], yo voy a exigir compensaciones, porque no hay derecho a que hagan[26] las cosas de esa manera. Lo que tendrían que hacer[27] es informar realmente... Oiga, oiga... ¡ Me han colgado[28] !

1. **devolverles** : ***vous rendre,*** verbe à diphtongue. V. mémo. 28.1.
2. **alquilé** : ***j'ai loué*** ; **alquilar,** ***louer, prendre en location.*** Passé simple des verbes en **-ar**, v. **tomar**, mémo 28.1.
3. **al mismo tiempo** : ***en même temps.***
4. **la cerradura** : ***la serrure.***
5. **dejó de funcionar** : **a cessé de fonctionner. Dejar de** + infinitif, = ***arrêter de, cesser de.***
6. **hace dos días** : ***il y a deux jours.***
7. **se puede imaginar** : ***vous pouvez vous imaginer.*** Le **se** qui précède **puede** appartient en réalité à l'infinitif **imaginar** et on pourrait tout aussi bien dire **puede imaginarse.**
8. **lo cómodo que es eso** : ***comme cela est commode.*** **Lo** + adjectif + **que**, v. mémo. 1.
9. **no hay derecho a que** : ***c'est une honte que, c'est intolérable que.***
10. **se pague** : ***(que) l'on paie.*** **No hay derecho a que** requiert le subjonctif dans la subordonnée. **Se** traduit ici par ***on.*** V. mémo 12.
11. **tener más cuidado (con)** : ***faire plus attention à.*** **Cuidado con,** ***attention à.***
12. **haga el favor** : ***s'il vous plaît.***
13. **oiga** : ***allô.*** C'est la formule qu'utilise au téléphone celui qui appelle ; celui qui reçoit la communication dit **diga** ou **dígame.**
14. **pasaron a recoger** : ***vous êtes passés prendre.***
15. **por mi oficina** : ***à mon bureau*** (m. à m., ***par mon bureau***). **Pasa por casa,** ***passe à la maison, passe chez moi.***
16. **¿ que le dé la referencia ?** : ***(vous voulez) que je vous donne la référence ?*** **Dé** est le subjonctif présent de **dar.** V. mémo. 28.3.
17. **acabo de llamar** : ***je viens de téléphoner.*** **Acabar de** + infinitif = ***venir de*** + infinitif.
18. **encima** : ***en plus, en outre*** ; **encima (de) = además (de).**
19. **pone en duda mi palabra** : ***vous mettez ma parole en doute.***
20. **lo que no puede ser** : ***ce qui n'est pas possible.*** **Puede ser = es posible,** ***c'est possible.***
21. **que ustedes me aseguren** : ***que vous m'assuriez.*** **Asegurar,** ***assurer, garantir, affirmer.***
22. **que luego no cumplen** : **qu'ensuite vous ne respectez pas. Cumplir un contrato, (con) una palabra,** ***respecter un contrat, respecter une parole donnée.***
23. **que voy a hablar con el servicio correspondiente** : ***je vais parler avec le service concerné.***
24. **¿ qué le ha explicado su compañera ?** : ***que vous a expliqué votre collègue ?***
25. **esto no va a quedarse así** : ***ça ne va pas en rester là.***
26. **no hay derecho a que hagan** : ***c'est une honte de faire.*** Cf. 9 et 10.
27. **lo que tendrían que hacer** : ***ce que vous devriez faire.***
28. **¡ me han colgado !** : ***on m'a raccroché (au nez) !*** **Colgar el teléfono,** ***raccrocher le téléphone.***

1 - Réclamer (reclamar) :

exigir	exiger
protestar	protester
presentar una protesta	élever une protestation
reivindicar	revendiquer
presentar, formular una reivindicación	présenter, formuler une revendication
intimar	mettre en demeure
reclamar ante los tribunales	réclamer en justice
reclamación por daños y perjuicios	réclamation en dommages et intérêts

2 - Se plaindre (quejarse) :

quejarse de algo a alguien	faire grief de quelque chose à quelqu'un
lamentarse	se plaindre
denunciar el robo del coche	porter plainte pour le vol de la voiture
presentar una denuncia	déposer une plainte
tener queja de	avoir à se plaindre de
presentar una queja contra alguien	se plaindre de quelqu'un
estar descontento	être mécontent
estoy muy disgustado contigo	je suis très mécontent de toi
me tienes muy disgustado	" "
hacer reproches	faire des reproches
regañar a alguien	gronder quelqu'un
está dolido por lo que ha pasado	il est peiné de ce qui s'est passé
gruñir, echar pestes	grogner, râler, pester

3 - Autres expressions :

acceder a una reclamación	faire droit à une réclamation
atender a una reclamación	prendre une réclamation en compte
siempre se está lamentando	il est toujours en train de se plaindre
¿de qué te quejas ?	de quoi te plains-tu ?
no tienes por qué quejarte	tu n'as pas de raison de te plaindre
es digno de compasión	il est à plaindre
a lo mejor quieres que se te compadezca	tu veux peut-être qu'on te plaigne
lo toma o lo deja	c'est à prendre ou à laisser
buscar cosquillas a uno	chercher chicane à quelqu'un

A Conjuguer le verbe indiqué entre parenthèses :

1. **No hay derecho a que se (cortar)..........el tráfico por aquí.**
2. **No puede ser que el coche no (estar).........terminado.**
3. **Espere que le (poner).........con mi compañero.**
4. **Exijo que ustedes me lo (entregar)..........inmediatamente.**
5. **No es lógico que el paquete no (haber)..........llegado.**

B Traduire :

1. Je viens rendre la voiture.
2. Je viens de téléphoner et on m'a passé le service après-vente.
3. Je veux faire en même temps une réclamation.
4. Cesse de te plaindre.
5. Tu peux imaginer comme c'est commode pour entrer et sortir.
6. Messieurs, vous devriez faire plus attention.
7. Tu m'avais dit qu'il arriverait aujourd'hui, eh bien, il n'est pas encore arrivé.
8. Ils m'ont dit que cela mettrait vingt-quatre heures.
9. Ils n'ont rien reçu. C'est intolérable !
10. Ils garantissent des choses qu'ensuite ils ne respectent pas.
11. Attendez un instant, s'il vous plaît.

Corrigé

A

1. **No hay derecho a que se corte el tráfico por aquí.**
2. **No puede ser que el coche no esté terminado.**
3. **Espere que le ponga con mi compañero.**
4. **Exijo que me lo entreguen inmediatamente.**
5. **No es lógico que el paquete no haya llegado.**

B

1. **Vengo a devolver el coche.**
2. **Acabo de llamar por teléfono y me han puesto con el servicio posventa.**
3. **Quiero hacer al mismo tiempo una reclamación.**
4. **Deja de quejarte.**
5. **Ya puedes imaginar lo cómodo que es para entrar y salir.**
6. **Señores, tendrían que tener más cuidado.**
7. **Me habías dicho que llegaría hoy, pues todavía no ha llegado.**
8. **Me dijeron que tardaría veinticuatro horas.**
9. **No han recibido nada. ¡No hay derecho !**
10. **Aseguran cosas que luego no cumplen.**
11. **Espere un momento, por favor.**

Dialogue 1

— Me arrepiento[1] de habértelo dicho[2], porque enseguida has ido a contárselo[3].

— ¿ El qué[4] ? ¿ Que no querías salir con él el sábado ? De todas formas, tenía que enterarse[5].

— Quizá[6], pero no valía la pena ir corriendo[7] a decírselo[8]. Me tocaba a mí hacerlo[9] y además puedes entender[10] que quiero darle la menor pena posible[11]. Aunque es culpa mía[12], si no te lo hubiera dicho yo primero[13], no se lo habrías contado[14].

Dialogue 2

(después de un partido de fútbol)

J. = Javier F. = Félix

J. — ¡ Qué pena que hayamos perdido[15] ! Con lo bien que hemos jugado[16]. ¿ Verdad, Félix ?

F. — Pues sí, Javier, es una lástima[17] que, al final, las cosas se hayan puesto mal[18].

J. — Ha sido cuestión de mala suerte[19]. Hemos tenido mala pata[20] y nada más[21].

F. — Sí, porque la verdad es que[22] yo sigo pensando[23] que hubiéramos podido ganar[24] si al final las cosas no hubieran salido mal[25].

J. — Hombre, todo hay que decirlo. Al final, precisamente, si tú, en vez de adelantarte[26], hubieras estado más atento a la defensa, no habría pasado lo que pasó.

F. — Tampoco hay que exagerar[27]. Yo no te digo que no haya tenido parte de culpa[28], no te lo discuto, pero tú tampoco estabas donde deberías haber estado y no te dije nada, porque ahí, en el segundo gol, perdona que te diga, pero ahí metiste la pata[29].

J. — Lo que siento es haber parado al delantero centro contrario[30] de forma irregular. Eso fue lo que nos costó la falta[31].

F. — Bueno, de todas formas, ya no podías hacer otra cosa.

J. — Vale. No vamos a lamentarnos toda la tarde. Pero si se volviera a repetir lo mismo[32], ya sabes...

F. — Bueno, mañana será otro día.

1. **me arrepiento** : *je me repens*, **arrepentirse**, *se repentir*, se conjugue comme *sentir, regretter*. V. mémo 28.2.
2. **de habértelo dicho** : *de te l'avoir dit*. Pour les pronoms enclitiques, v. mémo 10.
3. **contárselo enseguida** : *le lui raconter tout de suite*.
4. **¿el qué ?** : *quoi ?*
5. **tenía que enterarse** : *il l'aurait su* (m. à m., *il devait l'apprendre)*, **enterarse**, *s'informer, apprendre (une nouvelle), se rendre compte, se renseigner*.
6. **quizá** : *peut-être*.
7. **ir corriendo** : *de te précipiter*.
8. **decírselo** : *le lui dire*. Cf. 3.
9. **me tocaba a mí hacerlo** : *c'était à moi de le faire*.
10. **entender** : *comprendre*, verbe à diphtongue. V. mémo 28.1.
11. **darle la menor pena posible** : *lui faire le moins de peine possible*.
12. **aunque es culpa mía** : *encore que ce soit ma faute*.
13. **si no te lo hubiera dicho yo primero** : *si je ne te l'avais pas dit d'abord*. Pour si + subjonctif, v. mémo 22.
14. **no se lo habrías contado** : *tu ne le lui aurais pas raconté*.
15. **¡ qué pena que hayamos perdido !** : *quel dommage que nous ayons perdu*. **Hayamos**, subjonctif présent de **haber**. V. mémo 28.4.
16. **con lo bien que hemos jugado** : *nous avons pourtant bien joué*.
17. **es una lástima** : *c'est dommage*.
18. **se hayan puesto mal** : *les choses aient mal tourné*. **Ponerse**, *se mettre, devenir*. **Puesto**, participe passé irrégulier de **poner**. V. mémo 28.5.
19. **mala suerte** : *malchance*.
20. **hemos tenido mala pata** : *nous n'avons pas eu de veine*.
21. **y nada más** : *et c'est tout*.
22. **la verdad es que** : *en vérité* (m. à m., *la vérité est que*).
23. **yo sigo pensando** : *je continue à penser*. **Seguir** + gérondif = *continuer à* + infinitif. **Seguir** se conjugue comme **pedir**. V. mémo 28.2.
24. **hubiéramos podido ganar** : *nous aurions pu gagner*. Le conditionnel de **haber** auxiliaire est souvent remplacé par le subjonctif imparfait.
25. **no hubieran salido mal** : *ne s'étaient pas gâtées*.
26. **en vez de adelantarte** : *au lieu de t'avancer*.
27. **tampoco hay que exagerar** : *il ne faut pas non plus exagérer*.
28. **que no haya tenido parte de culpa** : *que je n'aie pas eu ma part de responsabilité*.
29. **ahí metiste la pata** : *c'est là que tu as fait une gaffe*.
30. **lo que siento es haber parado al delantero centro contrario** : *ce que je regrette, c'est d'avoir stoppé l'avant-centre adverse*.
31. **nos costó la falta** : *nous a valu la faute* ; **costar**, *coûter*.
32. **si se volviera a repetir lo mismo** : *si c'était à refaire*, **volver a** + infinitif, *recommencer à*.

1 - Regretter, dire son regret :

sentir, lamentar	regretter, être désolé de
lo siento, lo lamento	je regrette, je suis désolé
sentir (lamentar) que (+ subjonctif)	regretter que (+ subjonctif)
deplorar	déplorer
arrepentirse, estar arrepentido	regretter, se repentir
echar de menos	regretter, s'ennuyer de, manquer (quelqu'un, quelque chose)
me pesa haber venido	je regrette d'être venu
¡qué lástima !, ¡qué pena !	quel dommage ! comme c'est malheureux !
¡es una lástima (pena) !	c'est dommage ! c'est navrant !
es una lástima (pena) que (+ subjonctif)	il est regrettable que
sentir en el alma	regretter vivement
desgraciadamente, por desgracia	malheureusement, hélas !
desafortunadamente	malheureusement, hélas !

2 - Regretter la mort de quelqu'un, présenter ses condoléances :

lamentar la muerte de	regretter la mort de
sentir la pérdida de	regretter la perte de
la dolorosa pérdida	la perte regrettable
dar el pésame	présenter ses condoléances
mi más sentido pésame	mes plus sincères condoléances
sentir (tener) mucha pena	éprouver beaucoup de chagrin
(me, te,...) da mucha pena	éprouver beaucoup de chagrin
le acompaño en el sentimiento	je partage votre douleur
nuestro llorado	notre regretté
llorar a alguien	pleurer quelqu'un
¡qué desgracia !	quel malheur !

3 - Autres mots et expressions :

conmover	émouvoir, toucher
estar triste	être triste
sollozar	sangloter
deshacerse en llanto	fondre en larmes
estar emocionado	être ému
es de lamentar que	il est à regretter que
con pesar, a disgusto	à regret, à contrecœur
dar lástima	faire pitié
tener lástima de	faire pitié
lastimar	blesser, faire mal
contar sus penas	raconter ses peines, ses malheurs
a pesar de los pesares	malgré tout, en dépit de tout
tener morriña	avoir le cafard
gimotear, lloriquear	pleurnicher, geindre

Exercices

A Adressez-vous à une personne que vous vouvoyez :

1. No queríamos decírtelo para que no te diera pena.
2. Si no, no te lo hubiera dicho.
3. Te tocaba a ti hacerlo.
4. Me arrepiento de habértelo dicho.

B Compléter avec le verbe « volver » au temps exigé par la phrase :

1. ¿Ha ...... ya tu padre de Buenos Aires ?
2. Cuando cambió de empleo, ... a Sevilla.
3. No ...... Ud. a pedirme ningún favor.
4. Si ...... a llover, nos quedaríamos en casa.
5. Si ...... a llegar tarde, me va a oír.

C Traduire :

1. Il regrette que nous n'ayons pas gagné le match.
2. C'est dommage que tu ne veuilles pas venir avec moi.
3. J'ai regretté de ne pas t'avoir appelé hier soir.
4. Excuse-moi de te le dire, mais c'est mon tour.
5. Je continue à penser que ça ne valait pas la peine.
6. Si tu avais été plus attentif, nous n'aurions pas perdu.
7. Quel dommage que les choses aient mal tourné !

Corrigé

A
1. No queríamos decírselo para que no le diera pena.
2. Si no, no se lo hubiera dicho.
3. Le tocaba a Ud. hacerlo.
4. Me arrepiento de habérselo dicho.

B
1. ¿Ha vuelto ya tu padre de Buenos Aires ?
2. Cuando cambió de empleo, volvió a Sevilla.
3. No vuelva Ud. a pedirme ningún favor.
4. Si volviera a llover, nos quedaríamos en casa.
5. Si vuelve a llegar tarde, me va a oír.

C
1. Siente que no hayamos ganado el partido.
2. Es una lástima que no quieras venir conmigo.
3. Sentí (me arrepentí de) no haberte llamado anoche.
4. Perdona que te lo diga, pero me toca a mí.
5. Sigo pensando que no valía la pena.
6. Si hubieras estado más atento, no hubiéramos perdido.
7. ¡Qué lástima que las cosas se hayan puesto mal !

Dialogue 1

— Oye, ¿ de quién es[1] el coche que está delante de[2] la puerta ? ¿ Es el tuyo[3] ?

— Si es azul, es el mío ; si es otro rojo que está siempre aparcado[4] ahí, es del señor[5] que vive al lado[6].

— ¡ Ah ! Yo creí que ya se habían ido[7] y que no tenían nada aquí.

— No, te equivocas[8]. Esa es la familia del chalé de enfrente, que ya no está[9]. Se tuvieron que marchar[10] porque se quedaron sin nada[11].

Dialogue 2

(en un parque)

M. = madre D. = Daniel S. = señor

M. — Bueno, vamos a vestirnos. A ver, ¿ de quién es este jersey azul[12] ?
D. — Este es mío[13].
M. — No, no es tuyo. El tuyo tiene rayas[14] y este no tiene rayas.
D. — Toma[15], aquí está el de rayas[16].
M. — Entonces, falta uno[17].
D. — No, porque Pedro no tenía jersey. Llevaba una chaqueta de punto[18].
M. — ¿ Cuál llevaba[19] ? ¿ Esta ?
D. — No, ésa no es de nadie[20]. Es una vieja que ya no sirve.
M. — Entonces, dime, ¿ qué chaqueta llevaba ? ¿ Esta, la roja ?
D. — Sí. Me parece que[21] es la roja.
M. — ¡ Cómo que te parece[22] ! ¿ Es suya o no es suya ?
D. — Sí. Estoy seguro. Esta es la suya.
M. — Y estos calcetines[23] verdes, ¿ son vuestros ?
D. — No. Son de ese niño de gafas[24].
M. — ¿ Y el pantalón de Jorge ? Me falta el pantalón de Jorge.
D. — Es que se lo ha puesto[25] el niño de gafas. Ya le dije[26] que no era suyo, pero se empeñó[27] y se lo puso[28]...
S. — Oiga, señora, perdone. ¿ Todos estos niños son suyos ?
M. — Sí, señor. Menos el de gafas[29], todos son míos.
S. — Pues, estará Ud. bien divertida[30].
M. — ¡ A quién se lo dice Ud.[31] !

1. **de quién es** : ***à qui est.*** **Ser de, *être à*** marque la possession.
2. **delante de** : ***devant.*** **De** est obligatoire lorsque **delante** n'est pas un adverbe.
3. **¿ es el tuyo ?** : ***est-ce la tienne (cette voiture) ?*** La possession est marquée par le verbe **ser** et le possessif qui s'accorde avec le nom qu'il représente. Pour la conjugaison de **ser**, v. mémo 28.5.
4. **aparcado** : ***garé, stationné.***
5. **es del señor** : ***appartient au monsieur.*** Cf. 1.
6. **al lado** : ***à côté.***
7. **ya se habían ido** : ***ils étaient déjà partis.*** **Irse, *partir, s'en aller.*** V. mémo 28.4.
8. **te equivocas** : ***tu te trompes,*** **equivocarse, *se tromper.***
9. **que ya no está** : ***qui n'habite plus ici ;*** m. à m., ***qui n'est plus (ici).***
10. **se tuvieron que marchar** : ***ils ont dû partir.*** **Tener que** + infinitif = ***devoir,*** obligation personnelle contraignante. Le **se** de **marcharse, *partir,*** peut se placer devant **tener que.**
11. **se quedaron sin nada** : ***ils se sont trouvés ruinés ;*** m. à m., ***ils restèrent sans rien.***
12. **¿ de quién es este jersey azul ?** : ***à qui est-ce ce pull bleu ?***
13. **este es mío** : ***celui-ci est à moi.*** Cf. 3.
14. **tiene rayas** : ***a des rayures.***
15. **toma** : ***tiens.*** Impératif de **tomar, *prendre.***
16. **aquí está el de rayas** : ***voici celui à rayures.*** Les pronoms démonstratifs ***celui, celle(s), ceux,*** suivis de ***de***, se traduisent en espagnol par les articles définis **el, la, los, las.**
17. **falta uno** : ***il en manque un.***
18. **llevaba una chaqueta de punto** : ***il portait une veste en tricot (un cardigan).***
19. **¿ cuál llevaba ?** : ***laquelle portait-il ?*** **Cuál** porte un accent écrit parce qu'il est interrogatif.
20. **ésa no es de nadie** : ***celle-là n'est à personne.***
21. **me parece que** : ***il me semble que, je crois que.***
22. **¡ cómo que te parece !** : ***comment, tu crois !*** **Cómo que** marque la surprise ou l'incrédulité.
23. **estos calcetines** : ***ces chaussettes.***
24. **ese niño de gafas** : ***ce garçon qui porte des lunettes.***
25. **se lo ha puesto** : ***il l'a mis (enfilé).*** **Puesto** participe passé de **poner.**
26. **ya le dije que** : ***je lui ai bien dit que.***
27. **se empeñó** : ***il s'est entêté.*** **Empeñarse en, *s'entêter à.***
28. **se lo puso** : ***il l'a mis.*** **Puso**, passé simple irrégulier de **poner**, mettre. V. mémo 28.5.
29. **menos el de gafas** : ***sauf celui qui porte des lunettes.***
30. **estará usted bien divertida** : ***vous ne devez pas manquer de distractions*** (ironique) ; m. à m., ***vous devez être bien amusée.*** Le futur du verbe **estar** marque la probabilité que le français rend par ***devoir.***
31. **¡ a quién se lo dice Ud. !** : ***à qui le dites-vous !***

1 - Autres façons d'exprimer la possession :

tener	avoir
poseer	posséder
pertenecer	appartenir
perteneciente a	appartenant à
apropiarse	s'approprier
la propiedad	la propriété
es una casa de mi propiedad	c'est une maison qui m'appartient
el acta de propiedad	l'acte de propriété
los títulos de propiedad	les titres de propriété
el dueño, el propietario	le propriétaire
el casero	le propriétaire (d'un appartement loué)
depositario	dépositaire
la finca, la hacienda	la propriété
la propiedad rústica	la propriété foncière
los bienes	les biens
los bienes ajenos	les biens d'autrui
transmitir sus bienes	transmettre ses biens
adquirir	acquérir
apoderarse, adueñarse	s'emparer
guardar	garder
detener	détenir
conservar	garder, conserver
tomar, coger	prendre
tomar posesión (de un cargo)	entrer en fonctions (d'un poste)

2 - Notions contraires :

dar	donner
entregar	donner, livrer
perder	perdre
la pérdida	la perte
desposeer	déposséder
despojar	dépouiller
vender	vendre
la venta	la vente
partir, compartir, repartir	partager
despilfarrar, derrochar	gaspiller

3 - Vocabulaire complémentaire :

no es de nadie	ce n'est à personne
tierra de nadie	no man's land
no tener dónde caerse muerto	être sur le pavé, à la rue, être sur la paille
quien más tiene más quiere	plus on en a plus on en veut

A Indiquer la possession avec l'adjectif possessif selon le modèle : *El coche es de tu hermano → El coche es suyo :*

1. **La casa es de estos señores.**
2. **Este jersey es de mi hermana.**
3. **Todas estas chaquetas son de mi padre.**
4. **Estos calcetines son de vosotras.**
5. **Las gafas son de este niño.**

B Traduire :

1. À qui est cette voiture ?
2. Elle est à lui ou à elle ?
3. C'est la voiture de Jacques. Celle d'Hélène est au parking.
4. Je vais mettre ma veste.
5. Il enlève ses chaussettes.
6. Elle a mis le pull de son frère.
7. À qui est cette veste ? À toi ?
8. La mienne a des rayures bleues.
9. Mets ton manteau et pars vite !
10. Il a enlevé ses lunettes.
11. Il est parti avec sa famille hier soir.
12. Elle n'est pas à nous.

Corrigé

A

1. **La casa es suya.**
2. **Este jersey es suyo.**
3. **Todas estas chaquetas son suyas.**
4. **Estos calcetines son vuestros.**
5. **Las gafas son suyas.**

B

1. **¿De quién es este coche ?**
2. **¿Es de él o de ella ?**
3. **Es el coche de Santiago. El de Elena está en el aparcamiento.**
4. **Me voy a poner (voy a ponerme) la chaqueta.**
5. **Se quita los calcetines.**
6. **Se ha puesto el jersey de su hermano.**
7. **¿De quién es esta chaqueta ? ¿Es tuya ?**
8. **La mía tiene rayas azules.**
9. **¡Ponte el abrigo y vete rápido !**
10. **Se ha quitado las gafas.**
11. **Se fue con la familia anoche.**
12. **No es nuestra.**

Dialogue 1

— Me hace el favor[1], ¿ tienen sobres[2] ?
— Sí, aquí tiene[3].
— Póngame[4] cuatro o cinco y quisiera[5] también otro grande, de tamaño folio[6].
— ¿ Nada más ?[7]
— Ah, sí, se me olvidaba[8] : un paquete de folios[9].
— ¿ Cómo los quiere ?
— Corrientes[10], para escribir a máquina[11]

Dialogue 2

(en la cocina)
A. = Asunción E. = Emilio

A. — Oye, Emilio, esta vez te toca a ti[12] hacer la compra[13]. La última vez fui yo la que la hice[14].
E. — Bueno, y ¿ qué se necesita[15] ?
A. — Es bien sencillo[16]. No queda nada en casa.
E. — Vaya, como siempre.
A. — Hacen falta[17] productos de limpieza[18], detergentes, jabón[19], producto de lavavajillas y además, comida para la semana : carne, congelados, latas, azúcar, pasta, etc. Con decirte[20] que no queda nada de nada está dicho todo[21].
E. — O sea, que falta de todo[22]...
A. — Eso es.
E. — Bueno, yo me encargo de la compra[23]...

(al teléfono)

...
E. — Oiga[24], por favor, mire, le voy a hacer un pedido[25] por teléfono para que me lo sirvan a casa[26]... Sí, yo le dicto. Empiezo[27] por los productos de limpieza. Me van a traer[28] un tambor de detergente[29] para lavadora... ¿ La marca ? Pues, cualquiera[30], déme la que Ud. quiera[31]. Un paquete de producto para lavavajillas, y tres pastillas de jabón[32]. También quiero un kilo de azúcar, tres latas de tomate pelado[33], medio kilo de pasta para sopa, sí, de estrella[34], como Ud. quiera[35]. Tráiganme[36] también tres litros de aceite[37]...

1. **me hace el favor** : *s'il vous plaît,* variante de **por favor.**
2. **sobres** : *enveloppes ;* **el sobre,** *l'enveloppe.*
3. **aquí tiene** : *voici.*
4. **póngame** : *mettez-m'en.* **Poner,** *mettre.* Impératif, v. mémo 28.5.
5. **quisiera** : *je voudrais.* Le conditionnel de **querer, querría** est généralement remplacé par le subjonctif imparfait.
6. **tamaño folio** : *format commercial ;* **tamaño,** *taille, grandeur, dimension.* **Folio,** *feuillet.*
7. **¿nada más ?** : *ça sera tout ?* (m. à m., *rien d'autre*).
8. **se me olvidaba** : *j'oubliais.*
9. **un paquete de folios** : *un paquet de feuilles.*
10. **corrientes** : *ordinaires, courantes.*
11. **escribir a máquina** : *taper à la machine, dactylographier.*
12. **te toca a ti** : *c'est ton tour.* **Me toca a mí,** *c'est mon tour.*
13. **hacer la compra** : *faire les courses, les achats, son marché.*
14. **fui yo la que la hice** : *c'est moi qui les ai faites ;* construction emphatique : **yo soy (quien) el que, tú eres el que...** Le verbe **ser** se met au même temps que le verbe de la proposition relative.
15. **¿qué se necesita ?** : *de quoi a-t-on besoin ?*
16. **es bien sencillo** : *c'est bien simple.*
17. **hacen falta** : *il faut, il manque.* **Hacer falta** + nom exprime le besoin, le manque. Le verbe **hacer** s'accorde avec le nom : **hace falta jabón, hacen falta dos o tres cosas.**
18. **productos de limpieza** : *produits d'entretien ;* **la limpieza,** *la propreté, le nettoyage.*
19. **jabón** : *savon ;* **jabón de lavar,** *savon de ménage.*
20. **con decirte** : *il suffit de te dire ;* **con** + infinitif prend souvent le sens de *il suffit de.*
21. **está dicho todo** : *tout est dit.* **Dicho,** participe passé de **decir,** *dire.*
22. **falta de todo** : *il manque de tout ;* **faltar,** *manquer, être dépourvu.*
23. **me encargo de la compra** : *je me charge des achats.*
24. **oiga** : *allô (au téléphone) ; écoutez.*
25. **hacer un pedido** : *passer une commande ;* **pedir,** *commander.*
26. **para que me lo sirvan a casa** : *pour que vous me la livriez à domicile (à la maison).*
27. **empiezo** : *je commence ;* **empezar** diphtongue. V. mémo 28.1.
28. **me van a traer** : *vous allez m'apporter.*
29. **un tambor de detergente** : *un baril de lessive.*
30. **cualquiera** : *n'importe laquelle.*
31. **la que Ud. quiera** : *celle que vous voudrez.* V. mémo 24.
32. **tres pastillas de jabón** : *trois savonnettes.*
33. **tres latas de tomate pelado,** *trois boîtes de tomates épluchées.*
34. **de estrella** : *en forme d'étoiles.*
35. **como Ud. quiera** : *comme vous voudrez.*
36. **tráiganme** : *apportez-moi ;* impératif de **traer,** *apporter.*
37. **aceite** : *huile ;* **aceituna,** *olive.*

1 - Acheter, dire ce que l'on veut :

quiero, queremos	je veux, nous voulons
quisiera, quisiéramos	je voudrais, nous voudrions
estoy buscando	je cherche
déme	donnez-moi
tráigame	apportez-moi
enséñeme	montrez-moi
¿puede Ud. enseñarme ?	pouvez-vous me montrer ?
prefiero, preferiría	je préfère, je préférerais
¿de qué está hecho ?	en quoi est-il fait ?
eso es precisamente lo que quiero	c'est justement ce que je veux
no es realmente lo que quiero	ce n'est pas vraiment ce que je veux
¿tiene otro más grande ?	en avez-vous un autre plus grand ?
¿tiene una calidad mejor ?	avez-vous une meilleure qualité ?
¿puedo probármelo ?	puis-je l'essayer ?
por favor, ¿cuánto vale ?	s'il vous plaît, combien vaut-il ?
¿qué precio tiene ?	quel en est le prix ?
¿a cuánto me sale entonces ?	à combien me revient-il alors ?
quiero algo más barato	je veux quelque chose de meilleur marché
no quiero algo demasiado caro	je ne veux pas quelque chose de trop cher
no quiero gastar más de	je ne veux pas mettre (dépenser) plus de

2 - Demander au client ce qu'il veut :

¿le atienden ?	on s'occupe de vous ?
¿en qué puedo servirle ?	en quoi puis-je vous aider ?
¿en qué puedo ayudarle ?	en quoi puis-je vous aider ?
¿qué desea ?	que désirez-vous ?
¿cuántos (cúantas) quiere ?	combien en voulez-vous ?
¿cuál prefiere ?	lequel (laquelle) préférez-vous ?
¿alguna cosa más ?	encore autre chose ?
¿algo más ?	ça sera tout ?

3 - Commander :

hacer (pasar) un pedido	passer une commande
pedir en firme	commander ferme
vale (nota, boletín) de pedido	bon de commande

A Compléter avec les prépositions convenables :

1. He vendido la máquina ... escribir ... un amigo.
2. Estoy muy contento ... este coche.
3. He visto esta mañana ... tu hermana.
4. Le voy ... hacer un pedido ... teléfono.
5. Te dejo este libro ... mil pesetas.
6. ... un extranjero, habla muy bien español.
7. Lo ha vendido ... quinientas mil pesetas.

B Compléter avec des pronoms personnels compléments :

1. ¿Tiene Ud. la factura ? — ... ... mandaré mañana.
2. Quieren comprarme la casa pero no ... ... venderé.
3. ¿Puedes dejarme un par de sobres ? — Toma, ... doy.
4. ¿Qué le parece este disco ? — ... ... recomiendo.
5. ¿Nos dejas la revista ? — Sí, tomadla, ... dejo.

C Traduire :

1. Aujourd'hui c'est à ton tour de faire les courses.
2. Je voudrais une livre de sucre et un litre d'huile.
3. Pouvez-vous me montrer la chemise bleue qui est en vitrine ?
4. Je voudrais que tu achètes du savon et un baril de lessive.

Corrigé

A
1. He vendido la máquina de escribir a un amigo.
2. Estoy muy contento con este coche.
3. He visto esta mañana a tu hermana.
4. Le voy a hacer un pedido por teléfono.
5. Te dejo este libro por mil pesetas.
6. Para un extranjero, habla muy bien español.
7. Lo ha vendido por quinientas mil pesetas.

B
1. ¿Tiene Ud. la factura ? — Se la mandaré mañana.
2. Quieren comprarme la casa pero no se la venderé.
3. ¿Puedes dejarme un par de sobres ? — Toma, te los doy.
4. ¿Qué le parece este disco ? — Se lo recomiendo.
5. ¿Nos dejas la revista ? — Sí, tomadla, os la dejo.

C
1. Hoy te toca a ti hacer la compra.
2. Quisiera medio kilo de azúcar y un litro de aceite.
3. ¿Puede Ud. enseñarme la camisa azul que está en el escaparate ?
4. Quisiera que compraras jabón y un tambor de detergente.

Dialogue 1

— ¿ Se puede[1] ? Buenas tardes, D. Fermín.
— Pase, pase[2]. ¿ No le importa que le haga esperar[3] un momento ? Ahora mismo le atiendo[4].
— No faltaría más[5]. Lo que haga falta[6].
— ¿ Qué le trae por aquí[7] ?
— Pues, mire, D. Fermín, venía a ver si, con su permiso, podría ausentarme mañana, por asuntos personales[8].
— Bueno, por mí[9], no hay ningún inconveniente, pero le ruego que lo comunique[10] a Personal[11].

Dialogue 2

(en el tren)

C = chico M = muchacha

C. — Oye, ¿ está libre ese sitio ?
M. — Sí, creo que sí[12]. Yo no he visto a nadie[13].
C. — ¿ No te importa que me siente[14] ?
M. — No, por mí[15], siéntate[16] si quieres.
C. — ¿ Quieres un cigarro[17] ?
M. — No, gracias, no fumo.
C. — ¿ No te importa si fumo[18] yo ?
M. — No, no, me da igual[19]. Fuma, si quieres.
C. — ¿ No te molesta el humo ? Porque a la gente que no fuma le molesta el humo.
M. — No, no, a mí no me molesta.
C. — Si no te molesta[20], podría abrir la ventana. Yo, es que, aunque fumo[21], te advierto[22] que me molesta el humo en los sitios cerrados.
M. — Abre, si quieres, me da lo mismo[23].
C. — Oye, ¿ me dejas el periódico[24] ?
M. — Toma, yo ya lo he leído. Puedes quedártelo[25] si quieres.
C. — Perdona, a lo mejor[26] te voy a parecer un poco indiscreto[27], pero, si permites, ¿ me podrías dar tu número de teléfono ? En mi opinión[28] los viajes unen mucho.
M. — Pues, con tu permiso, y si no te importa demasiado, no suelo dejar[29] mi número de teléfono aunque me lo pidan[30].
C. — Bueno, bueno, no te enfades[31].

1. **¿ se puede ?** : *puis-je entrer ?* (m. à m., *peut-on ?*).
2. **pase, pase** : *entrez, entrez.*
3. **¿ no le importa que le haga esperar ?** : *cela ne vous ennuie pas que je vous fasse attendre ?* **Haga**, présent du subjonctif de **hacer**, *faire*. V. mémo 28.4. **Importa que** est suivi du subjonctif présent.
4. **ahora mismo le atiendo** : *je m'occupe de vous tout de suite* ; **atender**, *s'occuper de*, verbe à diphtongue. V. mémo 28.1.
5. **no faltaría más** : *je vous en prie.*
6. **lo que haga falta** : *prenez votre temps* (m. à m. : *ce qu'il faudra*).
7. **¿ qué le trae por aquí ?** : *qu'est-ce qui vous amène par ici ?*
8. **por asuntos personales** : *pour affaires personnelles.*
9. **por mí** : *en ce qui me concerne* (m. à m. : *pour moi*).
10. **le ruego que lo comunique** : *je vous prie d'en informer* ; **rogar**, *prier (demander quelque chose à quelqu'un).* Après le verbe **rogar**, l'infinitif français est rendu par le subjonctif. Pour la concordance des temps, v. mémo 18.
11. **Personal** : *service du personnel* (sous-entendu : **servicio de**).
12. **sí, creo que sí** : *oui, je crois bien.*
13. **yo no he visto a nadie** : *moi, je n'ai vu personne* ; **visto**, participe passé irrégulier de **ver**, *voir.*
14. **¿ no te importa que me siente ?** : *ça ne t'ennuie pas si je m'assois ?* Cf. 3. **Sentarse**, *s'asseoir*, verbe à diphtongue. V. mémo 28.1.
15. **no, por mí** : *non, en ce qui me concerne.* Cf. 9.
16. **siéntate** : *assieds-toi* ; impératif de **sentarse**, v. mémo 29.
17. **un cigarro** : *une cigarette* (cigarillo) ; *le cigare*, **el puro.**
18. **¿ no te importa si fumo ?** : *ça ne t'ennuie pas si je fume ?*
19. **me da igual** : *ça m'est égal.*
20. **si no te molesta** : *si ça ne te dérange pas.*
21. **aunque fumo** : *bien que je fume* ; **aunque** + indicatif = *bien que, quoique* ; **aunque** + subjonctif = *même si.*
22. **te advierto** : *je te signale* ; **advertir**, *signaler, avertir, prévenir* ; verbe du type **sentir**. V. mémo 28.2.
23. **me da lo mismo** : *ça m'est égal.*
24. **¿ me dejas el periódico ?** : *tu me passes le journal ?* **Dejar**, *laisser.*
25. **puedes quedártelo** : *tu peux le garder.* Pronoms personnels enclitiques, v. mémo 10.
26. **a lo mejor** : *peut-être, si cela se trouve.*
27. **parecer un poco indiscreto** : *sembler un peu indiscret.*
28. **en mi opinión** : *à mon avis.*
29. **no suelo dejar** : *je n'ai pas l'habitude de donner* ; **dejar**, *laisser* ; **soler**, *avoir l'habitude de*, verbe à diphtongue. V. mémo 28.1.
30. **aunque me lo pidan** : *même si l'on me le demande.* Cf. 21. Traduction de *on*, v. mémo 12. **Pidan**, subjonctif présent de **pedir**, v. mémo 28.2.
31. **no te enfades** : *ne te fâche pas* ; impératif de **enfadarse**, v. mémo 29.

1 - Autres façons de demander la permission :

¿puedo (+ infinitif) ?	est-ce que je peux ?
¿se puede (+ infinitif) ?	est-ce qu'on peut ?
¿podría (+ infinitif) ?	est-ce que je pourrais
¿me deja (+ infinitif) ?	est-ce que vous me permettez (de) ?
¿me deja que (+ subjonctif) ?	est-ce que vous permettez que ?
¿me permite (+ infinitif) ?	est-ce que vous me permettez (de) ?
¿me permite que (+ subjonctif) ?	est-ce que vous permettez que ?
solicitar la autorización	solliciter l'autorisation

2 - Accorder la permission :

dar permiso	donner la permission
vale (familier), de acuerdo	oui, d'accord
claro que se puede	bien sûr que c'est possible
naturalmente, por supuesto	évidemment
desde luego que puede[s]	bien sûr que vous pouvez (tu peux)
no faltaría más	je t'en prie, je vous en prie
puedes/puede (+ infinitif)	tu peux, vous pouvez
decir que sí	accorder, dire oui
dejar	laisser
autorizar	autoriser
dar autorización para	donner l'autorisation de
conceder (dar) permiso para	accorder la permission de
consentir en	consentir à

3 - Refuser la permission :

no puede ser	c'est impossible
no poder (+ infinitif)	ne pas pouvoir
prohibir que (+ subjonctif)	interdire de
se prohíbe (+ infinitif)	il est interdit de
está prohibido (+ infinitif)	" "
impedir (+ infinitif)	empêcher de
impedir que (+ subjonctif)	" "
poner pegas	faire des difficultés
poner estorbos	mettre des obstacles, entraver

4 - Autres expressions :

hacer la vista gorda	fermer les yeux
con su permiso o sin él	avec ou sans sa permission
haga como le parezca	faites comme vous l'entendez

A Répondre aux questions en complétant les phrases (avec le subjonctif) :

1. **Se queda otro rato, ¿le dejas ? — Sí, claro, ...**
2. **Me voy ya, ¿no te importa ? — No . . . .**
3. **Salen antes de tiempo, ¿no se lo prohibiste ? — Sí, ...**
4. **Siempre llega tarde, ¿se lo toleras ? — No, no le . . . .**
5. **Gasta mucho dinero, ¿se lo permites ? — No, no le . . . .**
6. **Viene mañana, ¿se lo permites ? — Sí, le permito . . . .**
7. **Los niños juegan fuera, ¿los dejas ? — No, ya les he prohibido más de una vez que . . . .**

B Traduire :

1. Il va s'occuper de toi tout de suite.
2. Je ne te permets pas de crier comme ça.
3. Me permettez-vous de m'absenter aujourd'hui ?
4. Il nous a interdit de fumer pendant le travail.
5. Cela ne t'ennuie pas que nous nous asseyions ?
6. Est-ce que je peux ouvrir la fenêtre ?
7. Si tu veux, ça m'est égal.
8. En ce qui me concerne, il n'y a aucun inconvénient.
9. Est-ce que vous me permettriez de sortir à cinq heures ?

Corrigé

A
1. **Sí, claro, le dejo que se quede otro rato.**
2. **No, no me importa que te vayas.**
3. **Sí, les prohibí que salieran antes de tiempo.**
4. **No, no le tolero que llegue tarde.**
5. **No, no le permito que gaste mucho dinero.**
6. **Sí, le permito que venga mañana.**
7. **No, ya les he prohibido más de una vez que jueguen fuera.**

B
1. **Va a atenderte enseguida (Te va a atender enseguida).**
2. **No te permito que me grites (gritarme) así.**
3. **¿Me permite Ud. ausentarme hoy ?**
4. **Nos ha prohibido que fumemos (fumar) durante el trabajo.**
5. **¿No te importa que nos sentemos ?**
6. **¿Puedo abrir la ventana ?**
7. **Si quieres, me da lo mismo.**
8. **Por mí, no hay inconveniente.**
9. **¿Me permitiría salir a las cinco ?**

Dialogue 1

— Mira, te llamaba[1] para disculparme[2] por no haber podido ir[3] a la reunión el otro día a la hora que convinimos[4]. Perdona, pero es que me convocó el director en el último momento...
— La verdad es que estuvimos esperándote un buen rato[5] y, como veíamos que no llegabas, empezamos sin ti.
— Oye, lo siento mucho[6], pero ya te digo que han sido causas ajenas a mi voluntad[7].
— Bueno, no te preocupes[8]. Da igual[9]. La próxima reunión es el martes[10] a las 2. No se te olvide.

Dialogue 2

(no basta con disculparse)

A. = Antonio S. = Sonsoles

A. — Sonsoles, tienes que perdonarme, pero no he podido actuar de otra forma[11].
S. — No tienes por qué disculparte[12], Antonio. La culpa no es tuya[13]. Las cosas han venido así[14]. ¡ Qué le vamos a hacer[15] !
A. — No, no. Perdona que insista[16], pero la culpa la tengo yo exclusivamente.
S. — Lamento tener que contradecirte[17], pero en mi opinión no tienes por qué pedir perdón por algo de lo que[18] no eres enteramente responsable.
A. — No, no, perdona que no esté de acuerdo contigo. Yo estoy acostumbrado a[19] asumir lo que hago y, en tales circunstancias, soy yo el que debe disculparse[20].
S. — Lo siento mucho, pero yo no lo veo como tú. Además, no tiene mucha importancia.
A. — Eso, yo soy quien debe juzgarlo[21].
S. — Nada, hombre[22], que no importa. Te aseguro que no tiene ninguna importancia.
A. — Pues a mí sí que me importa[23] y tú no eres quien...[24].
S. — Y yo, ¿ sabes lo que te digo ? Que puedes guardarte todas tus disculpas porque eres insoportable.
A. — ¿ Y ahora qué te pasa[25] ?
S. — Nada, que me estás poniendo nerviosa[26] con tus disculpas.

1. **te llamaba** : *je t'appelais.* En espagnol comme en français on utilise l'imparfait au lieu du présent, comme pour atténuer ce que la démarche peut avoir de gênant.
2. **disculparme** : *m'excuser.* On dit aussi **pedir perdón.**
3. **por no haber podido ir** : *parce que je n'ai pas pu aller.* Por + infinitif = **porque** + le verbe conjugué : **porque no he podido ir.**
4. **que convinimos** : *dont nous étions convenus.* Passé simple irrégulier de **convenir,** v. mémo 28.6.
5. **un buen rato** : *un bon moment* ; **rato** est un laps de temps plus long que **momento** : il peut aller jusqu'à quelques heures.
6. **lo siento mucho** : *je (le) regrette beaucoup.* Le pronom **lo,** facultatif en français, est obligatoire en espagnol. Pour la conjugaison de **sentir,** v. mémo 28.2.
7. **ajenas a mi voluntad** : *étrangères à ma volonté.*
8. **no te preocupes** : *ne t'inquiète pas* ; **preocuparse** impératif, v. mémo 29.
9. **da igual** : *ça ne fait rien, ça n'a pas d'importance.*
10. **el martes** : *mardi prochain.* L'article **el** devant le jour de la semaine est obligatoire pour désigner un jour particulier. **Los martes** signifie *tous les mardis, le mardi.*
11. **actuar de otra forma** : *faire autrement.* **Actuar,** *agir.*
12. **no tienes por qué disculparte** : *tu n'as aucune raison de t'excuser.*
13. **la culpa no es tuya** : *ce n'est pas ta faute.*
14. **las cosas han venido así** : *les choses se sont faites comme ça.*
15. **¡qué le vamos a hacer !** : expression toute faite pour exprimer la résignation ou l'impuissance : *tant pis, c'est comme ça, que pouvons-nous y faire ?*
16. **perdona que insista** : *pardonne-moi d'insister.* Le verbe **perdonar** exige une subordonnée au subjonctif pour traduire l'infinitif français.
17. **lamento tener que contradecirte** : *je regrette de devoir te contredire.*
18. **algo de lo que...** : *quelque chose dont...*
19. **estoy acostumbrado a** : *je suis habitué à.*
20. **soy yo el que debe disculparse** : *c'est moi qui dois m'excuser.* L'espagnol permet l'accord avec le relatif **(el que)** ou avec le pronom **yo (soy yo el que debo disculparme)** comme le fait le français.
21. **juzgarlo** : *en décider,* m. à m., *le juger.*
22. **nada, hombre** : *ce n'est rien, mon vieux.*
23. **pues a mí sí que me importa** : *eh bien, pour moi, en revanche, c'est important.*
24. **tú no eres quien...** : *ce n'est pas toi qui...* Le verbe s'accorde avec le pronom **tú (no soy yo quien,** *ce n'est pas moi qui).*
25. **¿y ahora qué te pasa ?** : *mais qu'est-ce qui te prend tout d'un coup ?*
26. **me estás poniendo nerviosa** : *tu m'énerves, tu m'agaces.*

1 - Autres façons de s'excuser :

perdón	pardon
perdona, perdóname	excuse-moi
disculpa	" "
perdone, perdóneme	" "
disculpe, discúlpeme	" "
dispense	" "
dispense que + subjonctif	excusez-moi de + infinitif
lo siento mucho	je (le) regrette beaucoup
lo lamento	je suis désolé
pedir perdón	s'excuser
pedir disculpas	s'excuser, présenter des excuses

2 - Répondre à une excuse :

no es culpa suya	ce n'est pas votre faute
no, es culpa mía	non, c'est ma faute
no tiene importancia	cela n'a pas d'importance
no te preocupes	ne te tracasse pas
no importa	ça ne fait rien
nada, nada	ce n'est rien
no quiso pedir disculpas	il n'a pas voulu s'excuser

3 - Se justifier :

no lo he hecho adrede	je ne l'ai pas fait exprès
encontrar disculpas	trouver des excuses
alegar motivos de justificarse	alléguer des raisons de se justifier
tener una coartada	avoir un alibi
poner como (de) pretexto	donner comme prétexte

4 - Vocabulaire complémentaire :

hacer las paces	faire la paix
dejarse ablandar	se laisser fléchir
dejarse conmover	se laisser toucher
hacer la vista gorda	fermer les yeux
dejarlo	laisser tomber
me da vergüenza	j'ai honte
ser rencoroso	être rancunier
condenar	condamner
tener algo contra alguien	en vouloir à quelqu'un
estar resentido con alguien	" "
a lo hecho pecho	ce qui est fait est fait
¡no quiero pretextos !	il n'y a pas de mais qui tienne

A Mettre le premier verbe au conditionnel et modifier le deuxième s'il y a lieu :

1. **Siento mucho que no lo hayas entendido.**
2. **Lamenta que le contradigas.**
3. **No hace falta que te justifiques.**
4. **Te perdono si me prometes ser más amable con ella.**
5. **No admiten que tu amigo insista tanto.**

B Traduire :

1. Je t'appelais pour te présenter mes excuses.
2. Je n'ai pas pu venir l'autre jour.
3. Ce matin, il m'a convoqué au dernier moment.
4. Quand on me l'a dit, il était trop tard.
5. Ne t'inquiète pas, ça n'a pas d'importance.
6. La prochaine réunion est mardi à deux heures.
7. Je n'ai pas pu faire autrement.
8. Tu n'as pas de raison de t'excuser.
9. Je suis désolé d'avoir à te contredire.
10. Je ne suis pas d'accord avec toi, ce n'est pas ma faute.
11. C'est moi qui dois m'excuser.
12. Excusez-moi, madame, de vous faire attendre encore un peu.

Corrigé

A

1. **Sentiría mucho que no lo hubieras entendido.**
2. **Lamentaría que le contradijeras.**
3. **No haría falta que te justificaras.**
4. **Te perdonaría si me prometieras ser más amable con ella.**
5. **No admitirían que tu amigo insistiera tanto.**

B

1. **Te llamaba para disculparme.**
2. **No pude venir el otro día.**
3. **Esta mañana me ha convocado en el último momento.**
4. **Cuando me lo dijeron, era demasiado tarde.**
5. **No te preocupes, da igual.**
6. **La próxima reunión es el martes a las dos.**
7. **No he podido hacer otra cosa (actuar de otra forma).**
8. **No tienes por qué disculparte.**
9. **Lamento tener que contradecirte.**
10. **No estoy de acuerdo contigo, no es culpa mía.**
11. **Soy yo el que tiene que disculparse.**
12. **Perdone, señora, que la haga esperar un poco más.**

Dialogue 1

— Acabo de ver a Luis[1] y no sabes cómo ha cambiado.
— ¿ Quién, Luis Acebo, ese alto[2], tan moreno[3], de bigote y ojos azules[4], bastante gordo ?
— Sí, ese mismo[5], pero no te puedes imaginar lo viejo que está[6], con el pelo todo blanco, va mal vestido[7] y él[8], que era tan alegre, se ha vuelto[9] muy serio.
— Oye, quién lo diría[10], porque antes no hacía más que reírse y estar de broma[11].
— Es que me han dicho[12] que está enfermo.

Dialogue 2

(mirando fotos)

P. = Pili L. = Lola

P. — El de la izquierda[13], de gafas, sentado en el sofá, allá en el fondo, es Alberto.
L. — ¿ Quién ? ¿ Ese bajo del traje cruzado[14] ? ¿ Has visto lo serio que está[15] ? Está mucho más delgado que antes y se conserva muy bien.
P. — Parece mentira[16], porque tiene más o menos los mismos años[17] que nosotras.
L. — Y la que está fumando al lado de la mesita redonda[18], ¿ quién es ? No me acuerdo[19] cómo se llama.
P. — ¿ Quién ? ¿ La de al lado[20], con el pelo rizado[21], vestida de color naranja[22] ? Esa es Luisa. No la reconoces[23] porque está de rubia[24], pero yo recuerdo[25] muy bien que era morena[26], pero, aparte de eso[27], no ha cambiado mucho. Está igual que siempre[28].
L. — Sí, siempre iba vestida como si fuera a una boda[29].
P. — No sé si habrá cambiado de carácter, pero era bastante antipática.
L. — Sí, desde luego, era insoportable.
P. — ¿ No se casó[30] con aquel chico tan guapo que estudiaba medicina y que era mucho más mayor[31] que ella ?
L. — No, no era mayor que ella. Tenían más o menos la misma edad[32].
P. — Pues parece que no se llevaban muy bien.
L. — Sí, acabaron muy mal. Ahora vive sola.
P. — Y el del traje claro[33] es Manolo.
L. — No, qué va. Ese no sé quién es. No le conozco.

1. **acabo de ver a Luis** : *je viens de voir Luis* ; **acabar**, *finir, achever* ; **acabar de** + infinitif = *venir de*. **Luis**, complément d'objet direct de personne, doit être précédé de **a**. V. mémo 14.
2. **ese alto** : *ce grand-là.*
3. **tan moreno** : *très brun* ; **tan**, *si, tellement.*
4. **de bigote y ojos azules** : *à la moustache et aux yeux bleus.*
5. **ese mismo** : *celui-là même, lui-même.*
6. **lo viejo que está** : *comme il fait vieux* ; **ser viejo**, *être vieux,* définit la personne par l'âge. Pour **lo... que**, v. mémo 1.
7. **va mal vestido** : *il est mal habillé.* **Ir** + participe passé est un semi-auxiliaire qui remplace ici **estar**. Il exprime l'état du sujet avec une idée de durée ou de mouvement.
8. **y él** : *et lui,* pronom personnel.
9. **se ha vuelto** : *est devenu* ; **volverse**, *devenir* ; **vuelto**, participe passé irrégulier de **volver**.
10. **oye, quién lo diría** : *ah, ça, qui aurait pu le dire.*
11. **no hacía más que reírse y estar de broma** : *il ne faisait que rire et plaisanter* ; **una broma**, *une plaisanterie.*
12. **me han dicho** : *on m'a dit* ; la 3e personne du pluriel traduit *on.* V. mémo 12.
13. **el de la izquierda** : *celui de gauche.* Traduction du démonstratif français par l'article défini espagnol correspondant, v. mémo 6.
14. **ese bajo del traje cruzado** : *celui tout petit au costume croisé.*
15. **lo serio que está** : *comme il fait sérieux.*
16. **parece mentira** : *c'est incroyable, ce n'est pas croyable.*
17. **tiene más o menos los mismos años** : *il a à peu près le même âge que nous* ; **los mismos años**, *le même âge.*
18. **la mesita redonda** : *la petite table ronde.*
19. **no me acuerdo** : *je ne me souviens pas* ; **acordarse**, verbe à diphtongue. V. mémo 28.1.
20. **la de al lado** : *celle d'à côté, celle qui est à côté.* Cf. 13.
21. **con el pelo rizado** : *aux* (m. à m. *avec les*) *cheveux frisés.*
22. **vestida de color naranja** : *habillée en orange.*
23. **no la reconoces** : *tu ne la reconnais pas.*
24. **está de rubia** : *elle est teinte en blond.* En revanche, **es rubia**, *elle est blonde.*
25. **recuerdo** : *je me souviens* ; **recordar** diphtongue. V. mémo 28.1. Cf. 19.
26. **era morena** : *elle était brune.* Cf. 24.
27. **aparte de eso** : *cela mis à part.*
28. **está igual que siempre** : *elle est comme toujours.*
29. **como si fuera a una boda** : *comme si elle allait à un mariage.*
30. **¿no se casó... ?** : *ne s'est-elle pas mariée... ?* ; **casarse**, *se marier.*
31. **mayor** : ici, *âgé.* **Mayor**, *plus grand* comparatif de **grande**.
32. **la misma edad** : *le même âge.* Cf. 17.
33. **el del traje claro** : *celui au costume clair.* Cf. 13, 20.

1 - Décrire les personnes :

a) caractéristiques physiques :

es joven	il (elle) est jeune
es viejo (a)	il (elle) est vieux (vieille)
es mayor,	il (elle) est d'un certain âge
de cierta edad	" "
tiene unos treinta años	il (elle) a la trentaine
es alto, bajo	il est grand, petit
de estatura media	de taille moyenne
es gordo, delgado (flaco)	il est gros, maigre
es guapo, feo	il est beau, laid
mide (medir)	il mesure (mesurer)
pesa (pesar)	il pèse (peser)
tiene el pelo...	il a les cheveux...
rubio, moreno	blonds, bruns
castaño, pelirrojo, canoso	châtain, roux, gris
rizado, liso	frisés, lisses
es calvo, melenudo	il est chauve, chevelu
es barbudo	il est barbu
tiene ojos azules	il (elle) a les yeux bleus
lleva gafas	il (elle) porte des lunettes

b) le caractère :

es inteligente, tonto	il est intelligent, sot (bête)
es amable, agradable,	il est gentil (aimable), agréable,
desagradable	désagréable
es simpático, antipático	il est sympathique, antipathique
es callado, hablador	il est discret, bavard
sonríe poco, mucho	il sourit peu, beaucoup
es (poco) comunicativo	il est (renfermé) ouvert

2 - Décrire les objets :

a) la forme :

rectangular, cuadrangular	rectangulaire, quadrangulaire
triangular, circular	triangulaire, circulaire
largo, ancho, estrecho, ancho	long, large, étroit, large

b) la matière :

¿de qué es ?	en quoi est-ce fait ?
es de madera, metal, tela	c'est en bois, en métal, en tissu
plástico, lana, algodón,	en plastique, en laine, en coton

c) la couleur :

amarillo, azul, blanco, gris,	jaune, bleu, blanc, gris,
malva, marrón, morado,	mauve, marron, violet,
naranja, negro, rojo, rosa,	orange, noir, rouge, rose,
verde, violeta	vert, violet

A Transformer avec *No sabes lo... que* + verbe selon le modèle :
Está cansado → No sabes lo cansado que está :

1. Me he encontrado con Lola. Está cambiada.
2. He visto a Luis. Va bien vestido.
3. Ayer vino Pepe. Está viejo.
4. Ayer vimos a los Rendueles. Se han vuelto antipáticos.

B Compléter avec la traduction de « celui, celle » ... :

1. ¿ Ves a este señor ? ¿ Quién ? ¿ .... de la derecha ?
2. ¿ Ves a estos chicos ? ¿ Quiénes ? ¿ .... de la izquierda ?
3. ¿ Ves a esta señora ? ¿ Quién ? ¿ .... de gafas ?
4. ¿ Ves a ese niño ? ¿ Cuál ? ¿ .... de azul marino ?
5. ¿ Ves ese coche ? ¿ Cuál ? ¿ .... que tiene el techo blanco ?

C Traduire :

1. Le petit à lunettes est plus sympathique que le brun.
2. Les hommes préfèrent les blondes.
3. Ton ami de l'autre jour est très discret.
4. Il n'est pas désagréable, mais renfermé.
5. Je cherche plutôt un vase plus rond, plus foncé.

Corrigé

A
1. No sabes lo cambiada que está.
2. No sabes lo bien vestido que va.
3. No sabes lo viejo que está.
4. No sabes lo antipáticos que se han vuelto.

B
1. ¿ El de la derecha ?
2. ¿ Los de la izquierda ?
3. ¿ La de gafas ?
4. ¿ El de azul marino ?
5. ¿ El que tiene el techo blanco ?

C
1. El bajito de gafas es más simpático que el moreno.
2. Los hombres las prefieren rubias.
3. Tu amigo del otro día es muy callado (discreto).
4. No es desagradable, sino poco comunicativo.
5. Estoy buscando más bien un jarro más redondo, más oscuro.

Dialogue 1

— Oye, tienes que felicitarme, que por fin conseguí[1] el trabajo.
— ¡No me digas[2] ! No sabes cuánto me alegro[3]. Enhorabuena[4] y a ver cuando lo celebramos[5].
— Lástima que no hayan seleccionado a Juan[6].
— Sí, eso ya lo sabía y yo también lo he sentido, no creas[7], pero, ¡qué le vas a hacer ! Tampoco es culpa tuya[8].
— Ya, pero es una pena[9] que no le hayan cogido[10], porque lo necesitaba tanto o más que yo, no deja de ser una lástima[11].

Dialogue 2

(felicidades y enhorabuena[12])

A. = Alejandro J. = Jorge

A. — ¡Jorge ! ¡Felicidades y enhorabuena ! Ya me he enterado de la noticia[13].
J. — ¿De qué me hablas, Antonio ? ¿Qué noticia ?
A. — ¡Cómo ! Ya sabes a qué me refiero.
J. — ¡Ah ! Te refieres a ...
A. — Claro, hombre. No te podrás quejar. No todo el mundo[14] puede decir lo mismo.
J. — Pues, sí, qué quieres que te diga...
A. — Parece como si no estuvieras muy contento[15]. Para empezar, ¿no es hoy tu cumpleaños ?
J. — Precisamente, no entiendo por qué hay que felicitar a la gente por tener un año más.
A. — Hombre, es la costumbre, qué cosas tienes[16]. Tampoco es cuestión de dar el pésame[17] en esos casos.
J. — No, no, yo no digo eso.
A. — ¿Y la enhorabuena ? ¿No hay que darte la enhorabuena ?
J. — Depende.
A. — ¿Depende de qué ? ¿No acaba tu mujer de tener un hijo[18] ? No es cuestión de[19] tenerte lástima[20] y compadecerte[21].
J. — Sí, precisamente[22].
A. — No entiendo[23] muy bien.
J. — Es que es una niña, y ... es la quinta[24].

1. **conseguí** : *j'ai obtenu.* **Conseguir,** *obtenir,* se conjugue comme **pedir.** V. mémo 28.2.
2. **¡ no me digas !** : *pas possible !, sans blague !* Impératif négatif de **decir** à valeur exclamative.
3. **no sabes cuánto me alegro** : *tu ne sais pas combien je m'en réjouis.*
4. **enhorabuena** : *félicitations.*
5. **celebrar** : *célébrer,* ici *fêter.*
6. **lástima que no hayan seleccionado a Juan** : *dommage que l'on n'ait pas retenu Jean.* **A Juan** : **Juan** est un complément d'objet direct représentant une personne et doit être précédé de la préposition **a.**
7. **no creas** : sous-entendu **lo contrario,** *ne crois pas le contraire, qu'est-ce que tu crois* (moi aussi j'ai regretté) *?*
8. **tampoco es culpa tuya** : *ce n'est pas ta faute non plus.* **Tampoco,** *non plus,* placé devant le verbe supprime la négation.
9. **es una pena** : *c'est dommage.*
10. **que no le hayan cogido** : *qu'on ne l'ait pas pris ;* **hayan** est le subjonctif présent de l'auxiliaire **haber** (v. mémo 28.4) et la troisième personne du pluriel traduit *on.*
11. **no deja de ser una lástima** : *c'est vraiment dommage* (m. à m. : *cela ne laisse pas d'être dommage*).
12. **felicidades y enhorabuena** : *bon anniversaire et mes meilleurs vœux (tous mes vœux).* **Felicidades** n'est employé que le jour de l'anniversaire ou de la fête de quelqu'un. **Enhorabuena** pour tout autre événement.
13. **ya me he enterado de la noticia** : *j'ai déjà appris la nouvelle.* **Enterarse de,** *apprendre (par quelqu'un, avoir été informé).* **Aprender,** *apprendre,* indique un acte intellectuel.
14. **no todo el mundo** : *ce n'est pas tout le monde qui...* **No** est placé devant **todo el mundo** parce que c'est surtout sur ces mots-là que porte la négation.
15. **como si no estuvieras muy contento...** : *comme si tu n'étais pas très content.* Après **como si,** il y a obligation d'employer le subjonctif imparfait.
16. **qué cosas tienes** : *tu as de ces idées.*
17. **tampoco es cuestión de dar el pésame** : *il n'est pas question non plus de présenter ses condoléances.*
18. **¿ no acaba tu mujer de tener un hijo ?** : *ta femme ne vient-elle pas d'avoir un enfant ?*
19. **no es cuestión de** : *ce n'est pas le moment de.*
20. **tenerte lástima** : *avoir pitié de toi.*
21. **compadecerte** : *te plaindre.*
22. **sí precisamente** : *mais si, justement.*
23. **no entiendo** : *je ne comprends pas.* **Entender,** *comprendre,* verbe à diphtongue, v. mémo 28.1.
24. **es la quinta** : *c'est la cinquième.*

1 - Féliciter, félicitations :

felicitar	féliciter
felicitar por	féliciter pour, de
dar la enhorabuena	féliciter
¡ enhorabuena !	félicitations ! tous mes compliments !
te felicito	toutes mes félicitations
¡ muy bien !	bravo !
¡ hay que descubrirse !	chapeau !
celebrar un acontecimiento	fêter un événement

2 - Se féliciter de quelque chose :

felicitarse por	se féliciter de
me alegro de + infinitif	je me réjouis de + infinitif
me alegro de que + subjonctif	je suis content que + subjonctif
celebrar	se réjouir de, être heureux de
estar contento con	être content de

3 - Féliciter, présenter ses vœux :

felicitar las Pascuas	souhaiter de bonnes fêtes de Noël
¡ felices Pascuas !	joyeux Noël !
¡ feliz año nuevo !	bonne année !
mandar las felicitaciones de Navidad	envoyer les vœux de Noël
felicitar a alguien por su santo	souhaiter sa fête à quelqu'un
felicitar a alguien por su cumpleaños	souhaiter bon anniversaire à quelqu'un
feliz cumpleaños	bon anniversaire
felicidades, Santiago	bonne fête (ou bon anniversaire), Jacques.

4 - Plaindre :

compadecerse de alguien	avoir pitié de quelqu'un, plaindre
tener lástima de	avoir pitié de
da lástima verle	il fait peine à voir
me da lástima	il me fait pitié
ser digno de compasión	être à plaindre
sentir compasión	éprouver de la compassion
¡ qué mala suerte !	quel manque de chance !
¡ qué desgracia !	quel malheur !

A Compléter avec la préposition appropriée :

1. Te felicito ....las buenas notas que has tenido.
2. Me alegro ....que todo haya salido bien.
3. Están contentos ....el éxito de su equipo.
4. Acaban ....terminar el curso.
5. Enhorabuena ....el ascenso.

B Compléter avec le verbe approprié :

1. Tenemos que.......................la enhorabuena a María.
2. Me alegro mucho de que te ....seleccionado.
3. Cuando se ....de la noticia, le felicitarán.
4. Tenemos que.......................las Pascuas a los abuelos.
5. ....a 5 de julio y ....el santo de Antonio.

C Traduire :

1. Je lui ai envoyé mes vœux de Noël hier.
2. Je vous souhaite une bonne et heureuse année à toi et à ta famille.
3. Tu ne peux pas savoir combien je me réjouis de cette nouvelle.
4. Toutes mes félicitations pour ton anniversaire.
5. Tous mes compliments pour ta promotion. Il faut la fêter.

Corrigé

A
1. Te felicito por las buenas notas que has tenido.
2. Me alegro de que todo haya salido bien.
3. Están contentos con el éxito de su equipo.
4. Acaban de terminar el curso.
5. Enhorabuena por el ascenso.

B
1. Tenemos que dar la enhorabuena a María.
2. Me alegro mucho de que te hayan seleccionado.
3. Cuando se enteren de la noticia, le felicitarán.
4. Tenemos que felicitar las Pascuas a los abuelos.
5. Estamos a 5 de julio y es el santo de Antonio.

C
1. Le mandé ayer las felicitaciones de Navidad.
2. Os deseo a ti y a tu familia un feliz año nuevo.
3. No puedes saber lo que (cuánto) me alegro de la noticia.
4. Muchas felicidades por tu cumpleaños.
5. Mi enhorabuena por tu ascenso. Hay que celebrarlo.

Dialogue 1

— Buenas tardes, ¿puede darme una cita[1] para la semana que viene[2] ? Es que el médico me ha dicho que tengo que volver otra vez[3].
— ¿Cuándo le viene mejor en la semana ?
— Me da lo mismo[4], pero, si es posible, que sea por la mañana[5].
— No, mire, eso no va a poder ser[6], porque por las mañanas[7] normalmente no pasa consulta[8].
— Bueno, entonces, por la tarde.
— El 23 a las seis y media. ¿Le viene bien[9] ?
— Bueno, el jueves 23, entonces.

Dialogue 2

(dónde y cuándo)

M. = María R. = Rafael

M. — Entonces Rafael, mañana quedamos[10] donde siempre[11] a la misma hora.
R. — No sé si podré mañana, María, porque tengo una cita de última hora[12] con unos clientes y lo mismo[13] me retraso[14].
M. — Entonces, quedamos para más tarde[15]. Tú me dices dónde y a qué hora.
R. — No sé qué decirte, porque no me parece fácil.
M. — Entonces, ¿no nos vemos ?
R. — Bueno, podemos quedar a las siete en mi casa, pero tendrás que esperarme un rato si no estoy.
M. — Entonces, voy más tarde.
R. — Es que, ahora que lo pienso[16], no sé si va a ser posible.
M. — No me digas que tienes otra cita a esas horas.
R. — No, es que había quedado en que[17] llevaría[18] a mi madre en coche a hacer unas compras[19].
M. — Bueno, entonces pasado mañana[20], donde siempre.
R. — El caso es que[21]...
M. — Mira, la mejor solución es la siguiente. Yo me voy a quedar en casa[22] sin salir. Si te apetece[23] y tienes ganas[24], me llamas. Si no, ya sabes[25] dónde vivo.
R. — Bueno, no lo tomes a mal[26], mañana te llamo.
M. — Bueno, vale. Hasta mañana.

1. **darme una cita** : *me fixer un rendez-vous ;* **tener una cita,** *avoir un rendez-vous.* Ces deux expressions peuvent être utilisées dans tous les contextes. Dans un emploi plus informel ou amical, **quedar : he quedado a las tres con un amigo,** *j'ai rendez-vous avec un ami à trois heures.*
2. **para la semana que viene** : *pour la semaine prochaine ;* **para** exprime la localisation dans le temps, la date.
3. **volver otra vez** : *venir à nouveau, revenir.*
4. **me da lo mismo** : *ça m'est égal.*
5. **que sea por la mañana** : *que ce soit le matin ;* **por la mañana** exprime une période de temps à l'intérieur de laquelle le rendez-vous peut être fixé.
6. **eso no va a poder ser** : *cela ne va pas être possible.* **No puede ser = no es posible,** *cela n'est pas possible.*
7. **por las mañanas** : *le matin.* L'article défini pluriel exprime la périodicité, *tous les matins.*
8. **no pasa consulta** : *il n'y a pas de consultation.*
9. **¿ le viene bien ?** : *cela vous convient-il ?* Le verbe **venir** s'utilise davantage que **convenir,** avec le sens de *convenir.*
10. **quedamos** : ici, *nous nous retrouverons ;* **quedar,** *rester,* signifie également *avoir, prendre un rendez-vous, se fixer un rendez-vous.* Cf. 1.
11. **donde siempre** : *à l'endroit habituel,* m. à m., *où toujours.*
12. **una cita de última hora** : *un rendez-vous de dernière minute.*
13. **lo mismo** : *ici, peut-être, si ça se trouve ;* synonyme, **a lo mejor.**
14. **me retraso** : *je serai en retard ;* m. à m., *je suis en retard ;* **retrasarse, demorarse** (Amérique) *être en retard, s'attarder.*
15. **quedamos para más tarde** : *nous prenons rendez-vous pour plus tard.* Cf. 10.
16. **ahora que lo pienso** : *maintenant que j'y pense.* Notez le pronom **lo** traduit en français par *y.*
17. **había quedado en que** : *j'avais décidé que.* Le verbe **quedar en** signifie *décider, tomber d'accord.*
18. **llevaría** : *je conduirais ;* **llevar,** *porter* signifie ici *amener, conduire,* dans le sens de *déposer quelqu'un quelque part.*
19. **hacer unas compras** : *faire des achats ;* **hacer la compra,** *faire ses (les) courses ;* **ir de compras,** *faire des courses.*
20. **pasado mañana** : *après-demain.*
21. **el caso es que...** : *le fait est que...*
22. **yo me voy a quedar en casa** : *moi je vais rester chez moi.* On pourrait dire aussi **yo voy a quedarme en casa.** Notez la forme pronominale du verbe espagnol **quedarse** lorsqu'il y a volonté, décision du sujet.
23. **si te apetece** : *si cela te dit.*
24. **tienes ganas** : *tu en as envie.* **Tener ganas,** *avoir envie.*
25. **ya sabes** : *tu sais bien ;* **ya** renforce le sens de **sabes.**
26. **bueno, no lo tomes a mal** : *allons, ne le prends pas mal.*

1 - Autres façons de fixer un rendez-vous :

• dans la vie quotidienne :

quedar en un sitio	avoir, fixer un rendez-vous à un endroit
quedar a una hora	se voir à une heure déterminée
quedamos (para) el viernes	nous nous voyons vendredi
citar, dar cita	donner un rendez-vous
citarse	se donner rendez-vous
me han citado a las tres	on m'a donné rendez-vous à trois heures, j'ai été convoqué à trois heures
se citaron para el lunes	ils se fixèrent rendez-vous pour le lundi
concretar la hora de cita	préciser l'heure de rendez-vous
el lugar de cita	le lieu de rendez-vous

• chez un médecin, un dentiste :

pedir hora	demander un rendez-vous
dar hora	donner un rendez-vous
tener hora pedida	avoir rendez-vous
consulta previa petición de hora	consultation sur rendez-vous

• en affaires :

convocar una junta	convoquer une assemblée
enviar, recibir una convocatoria	envoyer, recevoir une convocation
concertar una cita	décider d'un rendez-vous
llamar	convoquer, citer
organizar, apalabrar	organiser, concerter
un encuentro	une rencontre
solicitar una entrevista con el director	demander un rendez-vous au directeur
entrevistarse con	rencontrer
recibir	recevoir

2 - Modifier ou annuler un rendez-vous :

demorar, aplazar, postergar una cita o un encuentro	remettre, retarder un rendez-vous, une rencontre
adelantar, anticipar	avancer
retrasar	retarder
diferir	différer
suprimir, anular	annuler
cancelar una invitación	décommander une invitation
desconvocar una reunión	annuler une réunion

A Compléter les phrases :

1. **¿Quedamos ....esta tarde ?**
2. **¿A qué ....nos vemos ?**
3. **No sé si va a ....posible mañana.**
4. **¿No habíamos quedado ....que me llamarías ?**
5. **He pedido ....al dentista, pero no me la ha podido dar.**

B Traduire :

1. Je voudrais que le docteur me donne rendez-vous pour lundi prochain.
2. Il doit revenir encore une fois.
3. Le matin, cela ne va pas être possible.
4. Est-ce que le jeudi vous convient ?
5. Nous nous donnons rendez-vous à l'endroit habituel.
6. Je ne peux pas parce que j'ai un rendez-vous de dernière minute.
7. Si je ne suis pas là, attends-moi.
8. Ne me dis pas que le rendez-vous était à huit heures.
9. J'avais décidé que je ferais des courses avec ma mère.
10. La meilleure solution c'est que je reste chez moi.
11. Si tu en as envie, tu m'appelles.

Corrigé

A
1. **¿Quedamos para esta tarde ?**
2. **¿A qué hora nos vemos ?**
3. **No sé si va a ser posible mañana.**
4. **¿No habíamos quedado en que me llamarías ?**
5. **He pedido hora (cita) al dentista, pero no me la ha podido dar.**

B
1. **Quisiera que el médico me diera hora (cita) para el lunes que viene.**
2. **Tiene que volver otra vez.**
3. **Por la mañana no puede ser (no va a ser posible).**
4. **¿Le viene bien el jueves ?**
5. **Quedamos en el sitio de siempre.**
6. **No puedo porque tengo una cita de última hora.**
7. **Si no estoy, espérame.**
8. **No me digas que habíamos quedado a las ocho.**
9. **Había quedado en que iría de compras con mi madre.**
10. **La mejor solución es que me quede en casa.**
11. **Si tienes ganas, me llamas.**

Dialogue 1

— A ver[1], niños, dejad sitio[2], dejad pasar a los demás[3]. Tú, niño, acércate... Sí, sí, tú... Dinos tu nombre[4], por favor.
— Me llamo Gabriel.
— ¿ Cómo dices ? Más alto, habla más fuerte, que no se te oye[5].
— Que me llamo Gabriel.
— Muy bien, ponte aquí[6], enfrente de los demás, que todos te puedan ver bien[7]. Ahora necesitamos a otro compañero. A ver, el rubio de la esquina[8], sal de ahí y ven[9] con nosotros. Bien. Ahora podemos empezar.

Dialogue 2

(en el despacho del jefe)

S. = secretaria J. = jefe

J. — Señorita, por favor, tráigame el expediente Soriano[10], creo que es el n° 231.
S. — Tenga[11].
J. — No, éste no es. Hágame el favor[12] de traerme el 231. Este es el 321.
S. — ¡ Ay, qué tonta ! No me he dado cuenta. Es que casi no hay luz en el archivo.
J. — Bien. Escriba a máquina esta carta[13] y sáqueme dos fotocopias[14] de la página 25 del expediente, pero no se equivoque[15]. Fíjese bien[16], que las fotocopias son de la página 25.
S. — No se preocupe[17]. Esta vez[18] no me voy a equivocar.
J. — Antes de que se me olvide[19], después de la fotocopia, pase por el despacho del[20] Sr. Gómez y pídale[21] de mi parte los contratos de Sevilla y Bilbao. Él ya sabe[22].
S. — Entonces, que me dé el Sr. Gómez los contratos de Sevilla y Bilbao.
J. — Eso y dígale también[23] que, en cuanto tenga un momento[24], que pase a verme[25].
S. — Claro, no se preocupe.
J. — No se le olvide, que es muy importante.
S. — No, claro que no voy a olvidarme.
J. — Ah, y no se entretenga, que es muy urgente.
S. — Voy volando[26].

1. **a ver** : *voyons,* forme courante dans la langue parlée.
2. **dejad sitio** : *laissez le passage.* Dans d'autres contextes, *laissez une place.* Impératif tutoiement pluriel de **dejar**.
3. **a los demás** : *les autres.* Par rapport à **los otros** qui signifie aussi *les autres,* **los demás** comporte la nuance de *tous les autres.* **Los demás** est ici complément d'objet direct et représente des personnes : il est précédé de la préposition **a**.
4. **tu nombre** : *ton prénom.* **El apellido,** *le nom de famille.*
5. **que no se te oye** : *parce qu'on ne t'entend pas.* **Que** dans la langue familière a souvent cette valeur de **porque**. Cf. 7.
6. **ponte aquí** : *mets-toi là.* Impératif de **ponerse**, v. mémo 29.
7. **que todos te puedan ver bien** : *pour que tout le monde puisse bien te voir.* **Que** ici a le sens de **para que** et exige le subjonctif comme en français.
8. **el rubio de la esquina** : *le blond qui est dans le coin.*
9. **sal de ahí y ven** : *sors de là et viens.* Impératifs irréguliers des verbes **salir** et **venir**. V. mémo 29.
10. **tráigame el expediente Soriano** : *apportez-moi le dossier Soriano.* Impératif de **traer**.
11. **tenga** : *tenez, le voici.* Impératif de **tener**.
12. **hágame el favor de traerme** : *faites-moi le plaisir, ayez la gentillesse de m'apporter.* Impératif de **hacer**.
13. **escriba a máquina esta carta** : *tapez cette lettre à la machine.* Impératif de **escribir**. **Mecanografiar,** *dactylographier ;* **una tarjeta,** *une carte.*
14. **sáqueme dos fotocopias** : *faites-moi deux photocopies.* **Sáqueme** est un impératif enclitique de **sacar,** *sortir, tirer.* On dit aussi **sacar una foto,** *faire une photo.*
15. **no se equivoque** : *ne vous trompez pas.* Impératif du verbe **equivocarse**.
16. **fíjese bien** : *faites bien attention.* Impératif de **fijarse** qui a souvent le sens de *remarquer, observer, regarder, voir.*
17. **no se preocupe** : *ne vous inquiétez pas.* Impératif du verbe **preocuparse**.
18. **esta vez** : *cette fois.*
19. **antes de que se me olvide** : *avant que cela ne m'échappe,* m. à m., *avant que je n'oublie.* **Antes de que** est toujours suivi du subjonctif.
20. **pase por el despacho de** : *passez au bureau de.*
21. **pídale** : *demandez-lui,* impératif de **pedir**. V. mémo 29.
22. **él ya sabe** : *il est au courant ;* m. à m., *il sait déjà.*
23. **dígale también que...** : *dites-lui aussi de...*Quand **decir** a le sens de *donner un ordre* la construction avec **que** exige le subjonctif.
24. **en cuanto tenga un momento** : *dès qu'il aura un moment.*
25. **que pase a verme** : *de passer me voir.* Cf. 23.
26. **voy volando** : *j'y cours* (**voy corriendo**).

1 - Donner des ordres, des instructions :

dar una orden	donner un ordre
mandar	ordonner, commander
mandarle a uno que + subjonctif	ordonner, donner l'ordre à quelqu'un de...
mandar hacer	faire faire
mandar por	envoyer chercher
querer que + subjonctif	vouloir que + subjonctif
dar instrucciones	donner des instructions
dar directivas	donner des directives
encargarle a uno que + subjonctif	charger quelqu'un de + inf.
imponer	imposer
exigir	exiger
intimar, conminar	intimer, sommer, enjoindre
encargar un asunto a alguien	charger quelqu'un d'une affaire

2 - Donner des ordres avec l'impératif (v. mémo 29) :

haz, no hagas	fais, ne fais pas
haced, no hagáis (T.P.)	faites, ne faites pas
haga, no haga (V.S.)	" "
hagan, no hagan (V.P.)	" "
hagamos, no hagamos	faisons, ne faisons pas
dígale que + subjonctif	dites-lui de + infinitif
tráigamelo	apportez-le-moi
no me lo traiga	ne me l'apportez pas

3 - Autres expressions pour demander à quelqu'un de faire quelque chose :

¿puede(n) + infinitif ?	pouvez-vous...?
¿podría(n) + infinitif ?	pourriez-vous...?
¿quiere(n) + infinitif ?	voulez-vous...?
haga(n) el favor de + infinitif	veuillez
tenga(n) la bondad de + infinitif	veuillez avoir l'amabilité de...
tiene(n) que + infinitif	vous devez...
quisiera que + subjonctif imparfait	je voudrais que + subj.

4 - Répondre à un ordre, à une demande :

claro, desde luego, por	bien sûr
supuesto cómo no	" "
ahora mismo	tout de suite
a su disposición	à votre service
no veo inconveniente	je veux bien

A **Mettre à la forme affirmative de l'impératif :**

1. **No cierres la puerta.**
2. **No crucéis la calle.**
3. **No se siente aquí.**
4. **No se lo digáis.**
5. **No nos vayamos.**
6. **No me lo traigas enseguida.**

B **Mettre à la forme négative de l'impératif :**

1. **Vete con ellos.**
2. **Escribidla.**
3. **Véndaselo.**
4. **Cómpraselas.**
5. **Firmémoslo.**

C **Traduire :**

1. Dites à M. Rodriguez de passer à mon bureau.
2. Mademoiselle, veuillez m'apporter le dossier 007.
3. Pourriez-vous me faire ces photocopies dès que vous aurez un moment ?
4. Vous devez rester pour la réunion de demain.
5. Veuillez lui demander de passer me voir à neuf heures.

Corrigé

A 1. **Cierra la puerta.**
2. **Cruzad la calle.**
3. **Siéntese aquí.**
4. **Decídselo.**
5. **Vámonos.**
6. **Traémelo enseguida.**

B 1. **No te vayas con ellos.**
2. **No la escribáis.**
3. **No se lo venda.**
4. **No se las compres.**
5. **No lo firmemos.**

C 1. **Dígale al Sr Rodríguez que pase por mi despacho.**
2. **Señorita, haga el favor de traerme el expediente 007.**
3. **¿ Podría sacarme estas fotocopias en cuanto tenga un momento ?**
4. **Tiene Ud. que quedarse para la reunión de mañana.**
5. **Haga el favor de decirle que pase a verme a las nueve.**

Dialogue 1

— ¿ A qué hora quieres que salgamos[1] mañana ?
— Yo quisiera[2] que saliéramos[3] pronto[4] por la mañana.
— Pero que no sea demasiado pronto, porque a mí no me gustaría[5] levantarme demasiado temprano.
— Si tenemos intención de llegar al anochecer[6], tal como[7] habíamos previsto[8], y no madrugamos[9], no veo muy bien cuál es la solución.
— Bueno, vamos a intentar[10] salir a las siete y media, pero no más tarde.

Dialogue 2

(tomar una decisión)

L. = Luis A. = Alfredo

L. — Yo no te entiendo[11], Alfredo, ¿a dónde quieres ir a parar[12] ? Siempre vuelves sobre lo mismo[13].
A. — Porque quiero una respuesta[14] clara de la Dirección.
L. — ¿ Y cuando tengas[15] la respuesta... ?
A. — Pues, pienso ir hasta las últimas consecuencias[16].
L. — Piénsalo bien[17].
A. — Está bien pensado[18]. Estoy más que decidido[19] a ir hasta el final[20].
L. — Date cuenta[21] de que, en ese momento, no puedes volverte atrás[22].
A. — Me da igual[23].
L. — Ya lo sé, pero no sé si te das cuenta de las consecuencias.
A. — Perfectamente, pero lo que quisiera que entendieras[24] es que, en mi situación, prefiero[25] una ruptura a una ausencia de decisiones.
L. — ¿ Por qué no intentas otro método[26] ? No sé, más indirecto.
A. — Ya los he intentado todos.
L. — ¿ Y ninguno[27] te ha dado resultado ?
A. — Ni el más mínimo[28].
L. — Entonces, haz lo que quieras[29].
A. — Por eso, esta vez, voy a mantenerme firme[30] y exijo una contestación[31].
L. — Bueno, que tengas suerte[32].

1. **quieres que salgamos** : ***veux-tu que nous partions.*** Après un verbe exprimant un acte de volonté le verbe de la subordonnée doit être au subjonctif en respectant la concordance des temps ; **salir**, ***sortir, partir.***
2. **yo quisiera** : ***je voudrais.*** Cette forme du subjonctif imparfait remplace souvent le conditionnel **querría.**
3. **que saliéramos** : ***que nous partions.*** Concordance des temps. Le verbe de la principale est au conditionnel et le verbe de la subordonnée doit être à l'imparfait du subjonctif.
4. **pronto** : ***tôt, de bonne heure*** **(temprano).**
5. **me gustaría** : ***j'aimerais.***
6. **al anochecer** : ***à la tombée de la nuit.***
7. **tal como** : ***tel que.***
8. **previsto** : ***prévu.*** Participe passé irrégulier de **prever**, ***prévoir.***
9. **no madrugamos** : ***(si) nous ne nous levons pas de bonne heure ;*** **madrugar**, ***se lever de bonne heure.***
10. **vamos a intentar** : ***nous allons essayer ;*** **intentar**, ***tenter, essayer.***
11. **yo no te entiendo** : ***moi, je ne te comprends pas.***
12. **ir a parar** : (fig.) ***en arriver.***
13. **siempre vuelves sobre lo mismo** : ***tu reviens toujours là-dessus*** (m. à m., *sur la même chose).*
14. **una respuesta** : ***une réponse*** **(una contestación).**
15. **cuando tengas** : ***quand tu auras.*** V. mémo 21.
16. **ir hasta las últimas consecuencias** : ***aller jusqu'au bout.***
17. **piénsalo bien** : ***réfléchis bien ;*** **pensar**, ***penser, réfléchir,*** verbe à diphtongue. V. mémo 28.1.
18. **está bien pensado** : ***c'est tout réfléchi.***
19. **estoy más que decidido** : ***je suis tout à fait*** (m. à m., ***plus que***) décidé.
20. **ir hasta el final** : ***aller jusqu'au bout.*** Cf. 16.
21. **date cuenta** : ***rends-toi compte.*** Impératif de **darse cuenta.** V. mémo 29.
22. **volverte atrás** : ***revenir en arrière.***
23. **me da igual** : ***ça m'est égal.***
24. **lo que quisiera que entendieras** : ***ce que je voudrais que tu comprennes.*** Cf. 2 et 3.
25. **prefiero** : ***je préfère ;*** **preferir** se conjugue comme **sentir**. V. mémo 28.2.
26. **¿por qué no intentas otro método ?** : ***pourquoi n'essaies-tu pas une autre méthode ?*** Omission obligatoire de **un** devant **otro.**
27. **ninguno** : ***aucun.*** Lorsque **ninguno** précède le verbe, on supprime la négation **no.**
28. **ni el más mínimo** : ***pas le moindre.***
29. **haz lo que quieras** : ***fais ce que tu voudras.*** V. mémo 24.
30. **mantenerme firme** : ***rester ferme.***
31. **exijo** : ***j'exige.*** **Exigir** : **g** devient **j** devant **o** et **a.**
32. **que tenga suerte** : ***bonne chance.***

1 - Vouloir, expression de la volonté :

querer	vouloir
quisiera	je voudrais
quiero	je veux
querer que + subjonctif	vouloir que
exigir	exiger
obligar a	obliger de
forzar	forcer
imponer	imposer
tener interés en	tenir à
tener empeño en	tenir à
insistir para que + subjonctif	insister pour que

2 - Vouloir, intention ou désir de faire quelque chose :

me gustaría	j'aimerais
me hubiera gustado	j'aurais aimé
tener la intención de	avoir l'intention de
tener ganas de	avoir envie de
desear	désirer
pensar	penser, envisager
proyectar	projeter, envisager

3 - Ne pas vouloir faire quelque chose :

no querer	ne pas vouloir
negarse a	refuser de
no tener la intención de	ne pas avoir l'intention de
no tener ganas de	ne pas avoir envie de
no tener interés en	ne pas tenir à
decidir no (hacer)	décider de ne pas (faire)
¡ni pensarlo !	pas question !

4 - Renoncer ou ne plus vouloir faire quelque chose :

renunciar a	renoncer à
ya no querer	ne plus vouloir
desistir	renoncer, se désister
retirarse	déclarer forfait

5 - Autres traductions de vouloir :

servirse (langue de la correspondance)	bien vouloir
sírvase	veuillez
haga el favor de	veuillez (langue générale)
le ruego se sirva	je vous prie de bien vouloir
con mucho gusto	je veux bien, volontiers
quiérase o no	qu'on le veuille ou non

A Faire précéder les phrases de « quiero que » :

1. Isabel se pone al corriente del asunto.
2. Me da su palabra de honor.
3. No cae en los mismos errores.
4. Tiene en cuenta mi última propuesta.
5. Trae el expediente n° 25.

B Faire précéder les phrases de « quisiera que » :

1. Antonio llega antes del anochecer.
2. Se da cuenta de nuestros problemas.
3. Lo sabe todo de memoria.
4. Nos viene a ver esta tarde.
5. Saldrán a las siete y media.

C Traduire :

1. Hier soir il nous a ordonné de nous lever de bonne heure.
2. Je suis décidé à le faire dès que j'aurai la réponse.
3. Fais ce que tu voudras mais réfléchis bien avant.
4. J'ai l'intention de rester ferme et d'exiger une date.

Corrigé

A
1. Quiero que Isabel se ponga al corriente del asunto.
2. Quiero que me dé su palabra de honor.
3. Quiero que no caiga en los mismos errores.
4. Quiero que tenga en cuenta mi última propuesta.
5. Quiero que traiga el expediente n° 25.

B
1. Quisiera que Antonio llegara antes del anochecer.
2. Quisiera que se diera cuenta de nuestros problemas.
3. Quisiera que lo supiera todo de memoria.
4. Quisiera que nos viniera a ver esta tarde.
5. Quisiera que salieran a las siete y media.

C
1. Anoche nos mandó que madrugáramos.
2. Estoy decidido a hacerlo en cuanto tenga la contestación.
3. Haz lo que quieras pero piénsalo bien antes.
4. Tengo la intención de mantenerme firme y de exigir una fecha.

Dialogue 1

— ¿Qué piensas hacer cuando termines[1] la carrera[2] ?
— Pues todavía no lo he pensado bien[3], pero tengo intención de irme al extranjero[4] un par de años[5] antes de empezar[6] a trabajar.
— Y cuando vuelvas[7], ¿dónde piensas trabajar ?
— Mi padre quiere que me quede[8] a trabajar con él, pero yo no tengo ninguna intención de pasarme la vida aquí. Me iré a Madrid y seguiré estudiando[9].

Dialogue 2

(antes de las vacaciones)

A. = Adrián G. = Gabriel

A. — Lo primero[10] que pienso hacer en cuanto llegue[11] es descansar[12] y dormir durante dos o tres días.
G. — ¿Y después ?
A. — No lo he pensado todavía, pero, desde luego[13], no tengo ni la más mínima intención[14] de repetir[15] lo del año pasado[16].
G. — ¿Qué te pasó el año pasado ?
A. — Que me quedé todas las vacaciones en el mismo sitio, lleno de gente[17], ya sabes[18]. Este año, cambio de plan[19].
G. — Tú siempre tienes buenos propósitos[20] y siempre haces lo mismo.
A. — De verdad, esta vez va en serio.
G. — Tú siempre andas repitiendo lo mismo[21] y, al final, acabas haciendo lo de todos los años[22].
A. — No, esta vez, no[23]. Te aseguro que tengo el firme propósito de cambiar de planes.
G. — Esperemos que no te ocurra lo de otros años[24].
A. — Ya verás como no. ¿Y tú ? ¿Qué piensas hacer ?
G. — Precisamente, no lo sé todavía.
A. — Pues ya es hora de que te decidas.
G. — Dudo mucho de que pueda[25] salir con el trabajo que tengo. A lo mejor[26], una semana, pero ni siquiera[27] estoy seguro de que pueda.
A. — Sí, hombre, sí[28]. Ya me contarás a la vuelta[29].
G. — Bueno, veremos.

1. **cuando termines** : *quand tu termineras.* V. mémo 21.
2. **la carrera** : *les études ;* **hacer la carrera de...**, *faire des études de...*
3. **pues todavía no lo he pensado bien** : *eh bien, je n'y ai pas encore beaucoup réfléchi.*
4. **al extranjero** : *à l'étranger ;* **extranjero**, *étranger* (d'une autre nationalité) ; **forastero**, *étranger* (à la ville, à la région).
5. **un par de años** : *deux ans,* peut aussi avoir un sens d'approximation, *environ deux ou trois ans.*
6. **antes de empezar** : *avant de commencer.*
7. **cuando vuelvas** : *quand tu reviendras.* Cf. 1.
8. **mi padre quiere que me quede** : *mon père veut que je reste.*
9. **seguiré estudiando** : *je continuerai à étudier ;* **seguir** + gérondif, *continuer à* + infinitif.
10. **lo primero** : *la première chose, d'abord.*
11. **en cuanto llegue** : *dès que j'arriverai.* Cf. 1.
12. **descansar** : *se reposer.* Attention : le verbe espagnol n'est pas pronominal.
13. **desde luego** : *bien entendu, évidemment.*
14. **no tengo ni la más mínima intención** : *je n'ai absolument pas la moindre intention.*
15. **repetir** : *recommencer, refaire ;* dans un autre contexte : *répéter, reprendre* (d'un plat), *redoubler* (une classe).
16. **lo del año pasado** : *comme l'année dernière.* V. mémo 1.
17. **lleno de gente** : *plein de monde ;* **la gente**, *les gens.*
18. **ya sabes** : *tu sais bien.*
19. **cambio de plan** : *je change mes plans.*
20. **tienes buenos propósitos** : *tu as de bonnes intentions.*
21. **siempre andas repitiendo lo mismo** : *tu es toujours en train de répéter la même chose ;* **andar** + gérondif marque ici la durée ; dans d'autres contextes, *le déplacement.* **Repetir** se conjugue comme **pedir**. V. mémo 28.2.
22. **acabas haciendo lo de todos los años** : *tu finis par faire comme tous les ans (la même chose tous les ans) ;* **acabar** + gérondif = *finir par* + infinitif.
23. **no, esta vez, no** : *non, pas cette fois.*
24. **esperemos que no te ocurra lo de otros años** : *espérons que cela ne se passera pas pour toi comme les autres années ;* **ocurra**, subjonctif présent du verbe **ocurrir**, *arriver, se passer, se produire.*
25. **yo dudo mucho de que pueda** : *je doute beaucoup de pouvoir.*
26. **a lo mejor** : *peut-être.*
27. **ni siquiera estoy seguro de que** : *je ne suis même pas certain (sûr) que ;* dans la langue parlée, on supprime souvent **siquiera** ; autre construction possible : **no** + verbe + **siquiera** : **no estoy seguro siquiera.**
28. **sí, hombre, sí** : *mais si, mon vieux, mais si.*
29. **ya me contarás a la vuelta** : *tu me raconteras ça au retour.*

1 - Autres façons d'indiquer ses intentions :

quiero, quisiera	je veux, je voudrais
pienso	j'ai l'intention
llevar la intención	avoir l'intention
tener el propósito, hacerse el propósito de	avoir l'intention de
calcular	calculer
intentar, tratar de	essayer de, tâcher de
procurar	chercher à
puntualizar	préciser
soñar con	rêver de
aspirar	aspirer
hacer algo adrede	faire quelque chose exprès
hacer algo aposta	" "
hacer algo ex profeso	" "
hacer algo sin querer	faire quelque chose sans le vouloir
hacer una intentona	faire une tentative

2 - Autres expressions :

con segunda(s) intención(ciones)	avec une arrière-pensée
intencionadamente	intentionnellement
con buena intención	l'intention était bonne
con la mejor intención	avec la meilleure volonté
de primera intención	tout d'abord
(una persona) de buena (mala) intención	(une personne) bien(mal) intentionnée
empeñarse en	s'entêter à
estar en ello	s'occuper d'une affaire
con intentarlo no se pierde nada	on peut toujours essayer

3 - Demander ses intentions à quelqu'un :

¿vas a intentar (+ infinitif)... ?	tu vas essayer de... ?
¿piensas (+ infinitif)... ?	as-tu l'intention de... ?
¿tiene Ud. la intención de (+ infinitif) ?	avez-vous l'intention de... ?
¿qué vas a hacer... ?	que vas-tu faire... ?

4 - Renoncer :

no pensar (+ infinitif)	ne pas avoir l'intention de
renunciar a (+ infinitif)	renoncer à
dejar	laisser
abandonar	abandonner
desistir	se désister
no pasar del intento	ne pas aller plus loin

A Transformer en utilisant le futur selon le modèle :

¿ Qué le vas a decir ? → ¿ Qué le dirás ? :

1. **¿ Qué pensáis hacer ?**
2. **¿ Tienen Uds. intención de salir esta noche ?**
3. **¿ Tienes el propósito de ponerte a estudiar ?**
4. **¿ Me vas a ayudar ?**
5. **¿ Qué piensa Ud. contarle ?**

B Traduire :

1. Quand le feras-tu ?
2. Je le ferai quand je pourrai.
3. Je n'ai pas l'intention d'aller à l'étranger.
4. J'ai l'intention de passer deux ans là-bas.
5. Je ne commencerai pas à travailler avant.
6. Quand tu reviendras, que penses-tu faire ?
7. J'irai à Madrid et je continuerai à étudier.
8. La première chose que je ferai sera de me reposer.
9. Je ne recommencerai pas comme l'année dernière.
10. Tu as toujours des bonnes intentions, mais...
11. Il ne l'a pas fait exprès.
12. Il me l'a raconté avec des arrière-pensées.

Corrigé

A
1. **¿ Qué haréis ?**
2. **¿ Saldrán Uds. esta noche ?**
3. **¿ Te pondrás a estudiar ?**
4. **¿ Me ayudarás ?**
5. **¿ Qué le contará Ud. ?**

B
1. **¿ Cuándo lo harás ?**
2. **Lo haré cuando pueda.**
3. **No pienso ir al extranjero.**
4. **Tengo intención de pasar un par de años allí.**
5. **No empezaré a trabajar antes.**
6. **Cuando vuelvas, ¿ qué piensas hacer ?**
7. **Iré a Madrid y seguiré estudiando.**
8. **Lo primero que haré será descansar.**
9. **No repetiré lo del año pasado.**
10. **Siempre tienes buenos propósitos, pero...**
11. **No lo ha hecho adrede (aposta).**
12. **Me lo ha contado con segundas intenciones.**

Dialogue 1

— **Hombre, D. Luis, me alegro de volverle a ver[1], ¿ qué tal está usted[2] ?**
— **La verdad es que[3] no estoy muy bien. El año pasado me dio un infarto[4]...**
— **Sí, sí, ya me dijeron... Pues yo le veo con muy buen aspecto[5]. Y, ¿ qué tal se encuentra[6] ahora ?**
— **No crea[7], me encuentro un poco mejor, pero me canso enseguida[8].**
— **¡ Vaya por Dios[9] ! No sabe cuánto lo siento[10], pero ya verá cómo va a mejorarse[11].**

Dialogue 2

(en el hospital)

M. = médico A. = D. Alfredo

M. — Buenos días, don Alfredo, a ver, ¿ cómo estamos hoy[12] ?
A. — Regular[13], sólo regular.
M. — Pues yo le veo mejor que ayer.
A. — Si Ud. lo dice...
M. — Dígame, ¿ ha tenido dolores[14] esta noche ?
A. — Esta noche la pierna me ha dolido menos[15] que otras veces.
M. — Bien. Hoy, por lo que veo, no tiene fiebre.
A. — No, pero todavía me sigue doliendo un poco.
M. — De todas formas, hoy tiene que ponerse un rato[16] en pie. Tiene que andar un poco, dar unos pasos. No puede estar todo el tiempo acostado[17].
A. — Es que me encuentro muy cansado.
M. — Eso es normal después de la operación. Ya verá cómo dentro de unos días[18] se encuentra mucho mejor.
A. — Es que, cuando me levanto, me mareo[19], tengo como náuseas[20]. No sé lo que me pasa[21]...
M. — Ya sé, ya sé, pero tiene que levantarse y dar un pequeño paseo[22] por la habitación.
A. — Bueno, lo intentaré[23].
M. — Ya verá cómo el cansancio[24] se le va pasando poco a poco y va recuperando las fuerzas[25].
A. — ¡ Dios le oiga[26], doctor !
M. — Hala, a mejorarse[27] y hasta mañana.
A. — Gracias, hasta mañana.

1. **me alegro de volverle a ver** : *je me réjouis de vous revoir* ; **volver a** + infinitif indique la répétition de l'action exprimée par l'infinitif.
2. **¿ qué tal está usted ?** : *comment allez-vous ?* **Qué tal** peut être remplacé par **cómo**.
3. **la verdad es que** : *c'est vrai que, je dois reconnaître que...*
4. **me dio un infarto** : *j'ai eu un infarctus.* Le verbe **dar** précédé de **me, te, le, nos, os, les** exprime le caractère soudain de la maladie : **le dio un ataque de nervios,** *il a eu une crise de nerfs.* **Dar,** *donner.* V. mémo 28.3.
5. **yo le veo con muy buen aspecto** : *je vous trouve très bonne mine* ; m. à m., *je vous vois avec une très bonne mine.*
6. **¿ qué tal se encuentra ?** : *comment vous sentez-vous ?* **Encontrarse** diphtongue. V. mémo 28.1.
7. **no crea** : impératif négatif de **creer,** *ne vous fiez pas aux apparences* ; m. à m., *ne croyez pas.*
8. **me canso enseguida** : *je me fatigue tout de suite* ; **enseguida,** *tout de suite, immédiatement.*
9. **¡ vaya por Dios !** : forme exclamative pour exprimer la compassion, *eh bien, mon Dieu !*
10. **no sabe cuánto lo siento** : *vous ne savez pas combien je le regrette, combien j'en suis désolé.* **Sentir,** v. mémo 28.2.
11. **mejorarse** : *se rétablir, se remettre* ; m. à m., *s'améliorer.*
12. **¿ cómo estamos hoy ?** : *comment allons-nous aujourd'hui ?* au pluriel, même si on ne s'adresse qu'à une seule personne.
13. **regular** : *comme ci, comme ça* ; m. à m., *régulier.*
14. **¿ ha tenido dolores ?** : *avez-vous souffert ?, avez-vous ressenti des douleurs ?*
15. **la pierna me ha dolido menos** : *ma jambe m'a fait moins souffrir.*
16. **un rato** : *un moment,* toujours plus long (jusqu'à quelques heures) que **un momento** (quelques instants, quelques minutes).
17. **acostado** : *couché,* participe passé de **acostar(se).**
18. **dentro de unos días** : *dans quelques jours.*
19. **me mareo** : *j'ai mal au cœur, j'ai des nausées.* **Marearse** peut signifier aussi *avoir un étourdissement.*
20. **tengo como náuseas** : *j'ai comme des nausées.*
21. **no sé lo que me pasa** : *je ne sais pas ce qui m'arrive.*
22. **dar un pequeño paseo** : *faire un petit tour, une petite promenade.* Avec **un paseo, un paso** *(un pas),* **una vuelta** *(un tour),* on utilise le verbe **dar.**
23. **lo intentaré** : *j'essaierai.*
24. **el cansancio** : *la fatigue.*
25. **va recuperando las fuerzas** : *vous allez peu à peu retrouver vos forces.* **Ir** + gérondif insiste sur le déroulement de l'action : *peu à peu, petit à petit, progressivement,* etc.
26. **¡ Dios le oiga !** : *Dieu vous entende !*
27. **hala, a mejorarse** : *allons (allez), meilleure santé* **(que se mejore).**

1 - Autres façons de parler de l'état physique :

no sentirse bien	ne pas se sentir bien
ponerse enfermo, enfermar	tomber malade
enfermo de gravedad	gravement malade
enfermo de aprensión	malade imaginaire
ser aprensivo	écouter son mal, s'écouter
una enfermedad contagiosa	une maladie contagieuse
herirse, la herida	se blesser, une blessure
doler, me duele(n) la cabeza (las muelas)	avoir mal, j'ai mal à la tête (aux dents)
estar achacoso	être souffreteux
estar delicado	être faible, fragile
estar malucho, pachucho	être patraque
estar bueno, malo	être en bonne, mauvaise santé
estar embarazada	être enceinte
estar en plena forme	être en pleine forme

2 - Quelques affections :

el empacho, la indigestión	l'indigestion
el ataque de corazón, de nervios	la crise cardiaque, de nerfs
el ataque de apendicitis	la crise d'appendicite
una fractura	une fracture
la fiebre, la calentura	la fièvre, la température
la jaqueca	la migraine
un desmayo	un évanouissement
estar constipado, acatarrado	être enrhumé
coger un catarro	attraper un rhume
estar con gripe	être grippé
estar estreñido	être constipé
marearse	s'évanouir, avoir mal au cœur

3 - Les soins :

consultar a un médico	consulter un médecin
llamar a la enfermera	appeler l'infirmière
el diagnóstico	le diagnostic
la receta	l'ordonnance
la farmacia, el farmaceútico	la pharmacie, le pharmacien
la medicina	le médicament
la píldora, la pastilla	la pilule, la pastille
una tableta, un comprimido	un comprimé
una inyección	une piqûre
una escayola	un plâtre

4 - La guérison :

curarse	guérir
experimentar una mejoría	ressentir une amélioration
recobrarse, reponerse	récupérer, se remettre

A Mettre au pluriel :

1. ¿Qué tal estás ?
2. Ya verás cómo vas a reponerte.
3. ¿Sigues con náuseas ?
4. Si te pones de pie no te mareas.
5. Ya lo ves. No tienes fiebre.

B Mettre à l'imparfait de l'indicatif :

1. Acaba de romperse el pie derecho.
2. Se encuentra un poco mejor.
3. Me duele la garganta.
4. ¿No ves que es un enfermo ?
5. No podéis seguir así.

C Traduire :

1. Je suis content de vous revoir.
2. Est-ce que vous avez souffert cette nuit ?
3. Dans quelques jours vous vous sentirez mieux.
4. Je ne sais pas ce qui m'arrive.
5. Tu dois te lever et essayer de faire un petit tour.

Corrigé

A 1. ¿Qué tal estáis ?
2. Ya veréis cómo vais a reponeros.
3. ¿Seguís con náuseas ?
4. Si os ponéis de pie no os mareáis.
5. Ya lo veis. No tenéis fiebre.

B 1. Acababa de romperse el pie derecho.
2. Se encontraba un poco mejor.
3. Me dolía la garganta.
4. ¿No veías que era un enfermo ?
5. No podíais seguir así.

C 1. Me alegro de volverle a ver.
2. ¿Ha tenido dolores esta noche ?
3. Dentro de unos días se encontrará mejor.
4. No sé lo que me pasa.
5. Tienes que levantarte y tratar de dar una vuelta.

Dialogue 1

(en una agencia de viajes[1])

— Mire[2], necesito estar[3] lo antes posible[4] en Valencia, ¿podría decirme[5] a qué hora es el último vuelo[6] de hoy ?
— El último vuelo es a las 14,30 ; antes[7] hay otro a las 11,15.
— No, no puede ser. No puedo salir tan pronto[8]. Dígame, ¿no sería posible otra combinación[9] ?
— Espere un momento[10], por favor. A ver[11] si por Madrid es posible... Sí, puede coger[12] el vuelo de las veinte treinta hasta Madrid y allí enlazar con[13] el Madrid-Valencia, de las once y media de la noche.

Dialogue 2

(antes de un viaje)

J. = Juanjo E. = Emilio

J. — Sabes, Emilio, vamos a pasar unos días[14] por Andalucía[15]. Tú que conoces bien la región, ¿nos podrías decir qué podríamos ver de interesante ?
E. — Hombre, Juanjo, hay muchas cosas que ver[16], pero yo me quedaría por lo menos[17] un par[18] de días en Granada, Sevilla, Córdoba y Cádiz.
J. — No sé... No tenemos mucho tiempo. Precisamente, a ti qué te parece mejor[19] : ¿ir en coche[20] desde aquí o en avión y alquilar allí un coche[21] ?
E. — En mi opinión[22], lo más cómodo[23] es que cojáis el avión y alquiléis allí un coche.
J. — Y para los hoteles, ¿cuál es la mejor solución ?
E. — No sé qué deciros[24], depende[25]...
J. — No, te lo digo porque no sabemos si reservar[26] desde aquí. A lo mejor[27], se pueden encontrar habitaciones[28] sin dificultad, una vez que estemos allí[29].
E. — A mí la mejor solución me parece que[30] reservéis desde aquí y que lo hagáis cuanto antes[31], porque en esta época del año los hoteles suelen estar llenos[32].
J. — Oye, ¿y qué tiempo suele hacer en esta época ? No sabemos muy bien qué ropa llevar[33].
E. — Suele hacer bueno.

1. **agencia de viajes** : *agence de voyages.*
2. **mire** : *écoutez,* impératif de **mirar**, *regarder.* Dans d'autres contextes, *regardez, tenez.*
3. **necesito estar** : *il faut que je sois* ; **necesitar**, *avoir besoin, falloir.*
4. **lo antes posible** : *le plus tôt possible, dès que possible.*
5. **¿ podría decirme... ?** : *pourriez-vous me dire... ?* **Poder**, *pouvoir.* V. mémo 28.4.
6. **el último vuelo** : *le dernier vol.*
7. **antes** : *avant, auparavant.*
8. **tan pronto** : *si vite.*
9. **¿ no sería posible otra combinación ?** : *ne pourrait-on trouver un autre moyen ?* **Combinación**, *combinaison* (propre et figuré).
10. **espere un momento** : *attendez un instant.*
11. **a ver** : *voyons.*
12. **puede coger** : *vous pouvez prendre.*
13. **enlazar con** : *changer pour (changer de vol).*
14. **unos días**: *quelques jours.*
15. **por Andalucía** : *en Andalousie.* **Por** donne ici l'idée de mouvement à l'intérieur du lieu indiqué.
16. **muchas cosas que ver** : *beaucoup de choses à voir.* On pourrait dire aussi **muchas cosas por ver.**
17. **por lo menos** : *au moins.*
18. **un par** : *deux, une paire,* se traduit parfois par *quelques.*
19. **¿ a ti qué te parece mejor ?** : *et à toi, qu'est-ce qui te semble le mieux ?*
20. **ir en coche** : *y aller en voiture.* Lorsque le contexte est assez clair, le pronom *y* n'est pas traduit. V. mémo 11.
21. **alquilar allí un coche** : *louer une voiture là-bas.*
22. **en mi opinión** : *à mon avis.*
23. **lo más cómodo** : *le plus commode.*
24. **no sé qué deciros** : *je ne sais pas quoi vous dire* ; **os**, *vous,* pronom personnel complément indirect de tutoiement pluriel.
25. **depende** : *ça dépend.*
26. **si reservar** : *si (je dois) réserver.*
27. **a lo mejor** : *peut-être,* toujours employé avec l'indicatif.
28. **se pueden encontrar habitaciones** : *on peut trouver des chambres.* Traduction de *on*. V. mémo 12.
29. **una vez que estemos allí** : *une fois que nous serons là-bas.* Pour le subjonctif présent après *una vez que,* v. mémo 21.
30. **la mejor solución me parece que** : *il me semble que la meilleure solution est que.*
31. **cuanto antes** : *dès que possible.* Cf.4.
32. **suelen estar llenos** : *sont généralement pleins.* **Soler**, *avoir l'habitude de* peut aussi être rendu en français par *d'habitude, d'ordinaire, généralement.* Pour la diphtongue, v. mémo 28.1.
33. **qué ropa llevar** : *quels vêtements emporter.*

1 - Demander l'autorisation :

pedir permiso	demander l'autorisation
¿se puede... ?	peut-on... ?
tener derecho a	avoir le droit de
¿puedo... ?	puis-je... ?
¿podemos... ?	pouvons-nous... ?
¿podría... ?	pourrais-je... ?
¿podríamos... ?	pourrions-nous... ?
¿está permitido... ?	est-il permis de... ?
¿me permite... ?	vous me permettez de... ?
¿puedo tomarme la libertad de... ?	puis-je me permettre de... ?
¿me dejas... ?	tu me permets... ?

2 - Réponses affirmatives :

sí, adelante	oui, entrez, passez...
sí, puede(n)...	oui, vous pouvez...
sí, está permitido	oui, il est permis de...
sí, se lo permito	oui, je vous y autorise
sí, le permito + infinitif	oui, je vous permets de...
sí, le permito que + subjonctif	oui, je permets de...
autorizar	autoriser
consentir	consentir
permitir	permettre
dar permiso	donner l'autorisation
decir que sí, aceptar	dire oui, accepter

3 - Réponses négatives :

no, no se puede	non, c'est impossible
no, no puede(n)	non, vous ne pouvez pas
impedir	empêcher, interdire
prohibir	interdire
no, está prohibido...	non, il est interdit de...
no tiene derecho a	vous n'avez pas le droit de
no cuente con mi autorización	ne comptez par sur mon autorisation
decir que no	refuser, dire non
hacerse el sordo	faire la sourde oreille
mandar a uno a hacer gárgaras	envoyer paître quelqu'un

4 - Dire ce qu'on est capable de faire :

ser capaz de	être capable de
tener capacidad para	être capable de
ser apto para	être apte à
tener aptitudes para	avoir des dispositions pour
estar en forma para	être en forme pour

A Répondre affirmativement avec l'impératif de vouvoiement :

1. ¿ Puedo venir mañana ?
2. ¿ Puedo sentarme aquí ?
3. ¿ Podemos irnos ahora mismo ?
4. ¿ Podemos servirnos ?
5. ¿ Puedo decírselo ahora ?

B Répondre affirmativement au présent de l'indicatif en substituant les noms compléments par des pronoms :

1. ¿ Puedo dejar el paquete a su secretaria ?
2. ¿ Puedo pedirle la llave al portero ?
3. ¿ Podemos traerle los libros al jefe ?
4. ¿ Podemos llevarle estas cartas al director ?
5. ¿ Puedo darle la respuesta a su hermano ?

C Traduire :

1. Pourriez-vous nous dire à quelle heure est le premier train ?
2. Quel temps fait-il d'habitude à Acapulco pendant l'hiver ?
3. Quand nous y serons, nous louerons une voiture.
4. Vous n'avez pas le droit d'entrer dans ce service.
5. Il est interdit de se garer ici.

Corrigé

A
1. Venga mañana.
2. Siéntese aquí.
3. Váyanse ahora mismo.
4. Sírvanse.
5. Dígamelo ahora.

B
1. Sí, puede dejárselo (se lo puedo dejar).
2. Sí, puede pedírsela (se la puede pedir).
3. Sí, pueden traérselos (se los pueden traer).
4. Sí, pueden llevárselas (se las pueden llevar).
5. Sí, puede dársela (se la puede dar).

C
1. ¿ Podría decirnos a qué hora es el primer tren ?
2. ¿ Qué tiempo suele hacer en Acapulco durante el invierno ?
3. Cuando estemos allí, alquilaremos un coche.
4. No tiene derecho a entrar en esta sección.
5. Está prohibido aparcar aquí.

Dialogue 1

— Hasta la vista[1]. Le escribo en cuanto llegue[2].
— Adiós[3], y ya sabe, cuídese mucho[4] y no haga imprudencias, a ver si[5] vuelve a recaer[6] nada más llegar[7].
— No se preocupe, ya me cuidaré.
— Buen viaje y suerte[8].
— Eso hay que decírselo a Ud., que tenga suerte con el nuevo negocio.
— ¡Ojalá[9] ! Porque falta me hace[10].

Dialogue 2

(andando por el aeropuerto)

D. = director C. = Sr. Carbajosa

D. — ¿El Sr. Carbajosa ? Encantado. Yo soy el director comercial de Percosa. Bienvenido a España.
C. — Gracias. Encantado. ¡Ah ! ¿Pero no se acuerda de mí[11] ? Ya nos vimos en Berlín el año pasado. Me alegro de[12] volverlo a ver.
D. — Claro, claro. Por supuesto[13]. ¿Cómo está usted ? Espero que tenga una buena estancia[14] en nuestro país.
C. — Eso espero, pero, sobre todo, que los proyectos de nuestras dos sociedades acaben concretándose[15].
D. — Eso espero yo también, que sean un éxito[16]. Dígame, ¿ha tenido buen viaje ?
C. — Excelente, muchas gracias.
D. — Y dígame, ¿qué tal sigue su socio[17] ? Ya me he enterado de que[18] estaba en franca mejoría[19], después del accidente.
C. — Pues, sí, está mucho mejor. Ya está casi repuesto[20].
D. — Pues me alegro mucho de que se encuentre mejor[21]. Cuando vuelva a Buenos Aires, déle recuerdos de mi parte[22].
C. — Claro, sin falta[23].
D. — La última vez que estuvo en España, nos dejó muy buen recuerdo a todos. Una persona muy agradable.
C. — Sí, sí, muy simpático.
D. — Bueno, pues, cuando quiera, podemos marcharnos. Hay un coche que nos está esperando[24].
C. — Sí, espere un momento que recoja las maletas [25] y nos vamos.
D. — Bueno, le acompaño.

1. **hasta la vista** : ***au revoir.***
2. **en cuanto llegue** : ***dès que j'arriverai.*** Le subjonctif présent espagnol traduit le futur français dans les subordonnées temporelles. V. mémo 21.
3. **adiós** : ***au revoir.***
4. **cuídese mucho** : ***soignez-vous, prenez soin de vous*** **(cuidarse).**
5. **a ver si** : ***il ne faut (faudrait) pas que..., attention à ce que...,*** fréquent dans la langue parlée.
6. **vuelve a recaer** : ***vous rechutiez encore*** ; **volver a** + infinitif indique la répétition de l'action exprimée par l'infinitif ; **recaer,** ***rechuter*** (pour une maladie).
7. **nada más llegar** : ***à peine arrivé, tout juste arrivé.*** **Nada más** suivi d'un infinitif exprime l'action immédiatement passée. **En cuanto llegó** = ***dès qu'il est arrivé.***
8. **suerte** : ***bonne chance.***
9. **¡ ojalá !** : ***j'espère bien !*** Si **ojalá** introduit une proposition, le verbe est toujours au subjonctif. **¡ Ojalá viniera !** ***si seulement il (elle) venait !***
10. **porque falta me hace** : ***parce que j'en ai bien besoin.***
11. **¿ no se acuerda de mí ?** : ***vous ne vous souvenez pas de moi ?***
12. **me alegro de** : ***je suis heureux de.*** **Alegrarse,** ***se réjouir.***
13. **por supuesto** : ***évidemment, naturellement, bien sûr.***
14. **una buena estancia** : ***un bon séjour.*** En Amérique, **una estadía.**
15. **espero que... acaben concretándose** : ***j'espère que... finiront par se concrétiser.*** **Esperar** est suivi de l'indicatif ou du subjonctif selon le degré de probabilité de réalisation de l'action. **Acabar** + gérondif, ***finir par.*** **Acabar por** + infinitif a le même sens.
16. **un éxito** : ***un succès.***
17. **¿ qué tal sigue su socio ?** : ***comment va votre associé ?*** **Seguir,** ***continuer,*** se conjugue comme **pedir.** V. mémo 28.2.
18. **ya me he enterado de que** : ***je sais déjà que*** ; **enterarse,** ***apprendre une nouvelle, s'informer de, être informé de.***
19. **en franca mejoría** : ***en nette amélioration.*** **Mejoría,** ***amélioration*** (retour à la normale) ; **mejora,** ***amélioration*** (progrès).
20. **ya está casi repuesto** : ***il est maintenant presque remis (rétabli).*** **Repuesto,** participe passé irrégulier de **reponer.**
21. **me alegro mucho de que se encuentre mejor** : ***je me réjouis beaucoup qu'il aille mieux.*** Un verbe exprimant un sentiment requiert le subjonctif dans la subordonnée comme en français. **Encontrarse,** ***se trouver,*** verbe à diphtongue. V. mémo 28.1.
22. **déle recuerdos de mi parte** : ***faites-lui mes amitiés, rappelez-moi à son bon souvenir.***
23. **sin falta** : ***je n'y manquerai pas*** ; m. à m., ***sans faute.***
24. **que nos está esperando** : ***qui nous attend.***
25. **que recoja las maletas** : ***que je prenne mes valises*** ; subjonctif présent de **recoger,** ***prendre, ramasser, recueillir.***

1 - Autres façons de souhaiter bonne chance :

¡ suerte !	bonne chance !
¡ buena suerte !	" "
¡ que haya suerte !	" "
¡ que tengas suerte	" "
le deseo mucha suerte	je vous souhaite bonne chance
¡ que lo pase(s) bien !	amusez-vous (amuse-toi) bien
¡ buen viaje !	bon voyage!
¡ que esto te dé suerte !	que cela te porte chance

2 - Façons de dire qu'on a de la chance :

tener suerte	avoir de la chance
ser afortunado	être chanceux
ser un hombre de suerte	" "
tener una suerte loca	avoir une veine de pendu
tener buena mano	avoir la main heureuse
tener buena estrella	être né sous la bonne étoile
tener buena racha	être dans une bonne passe

• dans la langue familière :

tener potra	avoir de la veine
¡ qué chiripa !	quel pot !
¡ qué chollo !	quelle veine !
¡ menuda ganga !	quelle aubaine !

3 - Façons d'exprimer la malchance :

¡ qué desgracia !	quel malheur !
¡ mala suerte !	manque de chance ! (pas de pot !)
¡ qué suerte más negra !	quelle poisse !
¡ qué suerte más perra !	quelle guigne !
ser desafortunado, tener mala suerte, tener la negra, tener mala estrella, tener mala pata	être malchanceux
es un cenizo	il porte la poisse
es (un) gafe	" "
¡ vaya lata !	quelle tuile (poisse) !

4 - Autres expressions :

por desgracia, desgraciadamente	malheureusement
dar, traer mala suerte	porter malheur
probar suerte	tenter sa chance
cambia la suerte	la chance tourne
golpe de suerte	coup de chance
por suerte	par chance
la suerte es ciega	la chance est aveugle
calcular las posibilidades de éxito	calculer les chances de réussite

A Mettre au présent :

1. **En cuanto llegaba, siempre me escribía o me llamaba.**
2. **Había que decírselo y él no se lo decía.**
3. **Éramos los únicos representantes de la sociedad.**
4. **Me alegré de que pudieras estar con nosotros.**
5. **Él ya no se acordaba de mí para nada.**

B Traduire :

1. Je lui écrirai dès que j'arriverai pour lui souhaiter bonne chance.
2. Prends soin de toi et ne fais pas d'imprudences.
3. Bonne chance avec votre nouveau affaire.
4. Enchanté. Je suis le nouveau directeur.
5. Nous nous sommes vus l'an dernier à Malaga.
6. Je crois qu'ils ne se souviennent pas de nous.
7. J'espère surtout que nos projets communs se concrétiseront.
8. J'ai appris que votre associé allait nettement mieux.
9. Oui, maintenant il est presque remis.
10. Je me réjouis beaucoup que vous soyez ici.
11. Quand vous rentrerez à Buenos Aires, rappelez-lui mon bon souvenir.
12. Attendez une seconde que je récupère mes valises.

Corrigé

A

1. **En cuanto llega, siempre me escribe o me llama.**
2. **Hay que decírselo y él no se lo dice.**
3. **Somos los únicos representantes de la sociedad.**
4. **Me alegro de que puedas estar con nosotros.**
5. **Él ya no se acuerda de mí para nada.**

B

1. **Le escribiré en cuanto llegue para desearle suerte.**
2. **Cuídate y no hagas imprudencias.**
3. **Que tenga suerte con el nuevo negocio.**
4. **Encantado. Yo soy el nuevo director.**
5. **Nos vimos el año pasado en Málaga.**
6. **Creo que no se acuerdan de nosotros.**
7. **Espero sobre todo que nuestros proyectos comunes se concreten (concretarán).**
8. **Me he enterado de que su socio estaba en franca mejoría.**
9. **Sí, ahora está casi repuesto.**
10. **Me alegro mucho de que esté Ud. aquí.**
11. **Cuando vuelva a Buenos Aires, déle recuerdos de mi parte.**
12. **Espere un momento que recoja las maletas.**

Dialogue 1

— ¿ Has visto la última película de Saura ?
— Sí, fui a verla[1] la semana pasada.
— Y, ¿ qué te ha parecido[2] ?
— Interesante.
— Pues a mí me ha gustado mucho[3]. Las imágenes[4] son magníficas y los actores actuán[5] muy bien.
— Sí, pero lo que me ha molestado[6] un poco es que la actriz que hace de protagonista[7] ya es mayor[8] para ese papel[9].

Dialogue 2

(un cóctel en casa de un amigo)

E. = Eva A. = Amparo

E. — ¿ Qué tal te lo estás pasando[10] Amparo ?
A. — Bien, bien. Y tú, Eva, ¿ qué tal ?
E. — Bien... Y la fiesta, ¿ qué te parece ?
A. — Muy agradable, Juan Carlos sabe hacer bien las cosas.
E. — Sí, la pena es que[11] personalmente sea tan aburrido[12].
A. — Hombre, un poco, pero es buena persona[13].
E. — A mí también me cae bien[14], pero es un poco pesado, siempre contando lo mismo.
A. — Oye, ¿ te has fijado en[15] la casa tan bonita[16] que tiene ?
E. — Sí, no me extraña[17]. Con el dinero que tiene...
A. — Ya, pero se puede tener dinero y mal gusto.
E. — ¿ Por qué lo dices[18] ? ¿ Por los cuadros[19] del salón ?
A. — Claro, a mí me parecen horribles.
E. — Hombre, la verdad es que[20] son un poco originales, pero hay que reconocer que van bien con el estilo de toda la casa.
A. — Oye, ¿ y qué me dices de los invitados ?
E. — No sé, ¿ por quién lo dices[21] ?
A. — Por aquellos del fondo[22], los que llegaron[23] en grupo al final.
E. — ¡ Ah, sí ! Es verdad. Yo no los conozco.
A. — Ni yo tampoco[24], pero me parece una gente[25] bastante rara[26].
E. — Desde luego, no sé de dónde los saca[27].
A. — ¿ Y has visto cómo van vestidos ?
E. — Horribles, chica, horribles.

1. **fui a verla** : *je suis allé le voir.* Les passés simples de **ir** et de **ser** sont identiques. V. mémo 28.4. et 5.
2. **¿ qué te ha parecido ?** : *qu'en as-tu pensé ? quel est ton avis ?, qu'est-ce que tu en penses ?*
3. **a mí me ha gustado mucho** : *moi personnellement, j'ai beaucoup aimé, cela m'a beaucoup plu.*
4. **las imágenes** : *les images.* Au singulier **la imagen.**
5. **actúan** : *jouent* (un rôle). En dehors de ce contexte, *agir.* **Esta persona ha actuado mal,** *cette personne a mal agi.*
6. **me ha molestado** : *m'a gêné.* **Molestar,** *gêner, déranger.*
7. **que hace de protagonista** : *qui a le rôle de l'héroïne ;* **hacer de,** *jouer, tenir le rôle de.*
8. **ya es mayor** : *est maintenant un peu âgée ;* **mayor** est le comparatif de **grande** qui souvent se réfère à l'âge. **El hermano mayor,** *le frère aîné.*
9. **para ese papel** : *pour ce rôle.* **Desempeñar (hacer) un papel,** *jouer un rôle* (propre et figuré).
10. **¿ qué tal te lo estás pasando ?** : *tu t'amuses bien ?* **Pasarlo bien (mal),** *s'amuser (s'ennuyer).*
11. **la pena es que** : *ce qui est dommage c'est que.* L'expression est suivie du subjonctif.
12. **sea tan aburrido** : *qu'il soit si ennuyeux.* **Ser aburrido,** *être ennuyeux ;* **estar aburrido (=pasarlo mal)** *être ennuyé, s'ennuyer.*
13. **es buena persona** : *c'est un brave type, un chic type.*
14. **me cae bien** : *je le trouve sympathique.* Construction indirecte identique à celle de **gustar.** V. mémo 27.
15. **¿ te has fijado...?** : *as-tu remarqué...?* **Fijarse en,** *remarquer, observer, voir, faire attention.*
16. **la casa tan bonita** : *la (bien) jolie maison.*
17. **no me extraña** : *cela ne m'étonne pas, ce n'est pas étonnant.*
18. **¿ por qué lo dices ?** : *pourquoi dis-tu cela ?* **Por qué,** *pourquoi* (pour quel motif); **para qué,** *pourquoi* (dans quel but).
19. **¿ por los cuadros ?** : *à cause des tableaux ?*
20. **la verdad es que** : *c'est vrai que, il faut reconnaître que...* **Lo cierto es que...,** *c'est vrai que...*
21. **¿ por quién lo dices ?** : m. à m., *pour qui le dis-tu ?,* c'est-à-dire, *à qui penses-tu en disant cela ?*
22. **por aquellos del fondo** : *pour ceux du fond.* **Aquellos** marque l'éloignement de ces personnes.
23. **los que llegaron** : *ceux qui sont arrivés.*
24. **ni yo tampoco** : *ni moi non plus.*
25. **me parece una gente...** : *je crois que ce sont des gens...* **Me parece** exprime une opinion, un avis.
26. **... una gente bastante rara** : *... des gens assez bizarres, étranges.* *Rare* au sens quantitatif se dit **escaso.**
27. **no sé de dónde los saca** : *je ne sais pas où il les trouve* (m. à m. : d'où il les sort).

1 - Autres façons de donner son avis :

creer (creo que...)	croire (je crois que...)
estimar	estimer
opinar (¿qué opinas de... ?)	penser (que penses-tu de... ?)
considerar	considérer
distinguir (una cosa de otra)	distinguer (une chose d'une autre)
suponer	présumer, supposer
pensar en	penser à
tener por	tenir pour, considérer comme
tener para sí	croire, avoir dans l'idée
parecer (me parece...)	penser (je pense...)
a mi parecer, según yo, para mí	à mon avis, d'après moi, pour moi
a mi juicio, a mi parecer	à mon avis
según opinión de	au dire de, selon l'avis de
ser de la misma opinión	être du même avis
dar su opinión	donner son avis
equivocarse	se tromper, commettre une erreur
engañarse	se tromper, se leurrer
emitir, tener un juicio	porter, avoir un jugement
poner en tela de juicio	mettre en question
juzgar por las apariencias	juger d'après les apparences
a juzgar por	à en juger d'après
con razón o sin ella	à tort ou à raison

2 - Qualités du jugement :

un juicio parcial, imparcial	un jugement partial, impartial
equitativo, justo	équitable, juste
lógico, moderado	logique, modéré
argumentado, intuitivo	argumenté, intuitif
una opinión justificada	une opinion justifiée
una opinión fundada, equivocada	une opinion fondée, erronée
un juicio pericial	une expertise
de buena fe	en toute sincérité

3 - Qualités de celui qui juge :

ser cuerdo, prudente, sensato	être sage, prudent, sensé
ser neutro, justo	être neutre, juste
ser honrado	être honnête
ser murmurador, maldiciente	être médisant
ser crítico	avoir l'esprit critique
tener mala lengua	être mauvaise langue
carecer de sentido común	manquer de jugeote
la sensatez	le bon sens, la sagesse

A Répondre négativement :

1. **Es una buena película, ¿no crees ? — No creo que ....**
2. **Lo hace todo bien, ¿no te parece ? — No me parece que ...**
3. **Han nombrado a José, ¿te parece justo ? — No me parece ..**
4. **Vendré tarde hoy, ¿te molesta ? — No me molesta ....**
5. **No dicen nada, ¿te importa ? — No me importa que ....**

B Traduire :

1. Tu as vu son dernier film ?
2. Je suis allé voir ce film le mois dernier.
3. Qu'est-ce que tu en as pensé ?
4. Ce qui m'a gêné c'est que l'actrice principale n'est pas très bonne.
5. Qui a le rôle ?
6. Ce qui est dommage c'est qu'il soit ennuyeux.
7. Tu as remarqué la jolie maison qu'il a ?
8. On peut avoir de l'argent et mauvais goût.
9. Pourquoi dis-tu cela ? A cause des tableaux du salon ?
10. Oui, je les trouve horribles.
11. Qu'est-ce que tu me dis des invités ?
12. Je crois que ce sont des gens assez bizarres.

Corrigé

A

1. **No creo que sea una buena película.**
2. **No me parece que lo haga todo bien.**
3. **No me parece justo que hayan nombrado a José.**
4. **No me molesta que vengas tarde hoy.**
5. **No me importa que no digan nada.**

B

1. **¿Has visto su última película ?**
2. **Fui a ver esa película el mes pasado.**
3. **¿Qué te ha parecido ?**
4. **Lo que me ha molestado es que la actriz principal no es muy buena.**
5. **¿Quién hace el papel ? (¿Quién actúa ?)**
6. **La pena es que sea aburrido.**
7. **¿Te has fijado en la casa tan bonita que tiene ?**
8. **Se puede tener dinero y mal gusto.**
9. **¿Por qué dices eso ? ¿Por los cuadros del salón ?**
10. **Sí, me parecen horribles.**
11. **¿Y qué me dices de los invitados ?**
12. **Me parece una gente bastante rara.**

Dialogue 1

— ¿ Qué te pasa[1] ? Te noto muy preocupado[2].
— Sí, estoy preocupado por[3] los resultados...
— Hombre, espera un poco a que salgan[4]. No hay que ser pesimista.
— Ya[5], pero no puedo evitarlo[5]. Estar esperando así me pone nervioso[7].
— ¿ Por qué ? ¿ Tienes miedo de que no sean buenos ?
— Pues, sí, francamente. Mucho me temo[8] que los resultados no sean muy buenos.

Dialogue 2

(en una pequeña empresa)

D. = Daniel J. = José

D. — Esta situación me tiene muy preocupado[9]. Así no podemos seguir[10].
J. — ¿ Qué quieres decir, Daniel ? ¿ Qué temes exactamente ?
D. — No sé qué te parece[11], pero si no recibimos lo que hemos pedido[12] en las fechas convenidas[13]...
J. — Sí, en ese caso tendríamos dificultades de entrega[14] insolubles.
D. — Pues eso exactamente es lo que[15] me está quitando el sueño[16].
J. — Tú siempre estás con miedo[17] a que pase algo malo[18].
D. — No. Esta vez es distinto[19].
J. — No veo muy bien tus temores[20].
D. — Sí[21], porque con los conflictos[22] que hay en la frontera, me temo que haya retrasos[23] importantes.
J. — Deja de[24] preocuparte por eso[25]. No es la primera vez que ocurre[26] y, al final[27], todo acaba solucionándose[28].
D. — Eso lo dices para tranquilizarme.
J. — Te aseguro que no[29].
D. — Pues yo estoy seguro de que tú tienes, en el fondo, tanto miedo como yo[30], pero lo disimulas.
J. — Eso lo dirás tú[31]. Te repito que no.
D. — Bueno, si tú lo dices.
J. — Hombre, tampoco digo[32] que la situación sea muy tranquilizadora[33], pero también te digo que con tus miedos no solucionaremos nada.

1. **¿ qué te pasa ?** ***qu'est-ce qu'il t'arrive ?***
2. **te noto muy preocupado :** ***je te trouve bien soucieux, tu as l'air bien préoccupé.***
3. **estoy preocupado por :** ***je me fais du souci pour ;*** **preocuparse por,** ***se préoccuper, s'inquiéter, se soucier (de*** ou ***pour).***
4. **espera un poco a que salgan :** ***attends un peu qu'ils soient publiés*** (m. à m., ***qu'ils sortent).*** **Salir,** ***sortir,*** v. mémo 28.5.
5. **ya :** ***d'accord.***
6. **no puedo evitarlo :** ***je ne peux pas m'en empêcher.*** **Poder,** ***pouvoir.*** V. mémo 28.4.
7. **me pone nervioso :** ***me rend nerveux.*** **Ponerse** + adjectif, ***devenir, rendre,*** indique une transformation passagère ou accidentelle.
8. **mucho me temo :** ***je redoute beaucoup ;*** **temer,** ***craindre, avoir peur, redouter.*** La forme pronominale marque l'insistance.
9. **me tiene muy preocupado :** ***m'inquiète beaucoup.*** La tournure **tener** + participe passé marque la persistance d'une action déjà réalisée.
10. **así no podemos seguir :** ***nous ne pouvons pas continuer comme ça (ainsi).***
11. **no sé qué te parece :** ***je ne sais pas ce que tu en penses.***
12. **lo que hemos pedido :** ***ce que nous avons commandé ;*** **pedir,** ***demander, commander.*** V. mémo 28.2. **Los pedidos,** ***les commandes.***
13. **en las fechas convenidas :** ***aux dates convenues.***
14. **entrega :** ***livraison.***
15. **pues eso exactamente es lo que... :** ***eh bien, c'est justement ce qui...***
16. **me está quitando el sueño :** ***me fait perdre le sommeil, m'empêche de dormir.***
17. **tú siempre estás con miedo :** ***tu as toujours peur ;*** **el miedo,** ***la peur.***
18. **a que pase algo malo :** ***qu'il arrive quelque chose de mal.***
19. **esta vez es distinto :** ***cette fois c'est différent.***
20. **no veo muy bien tus temores :** ***je ne comprends pas très bien ton appréhension*** (m. à m., ***je ne vois pas... tes craintes).***
21. **sí :** ***mais si.***
22. **conflictos :** ***conflits,*** mais ici ***histoires, complications.***
23. **retrasos :** ***des retards.***
24. **deja de :** ***cesse de ;*** **dejar de** + infinitif, ***cesser de*** + infinitif.
25. **preocuparte por eso :** ***t'inquiéter de cela.*** Cf. 3.
26. **que ocurre :** ***que cela arrive ;*** **ocurrir,** ***arriver, se passer.***
27. **al final :** ***en fin de compte.***
28. **todo acaba solucionándose :** ***tout finit par s'arranger.*** **Acabar** + gérondif, ***finir par.*** **Solucionar,** ***résoudre, solutionner.***
29. **te aseguro que no :** ***non, je t'assure ;*** **asegurar,** ***assurer.***
30. **tanto miedo como yo :** ***autant peur que moi.***
31. **eso lo dirás tú :** ***ça, c'est toi qui le dis.***
32. **tampoco digo :** ***je ne dis pas non plus.***
33. **tranquilizadora :** ***rassurante.***

1 - Exprimer des craintes, de l'inquiétude :

temer, tener miedo	craindre, avoir peur, redouter
me temo que (+ subjonctif)	je crains que
temo mucho que (+ subjonctif)	je crains fort que
me lo temo	je le crains, j'en ai bien peur
ser de temer	être à craindre
estar preocupado	être préoccupé
preocuparse	s'en faire
no apurarse	ne pas s'inquiéter
estar angustiado	être anxieux
estar intranquilo	être inquiet
sentir inquietud	éprouver de l'inquiétude
hacerse mala sangre	se faire du mauvais sang
estar en vilo	être préoccupé
tener (sentir) aprensión	avoir peur, de l'appréhension
dar (pegar) un susto	faire peur
pasar un mal rato,	passer un mauvais moment
pasarlas moradas (fam.)	″ ″

2 - Exprimer la peur (sens fort) :

temblar	trembler
tener mucho miedo, temor	avoir grand-peur
asustarse, atemorizarse	s'effrayer
acobardarse	avoir peur, craindre
espantarse	s'effrayer, être épouvanté
llenar de espanto	remplir d'épouvante
pasar mucho miedo	avoir très peur
tener un miedo cerval	avoir une peur bleue
morirse de miedo	mourir de peur
aterrorizarse	être terrorisé, terrifié
tener canguelo (fam.)	avoir la frousse, la trouille

3 - Calmer, tranquilliser :

calmar	calmer
tranquilizar	tranquilliser
no perder la calma	ne pas perdre son calme
sosegar, serenar	calmer, apaiser
Ud., tranquilo	ne vous en faites pas
relajarse	se relaxer, se détendre

4 - Exprimer le soulagement :

afortunadamente, por suerte	heureusement
menos mal (que)	heureusement (que)
tener suerte	avoir de la chance
librarse de una buena	l'échapper belle, bien s'en tirer
salir, salir bien	s'en tirer
salir adelante	se tirer d'affaire

A Compléter avec le subjonctif du verbe indiqué entre parenthèses :

1. Tienen miedo de que Uds. no lo (saber)....................
2. Temen que (haber) ....una nueva huelga de trenes.
3. Tenía miedo de que Carlos no (poder)..............hacerlo.
4. Temían que (pasar) ....algo malo.
5. Me temo que se le (olvidar) ....

B Compléter avec les prépositions « por » ou « para » :

1. No te preocupes ....nosotros.
2. Lo dices ....tranquilizarme.
3. Cambiamos el coche.......................otro más grande.
4. Quisiéramos una mesa..............................cinco.
5. Me lo vendió ....muy poco dinero.

C Traduire :

1. Je crains qu'il y ait des retards importants à la frontière.
2. Cesse de t'inquiéter, tout finira par s'arranger.
3. Je suis certain qu'ils ont les mêmes craintes que nous.
4. Nous aurions un problème si nous ne recevions pas la lettre.
5. Je te répète que la situation n'est pas rassurante.

Corrigé

A
1. Tienen miedo de que Uds. no lo sepan.
2. Temen que haya una nueva huelga de trenes.
3. Tenía miedo de que Carlos no pudiera hacerlo.
4. Temían que pasara algo malo.
5. Me temo que se le olvide.

B
1. No te preocupes por nosotros.
2. Lo dices para tranquilizarme.
3. Cambiamos el coche por otro más grande.
4. Quisiéramos una mesa para cinco.
5. Me lo vendió por muy poco dinero.

C
1. Me temo que haya retrasos importantes en la frontera.
2. Deja de preocuparte, todo terminará solucionándose.
3. Estoy seguro de que tienen los mismos temores que nosotros.
4. Tendríamos un problema si no recibiéramos la carta.
5. Te repito que la situación no me parece tranquilizadora.

Dialogue 1

— **Dígame, ¿ y esta nueva combinación de colores[1] ? ¿ Qué le parece ? No está nada mal[2], ¿ verdad ?**

— **Mire, no sé, no me acaba de convencer[3] del todo[4]. Lo que yo buscaba era algo más oscuro[5]. No sé cómo decirle.**

— **Y si ponemos un marrón[6], ¿ está bien así[7] ?**

— **No, no es eso exactamente. No es lo que quería.**

— **¿ Y así ? ¿ Le gusta así ?**

— **Sí, así está mejor.**

Dialogue 2

(en el supermercado)

E. = entrevistador S1. = 1ª señora S2. = 2ª señora

E. — **Dígame, señora, Ud., que acaba de[8] probar[9] este nuevo jabón de lavar[10], ¿ qué opina[11] ?**

S1. — **Mire, pues sí, está muy bien.**

E. — **¿ Y está contenta con él[12] ?**

S1. — **Yo le tengo que decir que[13] estoy muy contenta con los resultados.**

E. — **¿ Y lo va a seguir utilizando[14] ?**

S1. — **Desde ahora[15] es el que voy a utilizar[16] y nadie me hará cambiar de opinión.**

E. — **¿ Y dígame Ud., señora ? ¿ Qué opina del nuevo jabón ?**

S2. — **Mire, yo estaba buscando[17] uno que quitara[18] las manchas[19] a baja temperatura y los que venía usando[20] no me acababan de convencer, porque siempre dejaban huellas[21] y no estaba totalmente satisfecha...**

E. — **Y con el nuevo jabón que le estamos presentando, ¿ ha quedado satisfecha[22] ?**

S2. — **Sólo puedo decirle que éste es precisamente el que necesitaba[23].**

E. — **Entonces, ¿ ha quedado convencida[24] ?**

S2. — **Pues sí, completamente.**

E. — **¿ Seguro ?**

S2. — **Totalmente. Estoy absolutamente[25] convencida.**

E. — **¿ Y no echa de menos[26] ninguna de las otras marcas[27] ?**

S2. — **En absoluto[28]. Este es precisamente el que[29] buscaba.**

E. — **Muchas gracias, señora, ha sido Ud. muy amable.**

1. **y esta nueva combinación de colores** : *cette nouvelle combinaison de couleurs.*
2. **no está nada mal** : *elle n'est pas mal du tout.*
3. **no me acaba de convencer** : *je ne suis pas convaincu,* m. à m., *cela n'arrive pas à me convaincre.* **No acabar de** + infinitif signifie *ne pas réussir à, ne pas arriver à.*
4. **no... del todo** : est synonyme de **no... nada, no... en absoluto,** *ne... pas du tout.*
5. **algo más oscuro** : *quelque chose de plus sombre.*
6. **y si ponemos un marrón** : *si nous mettons un marron.*
7. **¿ está bien así ?** : *c'est bien comme ça ?*
8. **Ud., que acaba de...** : *vous qui venez de...* **Acabar de** + infinitif, *venir de* (passé récent).
9. **probar** : ici *essayer,* mais également *prouver, éprouver, goûter.*
10. **jabón de lavar** : *savon pour la lessive.*
11. **¿ qué opina ?** : *qu'en pensez-vous ? quelle est votre opinion ?*
12. **¿ está contenta con él ?** : *en êtes-vous contente ?* (m. à m., *êtes-vous contente avec lui ?).* **Estar contento con,** *être content de.*
13. **yo le tengo que decir que** : *je dois vous dire que.*
14. **y lo va a seguir utilizando** : *et vous allez continuer à l'utiliser.* **Seguir** + gérondif, *continuer à* + infinitif. **Seguir** se conjugue comme **pedir**. V. mémo 28.2.
15. **desde ahora** : *à partir de maintenant.*
16. **el que voy a utilizar** : *celui que je vais utiliser.*
17. **yo estaba buscando** : *je cherchais ;* m. à m., *j'étais en train de chercher, j'étais à la recherche.*
18. **que quitara** : *qui puisse enlever, qui enlèverait,* subjonctif imparfait de **quitar**, *enlever, ôter.* Le subjonctif est utilisé pour indiquer la possibilité.
19. **las manchas** : *les taches.*
20. **los que venía usando** : *ceux (les savons) que j'utilisais.* **Venir,** employé comme semi-auxiliaire, marque l'origine de l'action du verbe, *que j'utilisais* (depuis un certain temps).
21. **dejaban huellas** : *ils laissaient des traces ;* imparfait de l'indicatif de **dejar**, *laisser.*
22. **¿ ha quedado satisfecha ?** : *êtes-vous satisfaite ?* (m. à m., *êtes-vous restée satisfaite ?).* **Quedar** + participe passé indique la permanence d'un état.
23. **éste es precisamente el que necesitaba** : *c'est justement celui dont j'avais besoin.* Traduction de *dont,* v. mémo 13.
24. **ha quedado convencida** : *vous êtes convaincue.* Cf. 22.
25. **absolutamente** : *absolument.*
26. **echar de menos** : *regretter, ressentir l'absence de...*
27. **ninguna de las otras marcas** : *aucune des autres marques.*
28. **en absoluto** : *pas du tout, absolument pas, nullement ;* à ne pas confondre avec **absolutamente** qui signifie *absolument.* Cf. 25.
29. **el que** : *celui que.* V. mémo 6.

1 - Autres façons de dire sa satisfaction :

estar muy contento	être très content
expresar su satisfacción	exprimer sa satisfaction
darse por satisfecho	se contenter de
estar satisfecho	être satisfait
ser satisfactorio	être satisfaisant
darse por contento	s'estimer heureux
estar encantado	être enchanté
complacer	plaire, être agréable
complacerse en	1. avoir plaisir à 2. avoir le plaisir de
estar complacido con	être satisfait de
agradar	plaire, être agréable
si me agrada	si ça me plaît
agradecer	remercier
estar agradecido	être reconnaissant, savoir gré
con agrado	avec plaisir, volontiers
¡muy bien!	bravo !
¡estupendo!	très bien, parfait !
¡no se puede hacer mejor!	on ne peut mieux !
¡me he quedado satisfecho!	pour moi, c'est parfait !
Esto me chifla	j'adore ça
¡qué ilusión ir... !	quelle joie d'aller... !

2 - Autres façons de dire son mécontentement :

estar descontento, disgustado	être mécontent
tener un disgusto	être contrarié
me tienes disgustado	je suis mécontent de toi
quedar insatisfecho	être insatisfait
estar decepcionado	être déçu
enfadarse	se fâcher
estar enfadado	être fâché
impacientarse	s'impatienter
estar furioso	être en colère
ponerse furioso	se mettre en colère
estar hecho una furia	être fou de colère
desagradar	déplaire
el desagrado	le mécontentement
con desagrado	à contrecœur
mostrar desagrado	faire preuve de mécontentement
poner cara de asco	prendre un air dégoûté
¡qué asco!	c'est dégoûtant !
estar harto de	être las, fatigué de
es inaguantable	c'est insupportable
es intolerable que	c'est intolérable que
estar hasta la coronilla	en avoir par-dessus la tête

A Répondre affirmativement, en respectant la concordance des temps :

1. **Tus amigos vienen mañana, ¿ estás contento ?**
2. **Su madre le traía siempre algo, ¿ le gustaba ?**
3. **Entonces, vamos al cine, ¿ estás satisfecho ?**
4. **Siempre pedía lo mismo, ¿ era normal, no ?**
5. **Te acompaño hasta el final, ¿ estás satisfecha ?**

B Traduire :

1. Ce n'est pas mal du tout, n'est-ce pas ?
2. Je cherchais quelque chose de plus sombre.
3. Ce n'est pas exactement ce que je veux, mais ça me plaît.
4. Que penses-tu de ce savon que tu viens d'essayer ?
5. Il est très bien, j'en suis très contente.
6. Je dois dire que je suis très satisfaite.
7. Je l'utilise depuis ce moment-là.
8. Je cherchais un savon qui enlèverait les taches.
9. Celui que j'utilisais ne me satisfaisait pas.
10. Alors, vous êtes convaincue ?
11. Vous ne regrettez aucune des autres marques ?
12. Pas du tout. C'est celui que je cherchais.

Corrigé

A
1. **Sí, estoy contento de que vengan mis amigos mañana.**
2. **Sí, le gustaba que su madre le trajera siempre algo.**
3. **Sí, estoy satisfecho de que vayamos al cine.**
4. **Sí, era normal que siempre pidiera algo.**
5. **Sí, estoy satisfecha de que me acompañes hasta el final.**

B
1. **No está nada mal, ¿ verdad ?**
2. **Yo buscaba algo más oscuro.**
3. **No es exactamente lo que quiero, pero me gusta.**
4. **¿ Qué te parece este jabón que acabas de probar ?**
5. **Está muy bien, estoy muy contenta con él.**
6. **Tengo que decir que estoy muy satisfecha.**
7. **Lo utilizo desde entonces.**
8. **Buscaba un jabón que quitara las manchas.**
9. **El que usaba (venía usando) no me satisfacía.**
10. **Entonces, ¿ ha quedado convencida ?**
11. **¿ No echa de menos ninguna de las otras marcas ?**
12. **En absoluto. Es el que buscaba.**

Dialogue 1

— En mi opinión[1], tendríamos que hacer[2] el viaje[3] a finales de diciembre, ¿ no te parece[4] ?

— No, no estoy seguro de que[5] sean las mejores fechas[6]. En esa época, con las Navidades[7], nos vamos a encontrar[8] con todo el mundo.

— No estoy de acuerdo, ¿ tú crees que nadie trabaja[9] por ser Navidad ?

— Desde luego[10], se trabaja mucho menos que en otros meses[11], los niños están de vacaciones, no hay clases...

Dialogue 2

(comentando un artículo)

N. = Nacho F. = Federico

N. — Federico, ¿ has leído[12] el último artículo de Pedro Guerrero ?

F. — Sí, Nacho, lo he leído, pero no estoy muy de acuerdo[13] con lo que dice. ¿ A ti qué te parece ?

N. — No sé qué decirte[14]. A mí me parece que tiene razón.

F. — Además[15], no me ha parecido nada extraordinario[16].

N. — Hombre[17], bien mirado[18], creo que el artículo no le ha salido tan mal[19].

F. — Efectivamente, tampoco digo[20] que esté mal del todo[21], pero, sobre todo, yo personalmente no estoy de acuerdo con la presentación que hace del tema[22].

N. — ¿ Tú crees ?

F. — Seguro[23], podía haberlo enfocado[24] de cualquier otra forma[25], ¿ no te parece ?

N. — Pues yo no lo veo así[26]. En mi opinión, resulta bastante difícil darle otro enfoque[27].

F. — Conforme, pero aun así[28], sigue sin gustarme la presentación que le da[29].

N. — Pues yo lo he dado a leer a otras personas y todas están de acuerdo conmigo.

F. — Pues lo siento[30], pero a mí no me parece el buen tratamiento[31].

N. — Y tú, ¿ qué hubieras hecho ?

F. — Bueno, yo le critico, pero, ¿ sabes ?, sobre ese tema, yo no sería capaz de hacerlo mejor que él[32].

1. **en mi opinión :** *à mon avis.*
2. **tendríamos que hacer :** *nous devrions faire ;* **tener que** + infinitif, *devoir,* marque l'obligation.
3. **el viaje :** *le voyage.*
4. **¿no te parece ? :** *tu ne trouves pas ? tu ne penses pas ?*
5. **no estoy seguro de que :** *je ne suis pas sûr que.*
6. **las mejores fechas :** *les meilleures dates.*
7. **las Navidades :** *les fêtes de Noël.*
8. **encontrar :** *trouver, retrouver, rencontrer.*
9. **nadie trabaja :** *personne ne travaille ;* suppression de **no** lorsque **nadie,** mot à sens négatif, précède le verbe.
10. **desde luego :** *certainement, bien sûr, évidemment.*
11. **en otros meses :** *pendant les autres mois.*
12. **¿has leído...? :** *as-tu lu...?* **Leer,** *lire.*
13. **no estoy muy de acuerdo :** *je ne suis pas tout à fait d'accord.*
14. **no sé qué decirte :** *je ne sais pas quoi (te) dire ;* **saber,** *savoir.* V. mémo 28.5.
15. **además :** *de plus, en outre.*
16. **no me ha parecido nada extraordinario :** *il ne m'a pas semblé du tout extraordinaire ;* **no... nada,** *ne... pas du tout.*
17. **hombre :** *allons donc.*
18. **bien mirado :** *tout bien considéré.*
19. **el artículo no le ha salido tan mal :** *il n'a pas si mal réussi l'article.* **Salir,** *sortir, partir ;* **salirle bien (mal) a uno,** *réussir (rater).*
20. **tampoco digo :** *je ne dis pas non plus.*
21. **mal del todo :** *tout à fait mauvais.*
22. **del tema :** *du sujet ;* **el tema,** *le thème, le sujet, l'affaire.*
23. **seguro :** *absolument ;* littéralement, *sûrement* **(seguramente).**
24. **podía haberlo enfocado :** *il aurait pu l'aborder ;* m. à m., *il pouvait l'avoir abordé.* Avec les verbes **poder,** *pouvoir ;* **saber,** *savoir,* le conditionnel passé peut être remplacé par l'imparfait de l'indicatif (ou le conditionnel présent) suivi de l'infinitif passé.
25. **de cualquier otra forma :** *tout autrement, différemment ;* m. à m., *de n'importe quelle autre façon.*
26. **pues yo no lo veo así :** *eh bien, moi, je ne vois pas les choses comme ça.*
27. **darle otro enfoque :** *de l'aborder autrement ;* **el enfoque,** *l'approche, l'optique, la façon d'aborder un problème.*
28. **conforme, pero aun así :** *d'accord, mais même comme ça.*
29. **sigue sin gustarme la presentación que le da :** *la présentation qu'il en donne ne me plaît toujours pas.* **Seguir,** *suivre, continuer, être toujours,* se conjugue comme **pedir.** V. mémo 28.2.
30. **pues lo siento :** *eh bien, je le regrette.*
31. **el buen tratamiento :** *la bonne façon de traiter le sujet ;* m. à m., *le bon traitement.*
32. **yo no sería capaz de hacerlo mejor que él :** *moi, je ne serais pas capable de faire mieux que lui.*

1 - Approuver ce qui a été dit :

¡ de acuerdo ! ¡ conforme !	d'accord
¡ bueno ! ¡ vale !	" "
¡ es verdad !	c'est vrai !
¡ exacto !	c'est exact !
¡ claro ! ¡ desde luego !	bien sûr ! bien entendu !
¡ por supuesto !	" "
¡ efectivamente ! ¡ en efecto !	en effet ! effectivement !
¡ sin duda alguna !	sans aucun doute !
tiene Ud. toda la razón, lleva Ud. toda la razón	vous avez tout à fait raison

2 - Manifester son accord :

estar de acuerdo con	être d'accord avec
estar conforme	être d'accord
dar su conformidad	donner son accord
ponerse de acuerdo	se mettre d'accord
llegar a un acuerdo	parvenir à un accord
quedar de acuerdo	tomber d'accord
coincidir en	être d'accord pour
dar su aprobación	donner son consentement
dar el visto bueno	donner son accord
ser del parecer de uno	être de l'avis de quelqu'un
asentir	acquiescer, être du même avis
admitir	admettre
adoptar el criterio de alguien	se ranger à l'avis de quelqu'un

3 - Manifester son désaccord :

no estar de acuerdo, no estar conforme, estar en desacuerdo	ne pas être d'accord " "
no ser del parecer de	ne pas être de l'avis de
disentir	ne pas être du même avis
contradecir	contredire
¡ no es verdad ! ¡ mentira !	c'est faux !
¡ de ningún modo !	pas du tout !
¡ en absoluto !	" "
¡ ni hablar !	(il n'en est) pas question
¡ estás de broma !	tu plaisantes !
¡ no te rías de mí !	ne te moque pas de moi !
estás equivocado	tu te trompes
no me convence	je ne suis pas convaincu
me niego a...	je refuse de...

A Compléter avec le gérondif du verbe indiqué entre parenthèses :

1. Llevo una hora (esperar) al médico.
2. Estoy (traducir) un artículo muy difícil.
3. Sigue (corregir) ese trabajo.
4. Estaba (dormir) cuando volvisteis.
5. Te lo llevo (pedir) desde hace mucho tiempo.

B Mettre l'adjectif entre parenthèses à la forme correcte :

1. Hizo muy (bueno) tiempo ayer.
2. Hemos tenido (malo) suerte con este coche.
3. Tienen una (grande) selección de productos.
4. Era el (primero) nombre de una larga lista.
5. Vivimos en la (tercero) planta.

C Traduire :

1. Je ne suis pas d'accord avec la présentation de ce document.
2. Je ne dis pas non plus qu'ils aient tout à fait raison.
3. Nous pourrions signer. Qu'en penses-tu ? — D'accord.
4. Je ne suis pas certaine qu'il nous donne son consentement.
5. Nous ne sommes pas de votre avis sur cette question.

Corrigé

A
1. Llevo una hora esperando al médico.
2. Estoy traduciendo un artículo muy difícil.
3. Sigue corrigiendo ese trabajo.
4. Estaba durmiendo cuando volvisteis.
5. Te lo llevo pidiendo desde hace mucho tiempo.

B
1. Hizo muy buen tiempo ayer.
2. Hemos tenido mala suerte con este coche.
3. Tienen una gran selección de productos.
4. Era el primer nombre de una larga lista.
5. Vivimos en la tercera planta.

C
1. No estoy de acuerdo con la presentación de este documento.
2. No digo tampoco que tengan toda la razón.
3. Podríamos firmar. ¿Qué te parece ? — De acuerdo.
4. No estoy segura de que nos dé su aprobación.
5. No somos del mismo parecer que Ud. sobre esa cuestión.

Dialogue 1

— ¿ No te has enterado de la noticia[1] ? Me han dicho[2] que el aumento de sueldo[3] será de[4] unas 2 000 pesetas[5] por empleado.
— ¿ Estás seguro de eso[6] ?
— Hombre, no sé, es lo que se anda diciendo por ahí[7].
— No, no puede ser. A lo mejor no has entendido bien[8], porque yo he oído decir que sería más, pero vete tú a saber[9]. Cada uno cuenta una cosa[10].
— Sí, no hay que fiarse[11]. A lo mejor todo acaba como el año pasado, con una prima a finales de año[12].

Dialogue 2

(la policía hace una investigación[13])
P. = policía T. = testigo[14]

P. — ¿ Sabe Ud. qué hora era cuando se produjo el suceso[15] ?
T. — No sé, serían las once[16] o las doce más o menos[17].
P. — ¿ No podría decirme con más precisión si eran las once[18] o más bien[19] las doce ?
T. — Hombre... yo diría que hacia las once más bien se oyeron unos gritos[20] y poco después las sirenas de la policía ; luego llegaron las ambulancias y había un ruido espantoso[21]. Figúrese, en esta calle tan tranquila, ni siquiera pasan coches[22] y no se oye nunca nada...
P. — Bueno, bueno, pero, ¿ está seguro de lo que dice o sólo le parece ?
T. — Seguro, seguro, lo que se dice seguro no lo estoy. Mire, quizá me equivoque[23] pero para mí que eran las once cuando empezó todo el jaleo[24].
P. — ¿ Y después ?
T. — Después hubo ese ruido tan grande y salimos todos a las ventanas y los vimos salir corriendo[25].
P. — Entonces, ¿ vieron salir a varias personas corriendo ?
T. — No, varias, no. Eran tres : dos hombres y una mujer. Y supongo que algo habrían hecho[26], porque si no, no correrían así.
P. — ¿ Está Ud. completamente seguro ?
T. — Ah, de eso puede Ud. estar totalmente convencido[27] : eran tres y corrían.

1. **¿no te has enterado de la noticia ?** : *tu n'as pas appris la nouvelle ? ;* **enterarse de,** *s'informer de, apprendre.*
2. **me han dicho** : *on m'a dit ;* traduction de *on,* v. mémo 12.
3. **que el aumento de sueldo** : *que l'augmentation de salaire.*
4. **será de** : *doit être de ;* le futur traduit la conjecture au présent que le français rend par le verbe *devoir.*
5. **unas 2 000 pesetas** : *environ deux mille pesetas ;* **unos,** *environ, quelque... ;* marque l'approximation numérique.
6. **¿estás seguro de eso ?** : *tu en es certain* (sûr) *?*
7. **lo que se anda diciendo por ahí** : *ce que l'on dit un peu partout ;* m. à m., *par là ;* **andar** + gérondif marque le déplacement du sujet *(de l'un à l'autre, d'un côté à l'autre, de-ci, de-là).*
8. **a lo mejor no has entendido bien** : *tu n'as peut-être pas bien compris.* Avec **a lo mejor,** *peut-être,* souvent utilisé dans la langue parlée, on emploie toujours l'indicatif.
9. **vete tú a saber** : (fam.) *va donc savoir, sait-on jamais.* **Ve,** impératif irrégulier de **ir.** V. mémo 29.
10. **cada uno cuenta una cosa** : *chacun le raconte à sa façon.*
11. **no hay que fiarse** : *il faut se méfier, il ne faut pas avoir* (faire) *confiance.*
12. **con una prima a finales de año** : *avec une prime de fin d'année ;* m. à m., *à la fin de l'année.*
13. **hace una investigación** : *fait une enquête.*
14. **testigo** : *témoin.*
15. **cuando se produjo el suceso** : *au moment des faits, quand les faits ont eu lieu ;* **producirse,** *se produire.* V. mémo 28.2.
16. **serían las once** : *il devait être onze heures ;* le conditionnel peut exprimer la probabilité à n'importe quel moment du passé.
17. **las doce más o menos** : *près de minuit ;* **más o menos,** *plus ou moins, approximativement, à peu près.*
18. **si eran las once** : *s'il était onze heures.* V. mémo 22.
19. **más bien** : *plutôt.*
20. **se oyeron unos gritos** : *on a entendu des cris.* Cf. 2.
21. **había un ruido espantoso** : *il y avait un bruit effrayant.*
22. **ni siquiera pasan coches** : *il ne passe même pas de voitures ;* **ni siquiera** (ou **ni**) + verbe, **no** + verbe + **siquiera,** *ne... même pas :* **no pasan coches siquiera = ni pasan coches.**
23. **quizá me equivoque** : *peut-être que je me trompe ;* **quizá(s), tal vez, acaso,** *peut-être,* peuvent être employés avec le subjonctif pour renforcer la notion de doute.
24. **cuando empezó todo el jaleo** : *quand toute l'histoire a commencé ;* **el jaleo,** *le tapage, la foire,* mais aussi *l'histoire.*
25. **los vimos... corriendo** : *nous les avons vus sortir en courant.*
26. **algo habrían hecho** : *ils avaient dû faire quelque chose.* Cf. 16.
27. **de eso puede Ud. estar totalmente convencido** : *vous pouvez en être absolument sûr ;* **estar convencido,** *être convaincu.*

1 - Autres façons d'exprimer le doute :

dudar que + subjonctif	douter que + subjonctif
es dudoso que + subjonctif	il est douteux que + subjonctif
lo dudo	j'en doute
dudo si	je me demande si
estar en dudas	être dans le doute
estar indeciso	être indécis, perplexe
tengo dudas	j'ai des doutes
me asaltó una duda	je fus pris d'un doute
lo sospechaba	je m'en doutais
me lo figuraba	" "
temer que + subjonctif	craindre que + subjonctif
dudar en + infinitif	hésiter à + infinitif
vacilar en + infinitif	" "
no fiarse de	douter, se méfier
me cuesta (trabajo) creerlo	j'ai peine à le croire
no lo juraría	je ne le jurerais pas
no lo puedo garantizar	je ne peux pas le garantir
queda por saber si...	reste à savoir si...
es poco probable	c'est peu probable
parece improbable	cela paraît improbable
no sé qué creer	je ne sais pas qu'en penser
estar en tela de juicio	être sujet à caution
poner en tela de juicio	mettre en question
dar poco crédito a	accorder peu de crédit à
no es evidente	ce n'est pas évident
es difícil de decir	c'est difficile à dire

2 - Autres façons d'exprimer la certitude :

la certeza, la certidumbre	la certitude
tener la seguridad de que	avoir la certitude que
lo cierto es que	ce qui est certain (sûr) c'est...
afirmar, asegurar	affirmer, assurer
dar por seguro	" "
no dudo de ello	je n'en doute pas
no hay (cabe) duda	il n'y a pas de doute
no cabe la menor duda	il n'y a pas le moindre doute
sin duda alguna	sans aucun doute
con toda seguridad	avec certitude
es verdad que + indicatif	il est vrai que + indicatif
lo cierto es que + indicatif	" "
es la pura verdad	c'est la pure vérité
de verdad que sí	je vous (t') assure que oui
saber de buena tinta	savoir de bonne source
¡exacto !	exact !
es evidente, obvio	c'est évident

A Compléter en conjuguant le verbe indiqué entre parenthèses :

1. Estoy seguro de que ellos (enterarse) mañana.
2. No estoy seguro de que ella (haberse enterado) bien.
3. Dudo que (valer) la pena.
4. Quizá Paco (venir) a vernos mañana.
5. A lo mejor el banco (estar) abierto todavía.
6. Creen que la situación (ir) a mejorar.
7. No creo que el vecino (tener) un ordenador.
8. Era dudoso que ese señor (ser) el culpable.

B Traduire :

1. Il doit être huit heures maintenant, où peut-il être ?
2. Il devait être six heures quand elle a téléphoné.
3. Peut-être que je me trompe mais je crois qu'il viendra.
4. J'ai appris l'augmentation de salaire ce matin en arrivant.
5. Je me demande s'il pourra venir demain.
6. Je doute que cette lettre arrive à temps à Valence.
7. Il n'est pas certain qu'ils partent demain.
8. Je ne connais même pas toutes les personnes qui habitent ici.
9. Il est plus que douteux que cela ait pu se produire.
10. Je ne crois pas qu'il pourra sortir demain.

Corrigé

A
1. Estoy seguro de que ellos se enterarán mañana.
2. No estoy seguro de que ella se haya enterado bien.
3. Dudo que valga la pena.
4. Quizá Paco venga (viene) a vernos mañana.
5. A lo mejor el banco está abierto todavía.
6. Creen que la situación va a mejorar.
7. No creo que el vecino tenga un ordenador.
8. Era dudoso que ese señor fuera el culpable.

B
1. Serán las ocho ahora, ¿dónde estará ?
2. Serían las seis cuando ella llamó por teléfono.
3. A lo mejor me equivoco pero creo que vendrá.
4. Me he enterado de la subida (aumento) de sueldo esta mañana al llegar.
5. Me pregunto si podrá venir mañana.
6. Dudo que esta carta llegue a tiempo a Valencia.
7. No es cierto que se vayan mañana.
8. Ni siquiera conozco a toda la gente que vive aquí.
9. Es más que dudoso que eso haya podido suceder.
10. No creo que pueda salir mañana.

Dialogue 1

— ¿ Hace mucho que no ves a Laura[1] ? Yo no la veo desde hace un montón de tiempo[2].
— Pues, sí, como tú, llevo sin verla varios meses[3].
— Es curioso, pero nadie sabe dónde se mete[4] y antes siempre venía por aquí un par de veces por semana.
— A lo mejor[5] ya no trabaja donde antes[6].
— Sí, sí, sigue trabajando en el mismo sitio[7]. No sé quién me lo ha dicho.

Dialogue 2

(en busca de[8] un empleo)

E. = entrevistador[9] C. = contable

E. — Dígame, ¿ lleva mucho tiempo buscando[10] un empleo de este tipo[11] ? Lo digo porque parece Ud. muy joven.
C. — No crea[12], ya tengo veinticinco años. Terminé la carrera[13] hace dos años, pero después me tuve que marchar a la mili[14] y desde que me licenciaron[15] estoy buscando un trabajo estable.
E. — Entonces, ¿ cuánto tiempo lleva buscando trabajo[16] ?
C. — Ya digo[17], terminé la mili en noviembre y desde noviembre del año pasado hasta enero de éste[18], que encontré un empleo[19], me lo pasé buscando[20] trabajo por todas partes[21].
E. — Entonces, ¿ ya tiene experiencia ?
C. — Bueno, sí, pero la verdad es que era[22] un empleo más bien de administrativo y me aburría mucho[23].
E. — ¿ Cuánto tiempo se quedó de administrativo ?
C. — Un par de meses. Además, estaba muy mal pagado.
E. — ¿ Y después ?
C. — Después encontré una sustitución, en la sociedad LEDESA, que Ud. conocerá[24].
E. — Claro, claro, y ¿ cuánto tiempo estuvo trabajando allí ?
C. — Pues... unos tres meses. Como le digo, era un empleo provisional[25]. Espere a ver[26], exactamente desde principios de marzo hasta finales de mayo[27] o principios de junio.
E. — ¿ Y luego ?
C. — Luego me quedé sin trabajo[28] y desde junio estoy en el paro[29].
E. — Bueno, pues, muchas gracias. Ya le avisaremos[30].

1. **¿ hace mucho que no ves a Laura ? :** *il y a longtemps que tu n'as pas vu Laura ?* ; **hace mucho (tiempo),** *il y a longtemps* ; *il y a* + une période de temps se traduit par **hace** ; **hace un mes,** *il y a un mois (cela fait...).*
2. **desde hace un montón de tiempo :** *depuis un bon bout de temps* ; **un montón,** *un tas* ; *depuis* + une période de temps se traduit par **desde hace.**
3. **llevo sin verla varios meses :** *il y a plusieurs mois que je ne l'ai pas vue* ; **llevar** + unité de temps, *il y a, cela fait..., être... depuis* ; **sin verla** ; m. à m., *sans la voir.*
4. **dónde se mete :** *où elle est passée* ; **meterse,** ici *se fourrer.*
5. **a lo mejor :** *peut-être.*
6. **ya no trabaja donde antes :** *elle ne travaille plus où elle travaillait auparavant* ; m. à m., *où avant* ; **ya no** + verbe, *ne... plus.*
7. **sí, sí, sigue trabajando en el mismo sitio :** *mais si, elle travaille toujours au même endroit* ; **seguir** + gérondif, *continuer à.*
8. **en busca de :** *à la recherche de.*
9. **entrevistador :** *recruteur, consultant, interviewer.*
10. **¿ lleva mucho tiempo buscando... ? :** *cela fait longtemps que vous cherchez... ?* ; **llevar** + gérondif, *cela fait... que.*
11. **de este tipo :** *de ce genre, de cette sorte.*
12. **no crea :** *ne vous fiez pas aux apparences.*
13. **terminé la carrera :** *j'ai terminé mes études.*
14. **me tuve que marchar a la mili :** *j'ai dû partir à l'armée* ; **tener que** + infinitif, *devoir* ; **marcharse,** *s'en aller, partir.*
15. **desde que me licenciaron :** *depuis qu'on m'a libéré.* Traduction de *on,* v. mémo 12.
16. **¿ cuánto tiempo lleva buscando trabajo ? :** *il y a combien de temps que vous cherchez du travail ?* Cf. 10.
17. **ya digo :** *comme je disais* ; m. à m., *déjà je dis.*
18. **desde noviembre... hasta enero de éste :** *depuis novembre jusqu'en janvier de cette année* (m. à m., *de celui-ci*).
19. **que encontré un empleo :** *quand j'ai trouvé un travail.*
20. **me lo pasé buscando :** *j'ai passé mon temps à chercher.*
21. **por todas partes :** *un peu partout, de tous les côtés.*
22. **la verdad es que era :** *en réalité, c'était* ; m. à m., *la vérité c'est que c'était.*
23. **me aburría mucho :** *je m'ennuyais beaucoup.*
24. **que Ud. conocerá :** *que vous devez connaître.*
25. **un empleo provisional :** *un emploi provisoire.*
26. **espere a ver :** *attendez un peu* ; m. à m., *attendez pour voir.*
27. **desde principios de marzo hasta finales de mayo :** *du début mars à la fin mai.*
28. **me quedé sin trabajo :** *je suis resté sans travail.*
29. **estoy en el paro :** *je suis au chômage.*
30. **ya le avisaremos :** *nous vous contacterons (préviendrons).*

1 - La division du temps (passé et futur proches) :

hoy, ayer, mañana	aujourd'hui, hier, demain
anteayer, pasado mañana	avant-hier, après-demain
esta mañana	ce matin
mañana por la mañana	demain matin
ayer por la tarde	hier après-midi
pasado mañana	après-demain
pasado mañana por la noche	après-demain soir
anoche, anteanoche	hier soir, avant-hier soir

2 - Autres expressions pour se situer dans le temps :

hoy día, hoy en día	de nos jours, à notre époque
¿a qué día estamos ?	quel jour sommes-nous ?
estamos a 15 de julio	nous sommes le 15 juillet
desde el 1 de julio	depuis le 1er juillet
desde hace quince días	depuis quinze jours
hace una semana	il y a une semaine
dentro de un mes	dans un mois
en el siglo veintiuno	au vingt et unième siècle
al día siguiente	le lendemain
el día antes, la víspera	la veille
hace poco	tout à l'heure (il y a peu)
dentro de poco	sous peu, prochainement
de momento	pour le moment
ahora mismo	en ce moment, immédiatement
en seguida	tout de suite
de vez en cuando	de temps en temps
cada día	tous les jours
cada tres días	tous les trois jours
cualquier día	un de ces jours
antes	avant, auparavant
luego, después	ensuite, après
tarde, temprano	tard, tôt
a principios de	au début de
a mediados de	au milieu de, à la mi-...
a finales de	à la fin de

3 - Autres expressions :

ganar tiempo	gagner du temps
perder el tiempo	perdre son temps
urge	le temps presse
empleo de dedicación exclusiva	emploi à plein temps
trabajar la jornada completa	travailler à plein temps
a tiempo parcial	à temps partiel
en su debido tiempo	en temps voulu

A Compléter avec les prépositions « por » ou « para » :

1. Te lo presto .... dos semanas.
2. Este informe ha de estar listo .... el mes que viene.
3. Mañana por la mañana saldré .... Caracas.
4. Está apasionada .... la informática.
5. Será .... otra vez, gracias .... todo.
6. Hace buen tiempo .... la estación.
7. Cambió su magnetófono .... otro más moderno.
8. Me lo han vendido .... un millón de pesos.
9. Perdona, pero te he tomado .... un amigo mío.
10. Muchas gracias .... el regalo.

B Traduire :

1. Il y a deux ans que j'ai terminé mes études.
2. Je cherche un emploi stable depuis ce temps-là.
3. Il y avait plusieurs années qu'il travaillait dans ce bureau.
4. Elle habite toujours le même quartier.
5. Ils étaient au chômage depuis (le mois de) juin.
6. C'était un emploi provisoire et il était très mal payé.

Corrigé

A

1. Te lo presto por dos semanas.
2. Este informe ha de estar listo para el mes que viene.
3. Mañana por la mañana saldré para Caracas.
4. Está apasionada por la informática.
5. Será para otra vez, gracias por todo.
6. Hace buen tiempo para la estación.
7. Cambió su magnetófono por otro más moderno.
8. Me lo han vendido por un millón de pesos.
9. Perdona, pero te he tomado por un amigo mío.
10. Muchas gracias por el regalo.

B

1. Hace dos años que terminé la carrera (terminé la carrera hace dos años).
2. Estoy buscando un empleo estable desde esa época (llevo buscando un empleo desde esa época).
3. Llevaba varios años trabajando en esa oficina (hacía varios años que trabajaba en esa oficina).
4. Sigue viviendo en el mismo barrio.
5. Estaban en el paro desde (el mes de) junio.
6. Era un empleo provisional y estaba muy mal pagado.

Dialogue 1

— **Me da la impresión de que[1] se va a poner a llover[2]. ¿No has visto esas nubes ? Fíjate bien : siempre que[3] aparecen, llueve a cántaros[4].**

— **Lo que pasa es que tú eres un aprensivo[5]. En realidad, sólo son unas pocas nubes[6].**

— **No, espera un poco y ya verás lo que ocurre. Siempre es así en esta región. Créeme.**

Dialogue 2

(después de un viaje a Argentina[7])

A. = Alfonso G. = Gerardo

A. — A ver, Gerardo, cuenta, ¿qué tal ese viaje[8] por Argentina[9] ?

G. — Bien, bien. Un poco rápido. Eso es lo malo de los viajes de negocios[10], que[11] no tienes tiempo para nada. Te pasas todo el tiempo[12] encerrado, ya sabes, reuniones y más reuniones.

A. — ¿Y qué te ha parecido el país ?

G. — Buenos Aires es una gran ciudad y Argentina, una gran nación, por eso me da la impresión de que, a pesar de todos los problemas sobre los sueldos[13] y el aumento de precios[14], a mi juicio[15], desde el punto de vista económico[16], con la gran cantidad de recursos[17] del país, la situación se tiene que mejorar.

A. — ¿Y a ti te da la impresión de que la gente pasa hambre[18] ?

G. — No, qué va[19]. Además, la comida está muy barata[20], sobre todo la carne y la gente no está en la miseria. Oye, lo que más sorprende es que la gente se hable de vos*. En lugar de tú dicen vos*. Es bastante curioso.

A. — Entonces, ¿dicen vos contáis* y vos coméis*, como antes ?

G. — Bueno, no exactamente. Dicen vos tenés*, y vos te levantás*, y, en lugar de vosotros, dicen ustedes**.**

A. — Entonces, ¿nunca sabes si están llamando de usted[21] a varias personas o las están tuteando[22] ?

G. — Algo así[23], pero es poco frecuente que utilicen vosotros.

A. — ¿Y no es complicado para entenderse ?

G. — No, cuando saben que eres español, utilizan el tuteo. Además, sólo hay unas cuantas palabras[24] que cambian.

A. — ¡Lo que me gustaría ir allí[25] !

1. **me da la impresión de que** : *j'ai l'impression que, je crois que.*
2. **llover** : *pleuvoir ;* **la lluvia,** *la pluie.*
3. **siempre que** : *chaque fois que.*
4. **llueve a cántaros** : *il pleut à verse.*
5. **tú eres un aprensivo** : *tu t'inquiètes toujours ;* m. à m., *tu es un peureux.*
6. **sólo son unas pocas nubes** : *ce ne sont que quelques (petits) nuages ;* **unos pocos** indique une quantité très réduite.
7. **un viaje a Argentina** : *un voyage en Argentine ;* la préposition **a** indique le but, le terme du voyage.
8. **¿qué tal ese viaje ?** : *comment a été ce voyage ?*
9. **ese viaje por Argentina** : *ce voyage en Argentine ;* **por** indique le déplacement à l'intérieur, à travers l'Argentine.
10. **los viajes de negocios** : *les voyages d'affaires.*
11. **que** : *parce que.* Très souvent utilisé à la place de **porque.**
12. **te pasas todo el tiempo** : *tu passes tout ton temps.*
13. **los sueldos** : *les salaires.* On dit aussi **el salario.**
14. **el aumento de precios** : *l'augmentation des prix.*
15. **a mi juicio** : *à mon avis, à mon sens.*
16. **desde el punto de vista económico** : *sur un plan économique, d'un point de vue économique.*
17. **recursos** : *les ressources.*
18. **la gente pasa hambre** : *les gens souffrent de la faim ;* **pasar,** *passer* a aussi le sens de *souffrir de, avoir ;* **pasar frío,** *avoir froid.*
19. **qué va** : *mais non.*
20. **la comida está muy barata** : *la nourriture est très bon marché ;* **barato** est un adjectif, accordé ici avec **la comida.**
21. **si están llamando de usted** : *s'ils vouvoient.*
22. **las están tuteando** : *ils tutoient ;* **el tuteo,** *le tutoiement.*
23. **algo así** : *c'est un peu ça ;* m. à m. *quelque chose comme ça.*
24. **unas cuantas palabras** : *quelques (rares) mots.* Cf. 6.
25. **¡lo que me gustaría ir allí !** : *comme j'aimerais y aller !*

* **Voseo** : **vos** s'emploie surtout en Argentine, au Chili et en Uruguay à la place du **tú** espagnol. **Vos,** dans ces pays-là, est suivi :
— de la 2e personne du pluriel sans le **i** final aux présents (indicatif et subjonctif) et au passé simple : **¿vos tenés pan ?** : *tu as du pain ?* **vos tuvistes pan** : *tu as eu du pain ;*
— de la 2e personne du singulier aux imparfaits (indicatif et subjonctif) : **vos tenías dinero** : *tu avais de l'argent ;*
— les pronoms personnels compléments et les possessifs restent ceux de la 2e personne du singulier : **vos te ibas con tus padres** : *tu partais avec tes parents.*

** **Vosotros,** dans la plupart des pays d'Amérique latine, est remplacé dans la langue courante par **ustedes** et la 3e personne du pluriel : **tú y tu hermano, ¿vienen ?** : *toi et ton frère, vous venez ?*

Quelques différences lexicales Espagne/Amérique hispanique :

usage espagnol	américanisme	français
abono	fertilizante	engrais
aparcar	parquear	garer
ascensor	elevador	ascenseur
beber	tomar	boire
bolso (de mujer)	cartera	sac à main
bonito, guapo	lindo	joli
cacahuete	maní	cacahuète
cerilla	fósforo	allumette
coche	carro	voiture
conducir	manejar	conduire
conferencia telefónica	comunicación	communication
chaqueta (americana)	saco	veste
darse prisa	apurarse	se hâter
dinero	plata	argent (monnaie)
echar de menos	extrañar	s'ennuyer de, regretter
enchufe (influencia)	palanca	piston
escaparate	vitrina, vidriera	vitrine
estancia	estadía	séjour
gestiones	diligencias	démarches
jersey	pulóver, suéter	pull-over
jubilación	retiro	retraite
lumbre, fuego (dar)	candela	feu (donner du)
manzana	cuadra	pâté de maisons
moqueta	alfombrado	moquette
multicopia	mimeografía	polycopie
pantano, presa	represa	barrage
paquete postal	encomienda postal	paquet postal
patata	papa	pomme de terre
piso	apartamento	appartement
pordiosero	limosnero	mendiant
primer plazo	primera cuota	premier versement
reñir	pelear	quereller
repoblación forestal	reforestación	reboisement
servicios, lavabos	baño	cabinets (w-c)
sello	estampilla, timbre	timbre
surtidor	bomba	pompe à essence
talonario (de cheques)	chequera	chéquier
tardar	demorarse	tarder, mettre longtemps
tirar (echar)	botar	jeter
volante	timón	volant (de voiture)

A **Remplacer les américanismes par les mots espagnols correspondants :**

1. **Esta señora tiene mucha *plata*.**
2. **Rafael tiene *carro* nuevo y *maneja* con prudencia.**
3. **Lo siento, pero no he traído la *chequera*.**
4. **Tengo que *apurarme*, porque están empezando a dar las ocho.**
5. **Fue a Correos a recoger una *encomienda postal*.**
6. **No se quita el *saco* con el calor que hace.**
7. **El estadio está a dos *cuadras* de aquí.**
8. **Haga el favor de *botar* esos zapatos viejos.**
9. **Hoy tenemos carne con *papas* para cenar.**
10. **No te *demores* mucho, que ya es tarde.**
11. **Tiene mucha *palanca*, pero no lo quiere decir.**

B **Traduire :**

1. J'ai l'impression que la situation économique est mauvaise.
2. La nourriture est très bon marché, surtout la viande.
3. Il ne pleuvra pas aujourd'hui, il n'y a que quelques nuages.
4. Mon ami argentin disait, par exemple : tu as ton livre ?
5. Mon cousin mexicain nous a dit à mon frère et à moi : venez avec vos amies.

Corrigé

A
1. **Esta señora tiene mucho dinero.**
2. **Rafael tiene coche nuevo y conduce con prudencia.**
3. **Lo siento, pero no he traído el talonario.**
4. **Tengo que darme prisa, porque están empezando a dar las ocho.**
5. **Fue a Correos a recoger un paquete postal.**
6. **No se quita la chaqueta con el calor que hace.**
7. **El estadio está a dos manzanas de aquí.**
8. **Haga el favor de tirar esos zapatos viejos.**
9. **Hoy tenemos carne con patatas para cenar.**
10. **No tardes mucho, que ya es tarde.**
11. **Tiene mucho enchufe, pero no lo quiere decir.**

B
1. **Me da la impresión de que la situación económica es mala.**
2. **La comida está muy barata, sobre todo la carne.**
3. **Hoy no lloverá, sólo hay unas cuantas nubes.**
4. **Mi amigo argentino decía, por ejemplo : ¿tenés el libro ?**
5. **Mi primo mejicano nos dijo a mi hermano y a mí : vengan con sus amigas.**

Dialogue 1

— ¿ Nos podría decir, entonces, cuál es la reacción del sindicato ante la actitud[1] del gobierno ?

— Lo primero[2], en nombre de todos los compañeros, decir que nosotros somos un sindicato responsable y que conocemos las consecuencias de una huelga[3] como la nuestra...

— ¿ Entonces... ?

— Déjeme terminar[4]. Por consiguiente, lo único que me queda por añadir[5] es que los únicos responsables de esta huelga, y eso lo deben saber todos los usuarios[6], es el propio gobierno[7].

Dialogue 2

(en una rueda de prensa[8])

M. = ministro de Transportes P. = periodista[9]

P. — Sr. Ministro, ¿ cuál es la postura[10] del gobierno ante la radicalización sindical de estos últimos días ?

M. — Señores, la postura del Ministerio respecto a[11] esta huelga impopular está muy clara. En primer lugar[12], quisiera subrayar[13] que el gobierno denuncia la prolongación de una huelga que dura desde hace varias semanas[14].

P. — En ese caso, hay que entender que el gobierno está a favor de[15] la limitación del derecho a la huelga[16].

M. — De ningún modo[17]. El gobierno está totalmente en contra[18] de la interpretación abusiva que un sindicato está dando del derecho legítimo de los trabajadores a cesar[19] el trabajo. De modo que[20] no me haga Ud. decir lo que yo no he dicho ni tengo intención de decir[21]. Sin embargo[22], ese derecho hay que entenderlo como un último recurso, digo bien[23], como último recurso, en defensa de los intereses laborales[24]. El gobierno, en el marco de[25] su política general, no puede ir más lejos[26] en las concesiones salariales. Así que[27] la persistencia de una actitud de rechazo[28] de negociar por parte de[29] una minoría no representativa de todos los trabajadores está alimentando un conflicto de graves consecuencias sociales. Por lo tanto[30], ni el ministerio que dirijo[31] ni el gobierno al que pertenezco[32] ponen en tela de juicio[33] el derecho a la huelga. Lo único que se censura[34] es el abuso irresponsable de un derecho constitucional.

1. **ante la actitud** : *devant l'attitude* ; **ante** marque une localisation ; ne pas confondre avec **antes de**, *avant*, qui a une valeur temporelle : **antes de venir**, *avant de venir*.
2. **lo primero** : *d'abord* ; lo + adjectif, v. mémo 1.
3. **una huelga** : *une grève*.
4. **déjeme terminar** : *laissez-moi terminer, ne m'interrompez pas* ; impératif de **dejar**, *laisser*.
5. **lo único que me queda por añadir** : *la seule chose qui me reste à ajouter* ; **quedar por** + infinitif, *rester à*.
6. **los usuarios** : *les usagers*.
7. **el propio gobierno** : *le gouvernement lui-même* ; **propio**, *propre* a souvent cette valeur de *lui-même*.
8. **una rueda de prensa** : *une conférence de presse*.
9. **periodista** : *journaliste*.
10. **la postura** : *la position, l'attitude*.
11. **respecto a** : *quant à, en ce qui concerne*.
12. **en primer lugar** : *en premier lieu, d'abord, pour commencer*.
13. **quisiera subrayar** : *je voudrais souligner*.
14. **desde hace varias semanas** : *depuis plusieurs semaines* ; **desde hace** marque la durée.
15. **está a favor de** : *est favorable à* ; m. à m., *est en faveur de*.
16. **el derecho a la huelga** : *le droit de grève*.
17. **de ningún modo** : *aucunement, pas du tout, absolument pas, en aucune façon*.
18. **está totalmente en contra** : *est tout à fait opposé* ; m. à m., *est totalement contre*.
19. **del derecho legítimo de los trabajadores a cesar** : *du droit légitime des travailleurs de cesser*.
20. **de modo que** : *si bien que* ; ici, *aussi, par conséquent*.
21. **ni tengo intención de decir** : *et que je n'ai pas l'intention de dire*.
22. **sin embargo** : *cependant, toutefois*.
23. **digo bien** : *j'insiste, je dis bien*.
24. **de los intereses laborales** : *des intérêts des travailleurs*. **Laboral**, *du ou de travail*, est un adjectif qui se rapporte à tout ce qui concerne le monde du travail.
25. **en el marco de** : *dans le cadre de*.
26. **no puede ir más lejos** : *ne peut pas aller plus loin*.
27. **así que** : *donc, par conséquent*. Cf. 20.
28. **una actitud de rechazo** : *une attitude de refus (de rejet)*.
29. **por parte de** : *de la part de*.
30. **por lo tanto** : *par conséquent, donc*. Cf. 20, 27.
31. **dirijo** : *je dirige*, présent de l'indicatif de **dirigir**. Le **g** se transforme en **j** devant **o** et **a**.
32. **pertenezco** : *j'appartiens* ; **pertenecer**, *appartenir*, v. mémo 28.7.
33. **ponen en tela de juicio** : *mettent en question*.
34. **lo único que se censura** : *la seule chose qui est (soit) reprochée* ; **censurar**, *censurer, blâmer, critiquer*.

1 - Autres façons de conclure :

para terminar	pour finir
en último lugar	en dernier lieu
es hora de concluir	il est temps de conclure
en (como) conclusión	en conclusion
sacar conclusiones	tirer des conclusions
concluir (acabar) un discurso	conclure un discours
llegar a la conclusión	arriver à la conclusion
poner (dar) fin a	mettre fin à
poner término (punto final)	mettre un terme
dar por terminado	" "
concretemos	résumons-nous

2 - Terminer quelque chose :

terminar	finir
acabar	" "
finalizar	achever
ultimar	" "
rematar	achever, parachever
acabar con	en finir avec, venir à bout
llegar a su fin	arriver à son terme
estar acabándose	toucher à son terme, tirer à sa fin
dar cabo a una cosa	terminer une chose
cerrar una suscripción	clore une souscription
clausurar una sesión	clore une séance
sesión de clausura	séance de clôture

3 - Terminer, parfaire :

dar la última mano	mettre la dernière main
dar el último toque	mettre la dernière main
perfeccionar	parfaire
dar cima	mener à bonne fin
llevar a cabo	mener à bien

4 - Autres expressions :

mirándolo bien, pensándolo bien	réflexion faite
por último	pour conclure, finalement
al fin	en fin, à la fin
en fin, total, en resumidas cuentas	enfin, bref
por fin	enfin, en conclusion
al fin y al cabo, a fin de cuentas	en fin de compte
fecha tope (límite)	date limite
y asunto concluido	ça suffit, ça va comme ça
y se acabó, y sanseacabó	et c'est fini, un point c'est tout

A Mettre au pluriel :

1. **¿ Sabes lo que dices ?**
2. **¿ Tú eres el que lo vas a hacer ?**
3. **Conozco perfectamente las consecuencias de esta huelga.**
4. **Déjame terminar, por favor.**
5. **El que representa el sindicato soy yo.**

B Traduire :

1. Quelle est la position du gouvernement ?
2. Il ne me reste qu'une chose à te dire.
3. Cette grève dure depuis plusieurs semaines.
4. Nous ne sommes pas en faveur de cette grève.
5. Monsieur le Ministre, êtes-vous contre la limitation de ce droit ?
6. Ne me faites pas dire ce que je n'ai pas dit.
7. Cela n'est pas possible dans le cadre de nos négociations.
8. J'appartiens à ce syndicat.
9. Alors, le gouvernement est d'accord ?
10. Tu penses que le droit de grève n'est pas légitime ?
11. La seule chose à faire est de ne pas critiquer ce droit.
12. Tous les usagers doivent le savoir.

Corrigé

A

1. **¿ Sabéis lo que decís ?**
2. **¿ Vosotros sois los que lo vais a hacer ?**
3. **Conocemos perfectamente las consecuencias de esta huelga.**
4. **Dejadme terminar, por favor.**
5. **Los que representamos el sindicato somos nosotros.**

B

1. **¿ Cuál es la postura del gobierno ?**
2. **Sólo me queda una cosa por decirte.**
3. **Esta huelga dura desde hace varias semanas.**
4. **No estamos a favor de esta huelga.**
5. **Sr. Ministro, ¿ está Ud. en contra de la limitación de ese derecho ?**
6. **No me haga decir lo que no he dicho.**
7. **Eso no es posible en el marco de nuestras negociaciones.**
8. **Pertenezco a ese sindicato.**
9. **Entonces, ¿ el gobierno está de acuerdo ?**
10. **¿ A ti te parece que el derecho a la huelga no es legítimo ?**
11. **Lo único que hay que hacer es no criticar ese derecho.**
12. **Todos los usuarios deben saberlo.**

Exercices

Questions et réponses

- Ces questions portent sur le deuxième dialogue de chaque unité.
- Ces exercices peuvent être faits individuellement ou en groupe.
- Dans la version sonore, ils font suite à l'enregistrement du deuxième dialogue.

Unidad 1 Saludar, presentar

Preguntas :

1. ¿Por qué ha tardado Enrique en llegar ?
2. ¿Por qué se conocen Enrique y Jesús ?
3. ¿Cómo Jesús presenta Enrique a Concha ?
4. ¿Quién es Concha ?
5. ¿Quién es Tere ?
6. ¿Puede usted describir a Tere ?

Respuestas :

1. Ha tardado en llegar porque no daba con la casa de su amigo.
2. Se conocen porque estudian juntos. Son compañeros de Facultad.
3. Dice : « Este es Enrique, un compañero de Facultad. »
4. Es la hermana pequeña de Jesús.
5. Es la mayor de las primas de Jesús.
6. Sí, Tere es una chica alta, morena, vestida de negro.

Unitad 2 Recibir a alguien

Preguntas :

1. ¿Viene a menudo Emilio a visitar a Carlos ?
2. ¿A quién llama Carlos cuando abre la puerta ?
3. Después de entrar Emilio, ¿qué le dice a su amigo ?
4. ¿Dónde le dice que se siente ?
5. ¿Para qué Emilio visita a sus amigos ?
6. ¿Cuánto tiempo duró su última visita ?

Respuestas :

1. No, no viene a menudo a visitar a Carlos.
2. Llama a Merche, su mujer.
3. Le dice : « Quítate el abrigo y ponte cómodo. »
4. Le dice que se siente en el sofá.
5. Visita a sus amigos para saludarlos y saber cómo están.
6. Duró muy poco.

Unité 1 Saluer, présenter

Questions :

1. Pourquoi Enrique a-t-il tardé à arriver ?
2. Pourquoi Enrique et Jesús se connaissent-ils ?
3. Comment Jesús présente-t-il Enrique à Concha ?
4. Qui est Concha ?
5. Qui est Tere ?
6. Pouvez-vous décrire Tere ?

Réponses :

1. Il a tardé à arriver parce qu'il ne trouvait pas la maison de son ami.
2. Ils se connaissent parce qu'ils étudient ensemble. Ce sont des camarades de Faculté.
3. Il dit : « Voici Enrique, un camarade de Faculté. »
4. C'est la petite sœur de Jesús.
5. C'est l'aînée des cousines de Jesús.
6. Oui, Tere est une fille grande, brune et vêtue de noir.

Unité 2 Accueillir

Questions :

1. Emilio vient-il souvent voir Carlos ?
2. Qui Carlos appelle-t-il quand il ouvre la porte ?
3. Une fois Emilio rentré, que lui dit son ami ?
4. Où lui dit-il de s'asseoir ?
5. Pourquoi Emilio rend-il visite à ses amis ?
6. Combien de temps a duré sa dernière visite ?

Réponses :

1. Non, il ne vient pas souvent voir Carlos.
2. Il appelle Merche, sa femme.
3. Il lui dit : « Enlève ton manteau et mets-toi à l'aise. »
4. Il lui dit de s'asseoir sur le canapé.
5. Il rend visite à ses amis pour les saluer et savoir comment ils vont.
6. Elle a duré très peu de temps.

Unidad 3 **Invitar a comer, a beber**

Preguntas :

1. ¿A qué han venido el sobrino y su novia ?
2. ¿Qué quiere preparar la tía ?
3. ¿Por qué no quieren merendar los dos jóvenes ?
4. ¿Por qué la chica no puede comer pastas ?
5. ¿Qué es lo que no bebe nunca la novia ?
6. ¿Qué le propone la tía al sobrino ?

Respuestas :

1. Han venido a ver a la tía del chico para que ésta conozca a la novia.
2. La tía quiere preparar de merendar.
3. Porque acaban de comer y no tienen hambre.
4. No puede comer pastas porque está haciendo un régimen.
5. No bebe nunca ni café ni alcohol.
6. Le propone beber una copita de licor de hierbas.

Unidad 4 **Sugerir**

Preguntas :

1. ¿En qué parte del restaurante se van a sentar ?
2. ¿Qué le han dicho a Amalia de este restaurante ?
3. ¿Por qué le piden a Francisco que les recomiende algo ?
4. Entonces, ¿qué les recomienda Francisco ?
5. ¿Por qué no pide Amalia una paella ?
6. ¿Qué piden de beber ?

Respuestas :

1. Se van a sentar al fondo, al lado de la ventana.
2. Le han dicho que se come muy bien y que se está a gusto.
3. Porque es un gastrónomo y suele venir a ese restaurante.
4. Les recomienda la especialidad de la casa, el cochinillo asado.
5. No pide paella porque es demasiado fuerte.
6. Piden una jarra del vino de la casa.

Unité 3 Inviter à manger, à boire

Questions :

1. Pourquoi le neveu et sa fiancée sont-ils venus ?
2. Que veut préparer la tante ?
3. Pourquoi les deux jeunes ne veulent-ils pas goûter ?
4. Pourquoi la jeune fille ne peut-elle pas manger des petits gâteaux ?
5. Qu'est-ce que la fiancée ne boit jamais ?
6. Que propose la tante à son neveu ?

Réponses :

1. Ils sont venus voir la tante du garçon pour que celle-ci connaisse sa fiancée.
2. La tante veut préparer à goûter.
3. Parce qu'ils viennent de déjeuner et qu'ils n'ont pas faim.
4. Elle ne peut pas manger de petits gâteaux parce qu'elle fait un régime.
5. Elle ne boit jamais ni café ni alcool.
6. Elle lui propose de boire un petit verre de liqueur à base d'herbes.

Unité 4 Suggérer

Questions :

1. De quel côté du restaurant vont-ils s'asseoir ?
2. Qu'a-t-on dit à Amalia de ce restaurant ?
3. Pourquoi demandent-ils à Francisco de leur recommander quelque chose ?
4. Que leur recommande alors Francisco ?
5. Pourquoi Amalia ne demande-t-elle pas une paella ?
6. Que demandent-ils comme boisson ?

Réponses :

1. Ils vont s'asseoir au fond, à côté de la fenêtre.
2. On lui a dit que l'on mange très bien et que l'on y est à l'aise.
3. Parce que c'est une fine gueule et que c'est un habitué de ce restaurant.
4. Il leur recommande la spécialité de la maison, le cochon de lait rôti.
5. Elle ne demande pas de paella parce que c'est trop lourd.
6. Ils demandent un pichet du vin de la maison.

Unidad 5 **Preferir**

Preguntas :

1. ¿Qué le gusta más a Lucía ?
2. ¿Qué le propone Pepe ?
3. ¿Qué le contesta Lucía ?
4. ¿Por qué Lucía no quiere que Pepe llame a Nacho ?
5. ¿Cómo le cae Pilar ?
6. ¿Qué decide Pepe por fin y qué le dice a Lucía ?

Respuestas :

1. Lo que le gusta más es quedarse en casa leyendo.
2. Le propone ir al cine o dar una vuelta.
3. Le contesta que le da lo mismo.
4. No quiere que le llame porque le cae bastante mal.
5. Le cae todavía peor : es muy antipática.
6. Decide irse a casa y le dice a Lucía que haga lo que quiera.

Unidad 6 **Me gusta, no me gusta**

Preguntas :

1. ¿Qué necesita Carlos ?
2. ¿Por qué no le gusta el traje gris ?
3. ¿Por qué no compra el traje azul ?
4. ¿Qué le propone el vendedor entonces ?
5. ¿Qué dice el vendedor de Carlos ?
6. ¿Qué dice Carlos del vendedor ?

Respuestas :

1. Necesita un traje y una camisa que haga juego.
2. No le gusta porque le parece un poco oscuro.
3. No lo compra porque es demasiado caro.
4. Le propone ver otros trajes más baratos.
5. Dice que le cae fatal porque no sabe lo que quiere.
6. Dice que no le cae nada bien porque quiere venderle algo sea como sea.

Unité 5 Préférer

Questions :

1. Qu'est-ce qui plaît le plus à Lucia ?
2. Que lui propose Pepe ?
3. Que lui répond Lucia ?
4. Pourquoi Lucia ne veut-elle pas que Pepe appelle Nacho ?
5. Comment trouve-t-elle Pilar ?
6. Que décide Pepe finalement et que dit-il à Lucia ?

Réponses :

1. Ce qu'elle préfère, c'est rester chez elle à lire.
2. Il lui propose d'aller au cinéma ou de faire un tour.
3. Elle lui répond que cela lui est égal.
4. Elle ne veut pas qu'il l'appelle parce qu'elle le trouve plutôt antipathique.
5. Elle la trouve encore pire : elle est très antipathique.
6. Il décide de rentrer chez lui et dit à Lucia de faire ce qu'elle voudra.

Unité 6 J'aime, je n'aime pas

Questions :

1. De quoi Carlos a-t-il besoin ?
2. Pourquoi le costume gris ne lui plaît-il pas ?
3. Pourquoi n'achète-t-il pas le costume bleu ?
4. Que lui propose alors le vendeur ?
5. Que dit le vendeur de Carlos ?
6. Que dit Carlos du vendeur ?

Réponses :

1. Il a besoin d'un costume et d'une chemise qui aille avec.
2. Il ne lui plaît pas parce qu'il est un peu sombre.
3. Il ne l'achète pas parce qu'il est trop cher.
4. Il lui propose de voir d'autres costumes meilleur marché.
5. Il dit qu'il ne lui plaît pas du tout parce qu'il ne sait pas ce qu'il veut.
6. Il dit qu'il le trouve très antipathique parce qu'il veut lui vendre quelque chose à tout prix.

Unidad 7 **Informarse**

Preguntas :

1. ¿Qué quiere saber Jaime ?
2. ¿Por qué no le puede informar la señora ?
3. ¿Dónde le dice que le podrán informar ?
4. ¿Qué compra Jaime en el quiosco de periódicos ?
5. ¿Está lejos la farmacia ?
6. ¿Cuándo abren las farmacias ?
7. Si no está abierta la que le indican, ¿qué tendrá que hacer Jaime ?

Respuestas :

1. Quiere saber dónde puede encontrar una farmacia.
2. No le puede informar porque no es del barrio.
3. Dice que le podrán informar en el quiosco de periódicos.
4. Compra « El País » y una revista de portada roja.
5. No, la farmacia no está lejos, está cerca.
6. Abren de nueve a dos y de cuatro a siete.
7. Tendrá que buscar una que esté de guardia.

Unidad 8 **Pedir que hagan**

Preguntas :

1. ¿Para qué ha llamado la mujer de Juanjo ?
2. ¿Qué le pide en primer lugar ?
3. ¿Para qué le pide que vaya a la tintorería ?
4. ¿Qué le encarga que haga después de recoger a los niños ?
5. Al final, ¿qué le pide a Juanjo ?

Respuestas :

1. Ha llamado para dejarle varios encargos.
2. Le pide en primer lugar que recoja las llaves que están en la portería.
3. Le pide que vaya a la tintorería para que recoja las sábanas.
4. Le encarga que haga la compra.
5. Le pide que no la espere, que les dé de cenar a todos y que se acueste.

Unité 7 Se renseigner

Questions :

1. Que veut savoir Jaime ?
2. Pourquoi la dame ne peut-elle pas le renseigner ?
3. Où lui dit-elle qu'on pourra le renseigner ?
4. Qu'achète Jaime au kiosque à journaux ?
5. La pharmacie est-elle loin ?
6. Quand ouvrent les pharmacies (quel est leur horaire) ?
7. Si celle qu'on lui indique n'est pas ouverte, que devra faire Jaime ?

Réponses :

1. Il cherche à savoir où il peut trouver une pharmacie.
2. Elle ne peut pas le renseigner parce qu'elle n'est pas du quartier.
3. Elle dit qu'on pourra le renseigner au kiosque à journaux.
4. Il achète *El País* et une revue à couverture rouge.
5. Non, la pharmacie n'est pas loin, elle est (tout) près.
6. Elles ouvrent de neuf à deux et de quatre à sept.
7. Il devra en chercher une qui soit de garde.

Unité 8 Demander de faire

Questions :

1. Pourquoi la femme de Juanjo a-t-elle téléphoné ?
2. Que lui demande-t-elle en premier lieu ?
3. Pourquoi lui demande-t-elle d'aller à la teinturerie ?
4. Que lui demande-t-elle de faire après être allé chercher les enfants ?
5. A la fin, que demande-t-elle à Juanjo ?

Réponses :

1. Elle a téléphoné pour lui laisser plusieurs commissions.
2. Elle lui demande en premier lieu de prendre les clés qui sont chez le concierge.
3. Elle lui demande d'aller à la teinturerie pour prendre les draps.
4. Elle lui demande de faire les courses.
5. Elle lui demande de ne pas l'attendre, de faire dîner tout le monde et de se coucher.

Unidad 9 **Dar una dirección**

Preguntas :

1. ¿Qué carretera está buscando Paco ?
2. ¿Por qué la está buscando ?
3. ¿Va bien por dónde va ?
4. ¿Qué puede coger para ir allí ?
5. ¿Es directo el metro ?
6. ¿Hay un autobús que le puede llevar hasta allí ?
7. ¿Dónde tendrá que bajarse ?

Respuestas :

1. Está buscando la carretera de Burgos.
2. La está buscando porque allí está la estación de autocares para su pueblo.
3. No, no va nada bien.
4. Para ir allí puede coger el metro.
5. No, no es directo, hay que hacer un cambio.
6. Sí, el 16 puede llevarle directo hasta allí.
7. Tendrá que bajarse en la parada Cánovas.

Unidad 10 **Invitar**

Preguntas :

1. ¿Qué le anuncia Pili a Montse ?
2. ¿Qué había previsto Pili ?
3. ¿Cuándo Jorge quiere invitar a Pili ?
4. ¿Qué programa le ha propuesto ?
5. ¿Acepta Pili la invitación ? ¿Qué dice ?
6. ¿Dónde han quedado Pili y Jorge ? ¿A qué hora ?

Respuestas :

1. Anuncia que Jorge la ha llamado para invitarla.
2. Pili no había previsto nada concreto.
3. Quiere invitar a Pili para el viernes.
4. Le ha propuesto que cenen juntos.
5. Sí, Pili acepta la invitación y dice que está encantada.
6. Han quedado en casa de Pili a eso de las diez y media.

Unité 9 **Indiquer une adresse**

Questions :

1. Quelle route cherche Paco ?
2. Pourquoi la cherche-t-il ?
3. Est-il dans la bonne direction ?
4. Que peut-il prendre pour aller là-bas ?
5. Le métro est-il direct ?
6. Y a-t-il un autobus qui puisse l'y conduire ?
7. Où devra-t-il descendre ?

Réponses :

1. Il cherche la route de Burgos.
2. Il la cherche parce que (là-bas) il y a la gare routière pour son village.
3. Non, il n'y est pas du tout.
4. Pour aller là-bas il peut prendre le métro.
5. Non, il n'est pas direct, il faut faire un changement.
6. Oui, le 16 peut l'y conduire directement.
7. Il devra descendre à l'arrêt Cánovas.

Unité 10 **Inviter**

Questions :

1. Qu'annonce Pili à Montse ?
2. Qu'avait prévu Pili ?
3. Quand Jorge veut-il inviter Pili ?
4. Quel programme lui a-t-il proposé ?
5. Pili accepte-t-elle l'invitation ? Que dit-elle ?
6. Où Pili et Jorge ont-ils pris rendez-vous ? A quelle heure ?

Réponses :

1. Elle annonce que Jorge l'a appelée pour l'inviter.
2. Pili n'avait rien prévu de particulier.
3. Il veut inviter Pili vendredi.
4. Il lui a proposé de dîner ensemble.
5. Oui, Pili accepte l'invitation et dit qu'elle est enchantée.
6. Ils ont rendez-vous chez Pili vers dix heures et demie.

Unidad 11 Aconsejar, desaconsejar

Preguntas :

1. ¿Qué regalo quiere comprar Antonio en primer lugar ?
2. ¿Qué sugiere Montse ?
3. Entonces, ¿qué piensa comprar Antonio ?
4. ¿Entre qué artículos están dudando ?
5. ¿Por qué les aconseja el vendedor que no compren una corbata ?
6. ¿Qué les sugiere el vendedor ?

Respuestas :

1. Quiere comprar un juego.
2. Montse sugiere que miren otra cosa.
3. Piensa comprar algo de ropa, una corbata por ejemplo.
4. Están dudando entre un juego y una corbata.
5. Porque todo el mundo regala lo mismo.
6. Les sugiere que vayan a la sección de discos o que procuren encontrar algo decorativo.

Unidad 12 Regalar, ofrecer ayuda

Preguntas :

1. ¿Dónde está Charo ?
2. ¿Qué le ha traído Ramón a Charo ?
3. ¿Por qué le ha traído bombones ?
4. ¿Para qué le ha comprado algunas revistas ?
5. ¿Qué dice Ramón a propósito del seguro ?
6. Y a propósito del divorcio, ¿qué añade ?

Respuestas :

1. Charo está en la clínica.
2. Le ha traído flores y bombones.
3. Le ha traído bombones porque se ha acordado de que le gustaban.
4. Le ha comprado algunas revistas para que pase el rato.
5. Dice que el seguro corre de su cuenta y que no tiene por qué preocuparse.
6. Añade que él se encarga de todo.

Unité 11 Conseiller, déconseiller

Questions :

1. Quel cadeau Antonio veut-il acheter d'abord ?
2. Que suggère Montse ?
3. Qu'envisage d'acheter Antonio alors ?
4. Entre quels articles hésitent-ils ?
5. Pourquoi le vendeur leur conseille-t-il de ne pas acheter de cravate ?
6. Que leur suggère le vendeur ?

Réponses :

1. Il veut acheter un jeu.
2. Montse suggère qu'ils regardent autre chose.
3. Il envisage d'acheter un vêtement, une cravate par exemple.
4. Ils hésitent entre un jeu et une cravate.
5. Parce que tout le monde offre la même chose.
6. Il leur suggère d'aller au rayon de disques ou d'essayer de trouver quelque chose de décoratif.

Unité 12 Faire un cadeau, offrir de l'aide

Questions :

1. Où est Charo ?
2. Qu'a apporté Ramon à Charo ?
3. Pourquoi lui a-t-il apporté des chocolats ?
4. Pourquoi lui a-t-il acheté des revues ?
5. Que dit Ramon à propos de l'assurance ?
6. Et à propos du divorce, qu'ajoute-t-il ?

Réponses :

1. Charo est à la clinique.
2. Il lui a apporté des fleurs et des chocolats.
3. Il lui a apporté des chocolats parce qu'il s'est rappelé qu'elle les aimait.
4. Il lui a acheté des revues pour lui faire passer le temps.
5. Il dit qu'il se charge de l'assurance et qu'elle n'a pas de raison de s'inquiéter.
6. Il ajoute qu'il se charge de tout.

Unidad 13 Tener ganas, dar ganas

Preguntas :

1. ¿Qué le propone Daniel a Paco ?
2. ¿Qué contesta Paco ?
3. ¿Por qué tiene ganas de dejarlo todo ?
4. ¿Por qué no está enterado Daniel de lo que pasa ?
5. ¿Qué dice Paco del nuevo encargado ?
6. Antes de irse, ¿qué pide Daniel al camarero ?

Respuestas :

1. Le propone a Paco que le traigan otro café.
2. Contesta que no tiene ganas de nada.
3. Porque ya no aguanta más los problemas de la oficina.
4. No está enterado porque trabaja en el nuevo servicio.
5. Dice que no hace nada y que no le aguanta nadie.
6. Le pide que le traiga la cuenta.

Unidad 14 Hacer planes

Preguntas :

1. ¿Qué hará José María cuando termine las prácticas ?
2. ¿Adónde piensa ir José María ?
3. ¿Cuánto tiempo va a quedarse allí ?
4. ¿Qué hará si tiene tiempo ?
5. ¿Qué tendrá que hacer cuando haya vuelto ?
6. ¿En qué parte de la ciudad tiene intención de coger un piso ?

Respuestas :

1. Cuando termine las prácticas, se tomará unos días de descanso.
2. Piensa a ir a casa de sus padres.
3. Va a quedarse allí un par de días.
4. Si tiene tiempo, se acercará hasta el pueblo de sus tíos.
5. Cuando haya vuelto, tendrá que ponerse a buscar un piso.
6. Tiene intención de coger un piso por el centro.

Unité 13 Avoir envie, faire envie

Questions :

1. Que propose Daniel à Paco ?
2. Que répond Paco ?
3. Pourquoi a-t-il envie de tout laisser tomber ?
4. Pourquoi Daniel n'est-il pas au courant de ce qui se passe ?
5. Que dit Paco du nouveau chef ?
6. Avant de s'en aller, que demande Daniel au garçon ?

Réponses :

1. Il lui propose qu'on lui apporte un autre café.
2. Il répond qu'il n'a envie de rien.
3. Parce qu'il ne supporte plus les problèmes du bureau.
4. Il n'est pas au courant parce qu'il travaille dans le nouveau service.
5. Il dit qu'il ne fait rien et que personne ne le supporte.
6. Il lui demande de lui apporter l'addition.

Unité 14 Faire des projets

Questions :

1. Que fera José Maria quand il terminera son stage ?
2. Où pense aller José Maria ?
3. Combien de temps va-t-il rester là-bas ?
4. Que fera-t-il s'il a le temps ?
5. Que devra-t-il faire quand il sera rentré ?
6. Dans quelle partie de la ville a-t-il l'intention de prendre un appartement ?

Réponses :

1. Quand il terminera son stage, il prendra quelques jours de repos.
2. Il pense aller chez ses parents.
3. Il va rester là-bas deux jours à peu près.
4. S'il a le temps, il ira jusqu'au village de son oncle et de sa tante.
5. Quand il sera rentré, il devra se mettre à chercher un appartement.
6. Il a l'intention de prendre un appartement dans le centre.

Unidad 15 Pagar

Preguntas :

1. Al principio, ¿qué nota el comprador de las camisas ?
2. Según la vendedora, ¿por qué no llevan precio ?
3. ¿Por qué no puede informarle la vendedora ?
4. ¿Dónde tendrá que preguntar por el precio ?
5. Al final, ¿qué se lleva el cliente ?
6. ¿Cómo paga el cliente ?

Respuestas :

1. Nota que las camisas no tienen el precio marcado.
2. No llevan precio porque acaban de ponerlas.
3. No puede informarle porque no se encarga de esa sección.
4. Tendrá que preguntar por el precio en caja.
5. Se lleva un par de camisas y unos pantalones.
6. El cliente paga con tarjeta de crédito.

Unidad 16 Proponer

Preguntas :

1. ¿Para qué están reunidas estas personas ?
2. ¿Quién interrumpe al director ?
3. ¿Qué sugiere el jefe de Personal ?
4. Quiere esperar unos días. ¿Para qué ?
5. ¿Con qué no está de acuerdo el director ?
6. ¿Qué propone el director al final ?

Respuestas :

1. Están reunidas para hablar de las nuevas proposiciones que han llegado hasta la dirección.
2. Es el jefe de Personal quien interrumpe al director.
3. Sugiere que la reunión se retrase unos días.
4. Quiere esperar unos días para conocer el punto de vista laboral.
5. No está de acuerdo con la demora que propone.
6. Propone al final que la ponencia del Jefe de Personal se someta a votación.

Unité 15 — Payer

Questions :

1. Au début, que remarque l'acheteur à propos des chemises ?
2. D'après la vendeuse, pourquoi n'ont-elles pas de prix ?
3. Pourquoi la vendeuse ne peut-elle pas le renseigner ?
4. Où devra-t-il demander le prix ?
5. A la fin, qu'emporte le client ?
6. Comment paie le client ?

Réponses :

1. Il remarque que les chemises n'ont pas d'indication de prix.
2. Elles n'ont pas de prix parce qu'on vient de les mettre (en rayon).
3. Elle ne peut pas le renseigner parce qu'elle ne s'occupe pas de ce rayon.
4. Il devra demander le prix à la caisse.
5. Il emporte deux chemises et un pantalon.
6. Le client paie avec une carte de crédit.

Unité 16 — Proposer

Questions :

1. Pourquoi ces personnes sont-elles réunies ?
2. Qui interrompt le directeur ?
3. Que suggère le chef du Personnel ?
4. Il veut attendre quelques jours. Pourquoi ?
5. Avec quoi le directeur n'est-il pas d'accord ?
6. Que propose le directeur en fin de compte ?

Réponses :

1. Elles sont réunies pour parler des nouvelles propositions qui sont arrivées jusqu'à la direction.
2. C'est le chef du Personnel qui interrompt le directeur.
3. Il suggère que la réunion soit retardée de quelques jours.
4. Il veut attendre quelques jours pour connaître le point de vue des ouvriers.
5. Il n'est pas d'accord avec le report qu'il propose.
6. Il propose en fin de compte que la proposition du chef de service soit mise aux voix.

Unidad 17 Agradecer

Preguntas :

1. ¿Para qué llama Alejandro a Luis ?
2. ¿Qué le agradece Alejandro a su amigo ?
3. ¿Ha sido una molestia para Luis ?
4. ¿Por qué le da las gracias también Alejandro ?
5. ¿Qué recomienda Luis a Alejandro sobre el asunto de Barcelona ?
6. ¿Le ha interesado esa información ?

Respuestas :

1. Le llama para darle las gracias.
2. Le agradece que le haya mandado unos catálogos.
3. No, no ha sido ninguna molestia para él, no le ha costado nada.
4. Porque le ha dado una información confidencial sobre el asunto de Barcelona.
5. Le recomienda que sea de una gran discreción, que el asunto quede entre ellos.
6. Sí, le ha interesado mucho, le ha sido muy útil.

Unidad 18 Reclamar, quejarse

Preguntas :

1. ¿Para qué llama el cliente a la Agencia ?
2. ¿De qué se queja el cliente ?
3. ¿Cómo se ha enterado de que el paquete no ha llegado ?
4. ¿Cuánto tiempo le dijeron que tardaría en llegar ?
5. ¿Por qué le dice la telefonista que espere un momento ?
6. Al final, ¿qué va a exigir el cliente ?

Respuestas :

1. Llama a la Agencia para quejarse.
2. Se queja de que el paquete no haya llegado todavía a Bilbao.
3. Se ha enterado porque ha llamado por teléfono a Bilbao.
4. Le dijeron que tardaría veinticuatro horas.
5. Le dice que espere un momento porque va a hablar con el servicio correspondiente.
6. Va a exigir compensaciones.

Unité 17

Remercier

Questions :

1. Pourquoi Alejandro appelle-t-il Luis ?
2. De quoi Alejandro remercie-t-il son ami ?
3. Cela a-t-il été une gêne pour Luis ?
4. Pourquoi Alejandro le remercie-t-il également ?
5. Que recommande Luis à Alejandro sur l'affaire de Barcelone ?
6. Cette information l'a-t-elle intéressé ?

Réponses :

1. Il l'appelle pour le remercier.
2. Il le remercie de lui avoir envoyé des catalogues.
3. Non, cela ne l'a nullement dérangé, cela ne lui a causé aucune gêne.
4. Parce qu'il lui a donné une information confidentielle sur l'affaire de Barcelone.
5. Il lui recommande d'être d'une grande discrétion, que l'affaire reste entre eux.
6. Oui, elle l'a beaucoup intéressé, elle lui a été très utile.

Unité 18

Réclamer, se plaindre

Questions :

1. Pourquoi le client appelle-t-il l'Agence ?
2. De quoi le client se plaint-il ?
3. Comment a-t-il appris que le paquet n'est pas arrivé ?
4. Combien de temps lui a-t-on dit qu'il mettrait pour arriver ?
5. Pourquoi la téléphoniste lui dit-elle d'attendre un instant ?
6. Finalement, que va exiger le client ?

Réponses :

1. Il appelle l'Agence pour se plaindre.
2. Il se plaint que le paquet ne soit pas encore arrivé à Bilbao.
3. Il l'a appris parce qu'il a téléphoné à Bilbao.
4. On lui a dit qu'il mettrait vingt-quatre heures pour arriver.
5. Elle lui dit d'attendre un instant parce qu'elle va parler au service concerné.
6. Il va exiger des compensations.

Unidad 19 Sentirlo

Preguntas :

1. ¿Qué acaba de pasarles a Javier y a Francisco ?
2. ¿Qué hubiera pasado si al final las cosas no hubieran salido mal ?
3. ¿Qué ha hecho Francisco en vez de estar más atento a la defensa ?
4. ¿Por qué no discute Francisco ?
5. ¿Qué falta ha cometido Javier ?
6. ¿Qué le contesta Francisco para consolarle ?

Respuestas :

1. Acaban de perder un partido de fútbol.
2. Hubieran podido ganar.
3. En vez de estar más atento a la defensa, se ha adelantado.
4. No discute porque ha tenido parte de culpa.
5. Ha parado al delantero centro contrario de forma irregular.
6. Le contesta que no podía hacer otra cosa.

Unidad 20 Expresar la posesión

Preguntas :

1. ¿Qué pregunta primero la madre ?
2. ¿Cómo es el jersey de Daniel ?
3. ¿Qué llevaba Pedro ?
4. ¿De quién son los calcetines verdes ?
5. ¿Qué ha pasado con el pantalón de Jorge ?
6. ¿Son todos hijos de la señora ?

Respuestas :

1. Primero pregunta que de quién es el jersey azul.
2. El jersey de Daniel tiene rayas.
3. Llevaba una chaqueta de punto.
4. Los calcetines verdes son del niño de gafas.
5. Se lo ha puesto el niño de gafas.
6. Todos menos el de gafas.

Unidad 19 — Regretter

Questions :

1. Que vient-il d'arriver à Javier et à Francisco ?
2. Que se serait-il passé si à la fin les choses ne s'étaient pas gâtées ?
3. Qu'a fait Francisco au lieu d'être plus attentif en défense ?
4. Pourquoi Francisco ne discute-t-il pas ?
5. Quelle faute Javier a-t-il commise ?
6. Que lui répond Francisco pour le consoler ?

Réponses :

1. Ils viennent de perdre un match de football.
2. Ils auraient pu gagner.
3. Au lieu d'être plus attentif en défense, il s'est avancé.
4. Il ne discute pas parce qu'il a eu une part de responsabilité.
5. Il a arrêté l'avant-centre adverse irrégulièrement.
6. Il lui répond qu'il ne pouvait pas faire autre chose.

Unité 20 — Exprimer la possession

Questions :

1. Que demande la mère d'abord ?
2. Comment est le pull de Daniel ?
3. Que portait Pedro ?
4. A qui sont les chaussettes vertes ?
5. Que s'est-il passé avec le pantalon de Jorge ?
6. Sont-ils tous les enfants de la dame ?

Réponses :

1. Elle demande d'abord à qui est le pull bleu.
2. Le pull de Daniel a des rayures.
3. Il portait une veste en tricot.
4. Les chaussettes vertes sont au petit garçon qui porte des lunettes.
5. C'est le petit garçon qui porte des lunettes qui l'a mis.
6. Tous sauf celui qui porte des lunettes.

Unidad 21 **Pedir, comprar**

Preguntas :

1. ¿De qué están hablando Asunción y Emilio ?
2. ¿Por qué le toca a Emilio hacer la compra ?
3. ¿Por qué hay que comprar de todo ?
4. ¿Cómo va a hacer el pedido Emilio ?
5. ¿Por qué lo hace por teléfono ?
6. ¿Qué contesta cuando le preguntan por la marca del detergente ?

Respuestas :

1. Están hablando de hacer la compra.
2. Le toca a Emilio porque la última vez la hizo Asunción.
3. Hay que comprar de todo porque ya no queda nada en casa.
4. Va a hacer el pedido por teléfono.
5. Lo hace por teléfono para que le sirvan a casa.
6. Contesta que le den la que quieran.

Unidad 22 **Pedir permiso**

Preguntas :

1. Al principio, ¿qué pregunta el chico a la chica ?
2. ¿Qué le contesta ella ?
3. ¿Le importa a la chica que él fume ?
4. ¿Quién quiere abrir la ventana ?
5. ¿Por qué la quiere abrir ?
6. Al final, ¿qué le pide a la chica ?

Respuestas :

1. Al principio, le pregunta si está libre el sitio.
2. Ella le contesta que sí.
3. No, no le importa que él fume.
4. El chico es el que quiere abrir la ventana.
5. Porque le molesta el humo en los sitios cerrados.
6. Le pide que le dé su número de teléfono.

Unité 21 Commander, acheter

Questions :

1. De quoi Asunción et Emilio sont-ils en train de parler ?
2. Pourquoi est-ce au tour d'Emilio de faire les courses ?
3. Pourquoi faut-il acheter de tout ?
4. Comment Emilio va-t-il passer la commande ?
5. Pourquoi le fait-il par téléphone ?
6. Que répond-il lorsqu'on lui demande la marque de la lessive ?

Réponses :

1. Ils sont en train de parler de faire les courses.
2. C'est au tour d'Emilio parce que, la dernière fois, c'est Asunción qui les a faites.
3. Il faut acheter de tout parce qu'il ne reste plus rien à la maison.
4. Il va passer la commande par téléphone.
5. Il le fait par téléphone pour qu'on le livre à domicile.
6. Il répond qu'on lui donne celle que l'on voudra.

Unité 22 Demander la permission

Questions :

1. Au début, que demande le jeune homme à la jeune fille ?
2. Que lui répond-elle ?
3. Est-ce que cela ennuie la jeune fille qu'il fume ?
4. Qui veut ouvrir la fenêtre ?
5. Et pourquoi veut-il l'ouvrir ?
6. Que demande-t-il finalement à la jeune fille ?

Réponses :

1. Au début, il lui demande si la place est libre.
2. Elle lui répond que oui.
3. Non, cela ne l'ennuie pas qu'il fume.
4. C'est le jeune homme qui veut ouvrir la fenêtre.
5. Parce que la fumée dans les lieux clos le gêne.
6. Il lui demande (qu'elle lui donne) son numéro de téléphone.

Unidad 23 **Pedir disculpas**

Preguntas :

1. Al principio, ¿qué le pide Antonio a Sonsoles ?
2. ¿Qué le contesta ella ?
3. ¿Por qué, según ella, él no tiene que pedir perdón ?
4. ¿A qué está acostumbrado Antonio en tales circunstancias ?
5. Sonsoles piensa que, de todas formas, no tiene mucha importancia. ¿Cuál es la opinión de Antonio ?
6. Al final, ¿cuál es la consecuencia de las disculpas de Antonio sobre Sonsoles ?

Respuestas :

1. Le pide a Sonsoles que le perdone.
2. Le contesta que la culpa no es suya, no la tiene él.
3. Porque no es enteramente responsable de lo que ha pasado.
4. Está acostumbrado a asumir todo lo que hace.
5. Antonio opina que él es quien debe juzgarlo.
6. Las disculpas de Antonio la están poniendo nerviosa.

Unidad 24 **Describir**

Preguntas :

1. ¿Cómo es Alberto físicamente y cómo va vestido ?
2. ¿Es más joven que las dos chicas ?
3. ¿Por qué no reconocen a Luisa ?
4. ¿Con quién se casó Luisa ?
5. ¿Con quién vive ahora ?
6. ¿Por qué se han separado ?

Respuestas :

1. Es bajo y va vestido con un traje cruzado.
2. No, no es más joven, tiene más o menos los mismos años que ellas.
3. No reconocen a Luisa porque está de rubia y antes era morena.
4. Se casó con un chico muy guapo que estudiaba medicina.
5. Con nadie, vive sola.
6. Se han separado porque no se llevaban muy bien.

Unité 23 Présenter des excuses

Questions :

1. Au début, que demande Antonio à Sonsoles ?
2. Que lui répond-elle ?
3. Pourquoi, selon elle, n'a-t-il pas à présenter des excuses ?
4. A quoi Antonio est-il habitué en de telles circonstances ?
5. Sonsoles pense que, de toute façon, cela n'a pas grande importance. Qu'en pense Antonio ?
6. Finalement, quelle est la conséquence des excuses d'Antonio sur Sonsoles ?

Réponses :

1. Il demande à Sonsoles de l'excuser.
2. Elle lui répond que cela n'est pas sa faute, il n'y est pour rien.
3. Parce qu'il n'est pas entièrement responsable de ce qui s'est passé.
4. Il est habitué à assumer tout ce qu'il fait.
5. Antonio pense que c'est à lui d'en juger (qui doit en juger).
6. Les excuses d'Antonio la rendent nerveuse.

Unité 24 Décrire

Questions :

1. Comment est Alberto physiquement et comment est-il habillé ?
2. Est-il plus jeune que les deux jeunes filles ?
3. Pourquoi ne reconnaissent-elles pas Luisa ?
4. Avec qui Luisa s'est-elle mariée ?
5. Avec qui vit-elle maintenant ?
6. Pourquoi se sont-ils séparés ?

Réponses :

1. Il est petit et il porte un costume croisé.
2. Non, il n'est pas plus jeune, il a plus ou moins le même âge qu'elles.
3. Elles ne reconnaissent pas Luisa parce qu'elle est décolorée en blonde et qu'auparavant elle était brune.
4. Elle s'est mariée avec un garçon très beau qui faisait des études de médecine.
5. Avec personne, elle vit seule.
6. Ils se sont séparés parce qu'ils ne s'entendaient pas très bien.

Unidad 25 **Felicitar, compadecer**

Preguntas :

1. ¿Por qué le felicita hoy Alejandro a Jorge ?
2. ¿Está contento Jorge de que le feliciten por su cumpleaños ?
3. ¿Por qué ?
4. ¿Qué le contesta Alejandro ?
5. ¿Por qué le da también la enhorabuena ?
6. ¿De qué se lamenta Jorge ?

Respuestas :

1. Le felicita porque es su cumpleaños.
2. No, no está contento de que le feliciten.
3. Porque no entiende que se felicite a la gente por tener un año más.
4. Le contesta que ésa es la costumbre.
5. Porque su mujer acaba de tener un hijo.
6. Se lamenta de que sea una niña y la quinta.

Unidad 26 **Quedar, citarse**

Preguntas :

1. ¿Dónde y cuándo han quedado María y Rafael ?
2. Rafael no sabe si podrá ir, ¿por qué ?
3. ¿Qué le propone a María ?
4. ¿Por qué esa cita tampoco es posible ?
5. ¿Qué decide entonces María ?
6. Al final, ¿qué le propone a Rafael ?

Respuestas :

1. Han quedado donde siempre y a la misma hora de todos los días.
2. Porque tiene una cita de última hora con unos clientes.
3. Le propone a María que queden a las siete en su casa.
4. Porque había quedado en que llevaría a su madre a hacer unas compras.
5. Decide quedarse en casa.
6. Le propone que la llame si le apetece.

Unité 25 **Féliciter, plaindre**

Questions :

1. Pourquoi Alejandro félicite-t-il Jorge aujourd'hui ?
2. Est-il content qu'on lui souhaite son anniversaire ?
3. Pourquoi ?
4. Que lui répond Alejandro ?
5. Pourquoi lui fait-il également ses compliments ?
6. De quoi Jorge se plaint-il ?

Réponses :

1. Il le félicite parce que c'est son anniversaire.
2. Non, il n'est pas content qu'on lui souhaite son anniversaire.
3. Parce qu'il ne comprend pas qu'on félicite les gens parce qu'ils ont un an de plus.
4. Il lui répond que c'est la coutume.
5. Parce que sa femme vient d'avoir un enfant.
6. Il se plaint que ce soit une fille et la cinquième.

Unité 26 **Fixer un rendez-vous**

Questions :

1. Où et quand Maria et Rafael se sont-ils fixé rendez-vous ?
2. Rafael ne sait pas s'il pourra y aller, pourquoi ?
3. Que propose-t-il à Maria ?
4. Pourquoi ce rendez-vous n'est-il pas possible non plus ?
5. Que décide alors Maria ?
6. Finalement, que propose-t-elle à Rafael ?

Réponses :

1. Ils se sont fixé rendez-vous à l'endroit habituel et à la même heure que tous les jours.
2. Parce qu'il a un rendez-vous de dernière minute avec des clients.
3. Il propose à Maria de se retrouver à sept heures chez lui.
4. Parce qu'il avait décidé qu'il conduirait sa mère faire des courses.
5. Elle décide de rester chez elle.
6. Elle lui propose de l'appeler s'il en a envie.

Unidad 27 **Mandar**

Preguntas :

1. Al principio, ¿ qué le manda el jefe a la secretaria ?
2. ¿ Qué le trae la secretaria ?
3. ¿ Por qué se ha equivocado ella ?
4. ¿ Qué le manda después ?
5. ¿ Dónde le dice que pase después de las fotocopias ?
6. ¿ Qué tiene que pedirle al Sr. Gómez ?
7. ¿ Qué tiene que decirle además ?

Respuestas :

1. Le manda a la secretaria que le traiga el expediente Soriano, el 231.
2. La secretaria le trae otro, el 321.
3. Se ha equivocado porque casi no hay luz en el archivo.
4. Le manda que escriba a máquina una carta y le saque dos fotocopias.
5. Le dice que pase por el despacho del Sr. Gómez.
6. Tiene que pedirle que le dé los contratos de Sevilla y Bilbao.
7. Además tiene que decirle que pase a ver al jefe.

Unidad 28 **Querer**

Preguntas :

1. ¿ Qué espera Alfredo de la Dirección ?
2. ¿ Qué piensa hacer cuando tenga la respuesta ?
3. ¿ Le importa a Alfredo no poder volverse atrás ?
4. ¿ Qué le aconseja su amigo ?
5. Y entonces, ¿ qué le contesta Alfredo ?
6. ¿ Qué decide al final ?

Respuestas :

1. Espera que le dé una respuesta clara.
2. Piensa ir hasta las últimas consecuencias.
3. No, no le importa, le da igual.
4. Le aconseja que intente otro método.
5. Le contesta que ya los ha intentado todos sin tener ningún resultado.
6. Decide mantenerse firme y exigir una respuesta.

Unité 27 Donner des ordres

Questions :

1. Au début, quel ordre le patron donne-t-il à la secrétaire ?
2. Quel lui apporte la secrétaire ?
3. Pourquoi s'est-elle trompée ?
4. Quel ordre lui donne-t-il ensuite ?
5. Où lui demande-t-il de passer après la photocopie ?
6. Que doit-elle demander à M. Gomez ?
7. Que doit-elle lui dire en outre ?

Réponses :

1. Il demande à la secrétaire de lui apporter le dossier Soriano, le 231.
2. La secrétaire lui en apporte un autre, le 321.
3. Elle s'est trompée parce qu'il n'y a presque pas de lumière dans les archives.
4. Il lui donne l'ordre de taper une lettre et de faire deux photocopies.
5. Il lui dit de passer au bureau de M. Gomez.
6. Elle doit lui demander les contrats de Séville et de Bilbao.
7. En outre, elle doit lui dire de passer voir le patron.

Unité 28 Vouloir

Questions :

1. Qu'attend Alfredo de la direction ?
2. Que pense-t-il faire quand il aura la réponse ?
3. Cela ennuie-t-il Alfredo de ne pas pouvoir revenir en arrière ?
4. Que lui conseille son ami ?
5. Et que lui répond alors Alfredo ?
6. Que décide-t-il finalement ?

Réponses :

1. Il attend qu'elle lui donne une réponse claire.
2. Il pense aller jusqu'au bout.
3. Non, cela ne l'ennuie pas, ça lui est égal.
4. Il lui conseille d'essayer une autre méthode.
5. Il lui répond qu'il les a déjà toutes essayées sans aucun résultat.
6. Il décide de rester ferme et d'exiger une réponse.

Unidad 29 Tener intención

Preguntas :

1. ¿Qué tiene intención de hacer Adrián en cuanto llegue ?
2. ¿Qué hizo Adrián el año pasado ?
3. ¿Qué piensa hacer este año ?
4. ¿Qué le reprocha su amigo Gabriel ?
5. ¿Por qué duda Gabriel de que pueda salir ?
6. Si pudiera irse de vacaciones, ¿ cuánto tiempo se quedaría ?

Respuestas :

1. Tiene intención de descansar y dormir durante dos o tres días.
2. Se quedó en el mismo sitio.
3. Este año piensa cambiar de plan.
4. Le reprocha tener buenos propósitos y acabar haciendo siempre lo mismo.
5. Duda de que pueda salir porque tiene mucho trabajo.
6. Se quedaría una semana.

Unidad 30 Hablar del estado físico

Preguntas :

1. ¿Qué contesta D. Alfredo cuando el médico le pregunta cómo está ?
2. Y la pierna, ¿le ha dolido esta noche ?
3. ¿Qué mejoría observa el médico hoy ?
4. ¿Qué le pasa a D. Alfredo cuando se levanta ?
5. Sin embargo, ¿ qué le recomienda el médico ?
6. ¿Qué le promete el médico si sigue sus consejos ?

Respuestas :

1. Le contesta que está regular, sólo regular.
2. Sí, esta noche le ha dolido pero menos que otras veces.
3. Observa que D. Alfredo no tiene fiebre.
4. Cuando se levanta se marea y tiene náuseas.
5. Le recomienda que se levante y dé un pequeño paseo por la habitación.
6. El médico le promete que se le pasará el cansancio y que recuperará las fuerzas.

Unité 29 Avoir l'intention

Questions :

1. Qu'a l'intention de faire Adrian dès qu'il arrivera ?
2. Qu'a fait Adrian l'année dernière ?
3. Que pense-t-il faire cette année ?
4. Que lui reproche son ami Gabriel ?
5. Pourquoi Gabriel doute-t-il de pouvoir partir ?
6. S'il pouvait partir en vacances, combien de temps resterait-il ?

Réponses :

1. Il a l'intention de se reposer et de dormir pendant deux ou trois jours.
2. Il est resté au même endroit.
3. Cette année, il pense changer ses plans.
4. Il lui reproche d'avoir de bonnes intentions et de toujours finir par faire la même chose.
5. Il doute de pouvoir partir parce qu'il a beaucoup de travail.
6. Il resterait une semaine.

Unité 30 Parler de l'état physique

Questions :

1. Que répond D. Alfredo quand le docteur lui demande comment il va ?
2. Et la jambe, l'a-t-elle fait souffrir cette nuit ?
3. Quelle amélioration le docteur observe-t-il aujourd'hui ?
4. Qu'arrive-t-il à D. Alfredo quand il se lève ?
5. Cependant, que lui recommande le docteur ?
6. Que lui promet le docteur s'il suit ses conseils ?

Réponses :

1. Il lui répond qu'il va comme ci comme ça, seulement comme ci comme ça.
2. Oui, cette nuit la jambe l'a fait souffrir mais moins que d'autres fois.
3. Il observe que D. Alfredo n'a pas de fièvre.
4. Quand il se lève, il a mal au cœur et il a des nausées.
5. Il lui recommande de se lever et de faire quelques pas (un petit tour) dans sa chambre.
6. Le docteur lui promet que la fatigue lui passera et qu'il retrouvera ses forces.

Unidad 31 Lo que se puede hacer

Preguntas :

1. ¿Qué va a hacer Juanjo durante las vacaciones ?
2. ¿Va a hacer el viaje solo ?
3. ¿Por qué le pide consejos a Emilio ?
4. ¿Qué medios de transporte le recomienda Emilio ?
5. ¿Y qué le aconseja en cuanto a los hoteles ?
6. ¿Por qué se interesa por el tiempo ?

Respuestas :

1. Va a pasar unos días por Andalucía.
2. No, le acompaña alguien.
3. Porque éste conoce muy bien la región.
4. Le recomienda que coja el avión y que alquile allí un coche.
5. Le aconseja que los reserve cuanto antes porque en esta época suelen estar llenos.
6. Se interesa por el tiempo para saber qué ropa tiene que llevar.

Unidad 32 Desear suerte

Preguntas :

1. ¿Quién va a recibir al Sr. Carbajosa ?
2. ¿Dónde se conocieron el director y el Sr. Carbajosa ?
3. ¿Qué espera de su estancia en España el Sr. Carbajosa ?
4. ¿Qué le pregunta el director sobre su socio ?
5. ¿Qué le encarga que le diga a su socio cuando vuelva a Buenos Aires ?
6. ¿Qué tiene que hacer el Sr. Carbajosa antes de irse del aeropuerto ?

Respuestas :

1. El director comercial de la sociedad PERCOSA.
2. Se conocieron en Berlín el año pasado.
3. Espera que los proyectos de las dos sociedades acaben concretándose.
4. Le pregunta que qué tal está después del accidente que ha tenido.
5. Le encarga que le dé recuerdos de su parte.
6. Tiene que recoger las maletas.

Unité 31 Ce qu'on peut faire

Questions :

1. Que va faire Juanjo pendant les vacances ?
2. Va-t-il faire le voyage (tout) seul ?
3. Pourquoi demande-t-il des conseils à Émilio ?
4. Quels moyens de transport Émilio lui recommande-t-il ?
5. Et que lui conseille-t-il en ce qui concerne les hôtels ?
6. Pour quoi s'intéresse-t-il au temps qu'il fait habituellement en cette saison ?

Réponses :

1. Il va passer quelques jours en Andalousie.
2. Non, quelqu'un l'accompagne.
3. Parce que celui-ci connaît très bien la région.
4. Il lui recommande de prendre l'avion et de louer une voiture là-bas.
5. Il lui conseille de les réserver dès que possible parce qu'à cette époque ils sont généralement pleins.
6. Il s'intéresse au temps pour savoir quels vêtements il doit emporter.

Unité 32 Souhaiter bonne chance

Questions :

1. Qui va recevoir M. Carbajosa ?
2. Où le directeur et M. Carbajosa se sont-ils connus ?
3. Qu'attend (espère) M. Carbajosa de son séjour en Espagne ?
4. Que lui demande le directeur au sujet de son associé ?
5. Que le charge-t-il de dire à son associé quand il retournera à Buenos Aires ?
6. Que doit faire M. Carbajosa avant de quitter l'aéroport ?

Réponses :

1. Le directeur commercial de la société PERCOSA.
2. Ils se sont connus à Berlin l'année précédente.
3. Il espère que les projets des deux sociétés finiront par se concrétiser.
4. Il lui demande comment il va après l'accident qu'il a eu.
5. Il le charge de le rappeler à son bon souvenir (de lui transmettre toutes ses amitiés).
6. Il doit prendre (récupérer) ses valises.

Unidad 33 **Opinar**

Preguntas :

1. ¿ Qué le parece la fiesta a Amparo ?
2. ¿ Qué dice Eva de Juan Carlos ?
3. Y Amparo, ¿ qué dice de él ?
4. No le extraña a Eva que Juan Carlos tenga una casa bonita. ¿ Por qué ?
5. ¿ Qué le parecen a Amparo los cuadros del salón ?
6. ¿ Y qué le contesta Eva ?

Respuestas :

1. Le parece muy agradable.
2. Dice que es muy aburrido.
3. Dice que es una buena persona.
4. No le extraña porque tiene mucho dinero.
5. Le parecen horribles.
6. Le contesta que son un poco originales pero que van bien con el estilo de toda la casa.

Unidad 34 **Preocupación, miedo**

Preguntas :

1. Daniel está muy preocupado. ¿ Qué teme ?
2. ¿ Qué pasaría si no recibieran a tiempo lo que han pedido ?
3. ¿ Qué influencia tienen sobre Daniel estos problemas ?
4. ¿ A qué se deben los retrasos ?
5. No es la primera vez que hay retrasos, ¿ qué ocurre generalmente ?
6. ¿ Cree Ud. que José tiene tanto miedo como Daniel ?

Respuestas :

1. Teme que no reciban lo que han pedido en las fechas convenidas.
2. Tendrían dificultades de entrega insolubles.
3. Le están quitando el sueño.
4. Se deben a los conflictos que hay en la frontera.
5. Generalmente, todo acaba solucionándose.
6. No, no creo que José tenga tanto miedo como Daniel.

Unité 33 Donner son avis

Questions :

1. Que pense Amparo de la fête ?
2. Que dit Eva de Juan Carlos ?
3. Et Amparo, que dit-elle de lui ?
4. Eva ne s'étonne pas que Juan Carlos ait une jolie maison. Pourquoi ?
5. Comment Amparo trouve-t-elle les tableaux du salon ?
6. Et que lui répond Eva ?

Réponses :

1. Elle lui semble très agréable.
2. Elle dit qu'il est très ennuyeux.
3. Elle dit que c'est un chic type.
4. Elle ne s'étonne pas parce qu'il a beaucoup d'argent.
5. Elle les trouve horribles.
6. Elle lui répond qu'ils sont un peu originaux mais qu'ils vont bien avec le style de toute la maison.

Unité 34 Inquiétude, peur

Questions :

1. Daniel est très inquiet. Que craint-il ?
2. Que se passerait-il s'ils ne recevaient pas à temps ce qu'ils ont commandé ?
3. Quelle influence ces problèmes ont-ils sur Daniel ?
4. A quoi les retards sont-ils dus ?
5. Ce n'est pas la première fois qu'il y a des retards, qu'arrive-t-il généralement ?
6. Croyez-vous que José ait autant peur que Daniel ?

Réponses :

1. Il craint qu'ils ne reçoivent pas aux dates convenues ce qu'ils ont commandé.
2. Ils auraient des problèmes de livraison insolubles.
3. Ils lui font perdre le sommeil.
4. Ils sont dus aux histoires qu'il y a à la frontière.
5. Généralement, tout finit par s'arranger.
6. Non, je ne crois pas que José ait autant peur que Daniel.

Unidad 35

Estar satisfecho

Preguntas :

1. ¿Qué le pregunta el entrevistador a la primera señora ?
2. ¿Qué le contesta ésta ?
3. ¿Quién la hará cambiar de opinión ?
4. ¿Qué estaba buscando la segunda señora ?
5. ¿Por qué va a cambiar también de jabón ?
6. ¿Echa de menos alguna de las otras marcas ?

Respuestas :

1. Le pregunta que qué opina del nuevo jabón de lavar que acaba de probar.
2. Le contesta que está muy contenta con los resultados.
3. Nadie la hará cambiar de opinión.
4. Estaba buscando un jabón que quitara las manchas a baja temperatura.
5. Porque los que venía usando dejaban huellas.
6. No, no echa de menos ninguna de las otras marcas.

Unidad 36

Acuerdo, desacuerdo

Preguntas :

1. Al principio, ¿qué le pregunta Nacho a Federico ?
2. ¿Qué le contesta Federico ?
3. ¿Qué es lo que no le gusta ?
4. ¿Le parece fácil a Nacho darle otro enfoque ?
5. Según Nacho, ¿cuál es la reacción de otros lectores ?
6. Federico critica el artículo, pero él, ¿qué hubiera hecho ?

Respuestas :

1. Le pregunta si ha leído el último artículo de Pedro Guerrero.
2. Le contesta que lo ha leído pero que no está de acuerdo con lo que dice.
3. No le gusta la presentación del tema.
4. No, le parece difícil darle otro enfoque.
5. Otros lectores están de acuerdo con él.
6. No hubiera sido capaz de hacerlo mejor.

Unité 35 — Être satisfait

Questions :

1. Que demande l'interviewer à la première dame ?
2. Que lui répond celle-ci ?
3. Qui la fera changer d'avis ?
4. Que recherchait la seconde dame ?
5. Pourquoi va-t-elle aussi changer de savon ?
6. Regrette-t-elle l'une des autres marques ?

Réponses :

1. Il lui demande ce qu'elle pense du nouveau savon de ménage qu'elle vient d'essayer.
2. Elle lui répond qu'elle est très contente des résultats.
3. Personne ne lui fera changer d'avis.
4. Elle recherchait un savon qui enlève les taches à basse température.
5. Parce que ceux qu'elle utilisait laissaient des traces.
6. Non, elle ne regrette aucune des autres marques.

Unité 36 — Accord, désaccord

Questions :

1. Au début, que demande Nacho à Federico ?
2. Que lui répond Federico ?
3. Qu'est-ce qu'il n'aime pas ?
4. Semble-t-il facile à Nacho de l'aborder autrement ?
5. D'après Nacho, quelle est la réaction d'autres lecteurs ?
6. Federico critique l'article, mais lui, qu'aurait-il fait ?

Réponses :

1. Il lui demande s'il a lu le dernier article de Pedro Guerrero.
2. Il lui répond qu'il l'a lu mais qu'il n'est pas d'accord avec ce qu'il dit.
3. Il n'aime pas la présentation du sujet.
4. Non, il lui semble difficile de l'aborder autrement.
5. D'autres lecteurs sont d'accord avec lui.
6. Il n'aurait pas été capable de (le) faire mieux.

Unidad 37 Dudar, estar seguro

Preguntas :

1. ¿ Qué está haciendo la policía en esta calle ?
2. Según el testigo, ¿ a qué hora se produjo el suceso ?
3. ¿ Qué oyeron el testigo y su familia ?
4. ¿ Suele haber mucho ruido en esta calle ?
5. ¿ Qué vieron los testigos ?
6. Serían los culpables, ¿ por qué ?

Respuestas :

1. Está haciendo una investigación.
2. Según el testigo, serían las once o las doce de la noche más o menos.
3. Oyeron primero gritos y poco después las sirenas de la policía.
4. No, es una calle muy tranquila y no se oye nunca nada.
5. Vieron tres personas que salían corriendo, eran dos hombres y una mujer.
6. Porque, si no, no correrían así.

Unidad 38 La duración

Preguntas :

1. ¿ Cuántos años tiene el joven contable ?
2. ¿ Qué tuvo que hacer cuando terminó la carrera ?
3. Terminó la mili en noviembre. ¿ Cuándo encontró un empleo ?
4. ¿ Qué tipo de empleo era ? Le gustaba ?
5. ¿ Qué hizo en la sociedad Ledesa ?
6. ¿ Cuál es su situación actual ?

Respuestas :

1. Tiene veinticinco años.
2. Tuvo que marcharse a la mili.
3. Encontró un empleo en el mes de enero.
4. Era un empleo más bien de administrativo y se aburría mucho.
5. Hizo una sustitución.
6. Actualmente está en el paro.

Unité 37 Hésiter, avoir confiance

Questions :

1. Qu'est en train de faire la police dans cette rue ?
2. Selon le témoin, à quelle heure les faits se sont-ils produits ?
3. Qu'ont entendu le témoin et sa famille ?
4. Y a-t-il beaucoup de bruit habituellement dans cette rue ?
5. Qu'ont vu les témoins ?
6. Ils devaient être les coupables, pourquoi ?

Réponses :

1. Elle est en train de faire une enquête.
2. Selon le témoin, il devait être à peu près onze heures ou minuit.
3. Ils ont d'abord entendu des cris et peu après les sirènes de la police.
4. Non, c'est une rue très tranquille et l'on n'entend jamais rien.
5. Ils ont vu trois personnes qui sortaient en courant, c'étaient deux hommes et une femme.
6. Parce que, sinon, ils ne courraient pas comme ça.

Unité 38 La durée

Questions :

1. Quel âge a le jeune comptable ?
2. Qu'a-t-il dû faire quand il a terminé ses études ?
3. Il a terminé son service militaire en novembre. Quand a-t-il trouvé un emploi ?
4. Quel genre d'emploi était-ce ? Lui plaisait-il ?
5. Qu'a-t-il fait dans la société Ledesa ?
6. Quelle est sa situation actuelle ?

Réponses :

1. Il a vingt-cinq ans.
2. Il a dû partir au service militaire.
3. Il a trouvé un emploi au mois de janvier.
4. C'était un emploi plutôt (d')administratif et il s'ennuyait beaucoup.
5. Il a fait un remplacement.
6. Actuellement, il est au chômage.

Unidad 39 **Cambiar impresiones**

Preguntas :

1. ¿A qué país ha ido Gerardo ?
2. ¿Qué crítica hace Gerardo de los viajes de negocios ?
3. ¿Qué opina Gerardo de la situación económica argentina ?
4. ¿Qué es lo que más le ha sorprendido ?
5. ¿Cómo se transforma en Buenos Aires la frase : tú tienes pan ?
6. ¿Hay muchas diferencias léxicas entre el español peninsular y el de América ?

Respuestas :

1. Ha ido a Argentina.
2. Dice que los viajes de negocios son un poco rápidos.
3. Opina que, a pesar de todos los problemas, la situación económica argentina se va a mejorar.
4. Es que la gente se hable de vos.
5. Se dice : vos tenés pan.
6. Sólo cambian unas cuantas palabras.

Unidad 40 **Concluir**

Preguntas :

1. En su primera respuesta, ¿qué denuncia el ministro de Transportes ?
2. ¿En contra de qué está el gobierno ?
3. Según el ministro, ¿cómo hay que entender el derecho a la huelga ?
4. ¿Qué es lo que está alimentando el conflicto ?
5. ¿Qué censura por fin el ministro ?

Respuestas :

1. Denuncia la prolongación de una huelga que dura desde hace varias semanas.
2. El gobierno está en contra de la interpretación abusiva de un derecho legítimo.
3. Hay que entenderlo como un último recurso en la defensa de los intereses laborales.
4. La persistencia de una actitud de rechazo de negociar por parte de una minoría.
5. Censura el abuso irresponsable de un derecho constitucional.

Unité 39 Échanger des impressions

Questions :

1. Dans quel pays Gerardo est-il allé ?
2. Quelle critique Gerardo fait-il des voyages d'affaires ?
3. Que pense Gerardo de la situation économique argentine ?
4. Qu'est-ce qui l'a le plus surpris ?
5. Comment transforme-t-on à Buenos Aires la phrase : tu as du pain ?
6. Y a-t-il beaucoup de différences lexicales entre l'espagnol péninsulaire et celui d'Amérique ?

Réponses :

1. Il est allé en Argentine.
2. Il dit que les voyages d'affaires sont un peu rapides.
3. Il croit que, en dépit de tous les problèmes, la situation économique argentine va s'améliorer.
4. C'est que les gens se tutoient en utilisant « vos ».
5. On dit : tu as du pain.
6. Seuls quelques (rares) mots changent.

Unité 40 Conclure

Questions :

1. Dans sa première réponse, que dénonce le ministre des Transports ?
2. Contre quoi est le gouvernement ?
3. Selon le ministre, comment faut-il comprendre le droit de grève ?
4. Qu'est-ce qui entretient le conflit ?
5. Que reproche finalement le ministre ?

Réponses :

1. Il dénonce la prolongation d'une grève qui dure depuis plusieurs semaines.
2. Le gouvernement est contre l'interprétation abusive d'un droit légitime.
3. Il faut le comprendre comme un dernier recours en défense des intérêts des travailleurs.
4. La persistance d'une attitude de refus de négocier de la part d'une minorité.
5. Il reproche l'abus irresponsable d'un droit constitutionnel.

Mémento grammatical

1. L'article

☐ **L'article défini :**

masculin	**el** (singulier)	**los** (pluriel)
féminin	**la** (singulier)	**las** (pluriel)

• Contractions au masculin singulier :
a + el = al *(au)* ; **de + el = del** *(du).*

• L'article défini est généralement omis devant les noms de pays et de provinces : **España,** *l'Espagne.*
Principales exceptions : **el Perú ; el Ecuador ; la URSS ; el País Vasco,** *le Pays basque ;* **el Brasil, el Canadá, los Estados Unidos.**

• L'article neutre **lo** placé devant un adjectif ou un participe passé au masculin singulier donne à ceux-ci la valeur d'un substantif abstrait : **lo mismo,** *la même chose,* **lo contrario,** *le contraire,* etc. ou se traduit par *ce que* : **lo cierto,** *ce qui est certain,* **lo ocurrido,** *ce qui est arrivé,* etc.

• **lo** + adjectif + **que** se traduit par *comme* ou *combien* :
lo guapa que es, *comme elle est jolie ;*

• **lo de,** *ce qui concerne, ce qui a trait à, l'affaire (l'histoire) de ;*
lo del otro día, *l'affaire de l'autre jour (ce qui est arrivé...) ;*

• **lo que,** v. démonstratifs, mémo 6.

☐ **L'article indéfini :**

masculin	**un** (singulier)	— (pluriel)
féminin	**una** (singulier)	— (pluriel)

• Le pluriel indéfini se présente généralement sans article en espagnol : **¿ tienes flores ?** *as-tu des fleurs ?*
Cependant **unos** (ou **unas**) est utilisé au début d'une phrase (**unos amigos me invitaron**), devant les mots pluriels qui désignent un seul objet (**unas gafas,** *des lunettes*) ou les deux objets d'une paire (**unos guantes,** *des gants*) et devant un pluriel qui désigne un groupe restreint (**tengo unos profesores muy simpáticos**). Il est aussi l'équivalent du français « quelque » dans l'approximation numérique (**vale unas quinientas pesetas,** *cela vaut quelque cinq cents pesetas).*

• L'article indéfini est omis devant **otro,** *un autre ;* **medio,** *un demi ;* **cierto,** *un certain ;* **semejante,** *semblable ;* **tan,** *si ;* etc.

• Attention : les articles **el** et **un** s'emploient aussi devant un nom féminin commençant par **a** (ou **ha**) accentué : **el agua,** *l'eau ;* **el hambre,** *la faim ;* **un ave,** *un oiseau ;* **el alma,** *l'âme.*

• L'article partitif n'est pas utilisé en espagnol : **bebo vino,** *je bois du vin ;* **come queso,** *il mange du fromage.*

2. Le masculin et le féminin

• Les noms masculins sont généralement terminés par -o et les mots féminins par **-a**. Le genre des mots terminés par d'autres voyelles ou des consonnes est indiqué par l'article : **el coche,** ***la voiture*** **; el joven,** ***le jeune homme*** **; la joven,** ***la jeune fille.***
Principales exceptions : **la foto ; la radio ; la mano,** ***la main*** **; el día,** ***le jour*** **; el problema ; el cura,** ***le prêtre*** **; el Sena,** ***la Seine.*** D'autres mots en - **a** sont masculins ou féminins : **el/la turista ; el/la belga, le/la Belge,** etc.

• Formation du féminin des adjectifs :

o/a	**blanco/blanca**	***blanc/blanche***
e/e	**verde/verde**	***vert/verte***
a/a	**agrícola/agrícola**	***agricole***
í/í	**baladí/baladí**	***futile***
consonne	**feliz/feliz**	***heureux/heureuse***

• Les adjectifs terminés par une consonne sont invariables sauf ceux de nationalité : **español/española ; inglés/inglesa.**

• Les adjectifs terminés par **-dor, -tor, -sor, -ón, -án, -ín** (sauf **ruin,** ***mesquin***), **-ote, -ete** font leur féminin en **-a** : **trabajador/trabajadora** ***(travailleur/travailleuse)*** **; parlanchín/a** ***(bavard/e)*** **; regordete/a** ***(grassouillet/te)*** **; holgazán, holgazana** ***(paresseux/euse).***

3. Le pluriel

• Le pluriel se forme en ajoutant :
-s aux mots terminés par une voyelle :
edificio/edificios ; rosa/rosas
aux mots terminés par une voyelle accentuée (sauf í)
el papá/los papás
-es aux mots terminés par une consonne ou **y** :
la flor/las flores ***(les fleurs)*** **; la ley/las leyes** ***(les lois)***
aux mots terminés par í :
jabalí/jabalíes ***(sangliers)*** **; rubí/rubíes.**

• Les mots terminés par **-s** restent invariables si, au singulier, la dernière syllabe n'est pas accentuée :
la crisis/las crisis ***(les crises)*** **; el lunes/los lunes** ***(les lundis)***
el miércoles/los miércoles ***(les mercredis)***
mais : **el interés/los intereses** ***(les intérêts).***

• Les mots terminés par **z** font leur pluriel en **-ces** :
el lápiz/los lápices ***(les crayons).***

• L'accent tonique devant porter sur la même syllabe, le passage du singulier au pluriel peut entraîner l'addition d'un accent écrit : **el joven, los jóvenes,** ou sa suppression : **la nación, las naciones.**

4. L'apocope

• On appelle ainsi la chute de la voyelle ou de la syllabe finale de certains adjectifs placés devant un nom.

• Perte du -o final devant un nom masculin singulier :
uno = un ; bueno = buen ; malo = mal ; alguno = algún, *quelque ;* **ninguno = ningún,** *aucun ;* **primero = primer,** *premier ;* **tercero = tercer,** *troisième ;* **postrero = postrer,** *dernier.*

• **Grande** devient **gran** et **cualquiera** devient **cualquier,** *n'importe quel (quelle), tout (toute),* devant un nom masculin ou féminin : **una gran reina,** *une grande reine ;* **cualquier hombre,** *tout (n'importe quel) homme.*

• **Ciento** devient **cien** devant un nom ou devant **mil** et **millón** : **cien pesetas ; cien mil pesetas** ; mais on dit **ciento** devant un autre chiffre : **ciento treinta pesetas.**

• **Santo** se réduit à **San** devant le nom d'un saint : **San Juan,** *saint Jean ;* **San Francisco,** *saint François ;* **San Sebastián,** *saint Sébastien.* Exceptions : **Santo Domingo,** *saint Dominique ;* **Santo Tomás,** *saint Thomas.*

• Autres apocopes : **recientemente** devient **recién** devant un participe passé : **recién nacido,** *nouveau-né ;* **tanto** et **cuanto** deviennent **tan** et **cuan** devant un adjectif ou un adverbe.

5. Les possessifs

☐ **Les adjectifs :**

avant le nom	après le nom
mi, *mon, ma*	**mío,** *à moi*
tu, *ton, ta*	**tuyo,** *à toi*
su, *son, sa, votre* (V.S.)	**suyo,** *à lui, elle, vous* (V.S.)
nuestro/a, *notre*	**nuestro/a,** *à nous*
vuestro/a, *votre* (T.P.)	**vuestro/a,** *à vous* (T.P.)
su, *leur, votre* (V.P.)	**suyo,** *à eux, elles, vous* (V.P.)

• Le pluriel se forme en ajoutant un **-s** à ces formes :
Son mis sellos, *ce sont mes timbres.*
No son tuyos, *ils ne sont pas à toi.*
Lorsque le possessif correspond aux vouvoiements singulier et pluriel, il convient d'ajouter **de Ud.** ou **de Uds.** pour éviter toute confusion : **su coche de Ud.,** *votre voiture.*

☐ **Les pronoms** : ils sont formés par l'adjonction de l'article défini, **el, la, los, las,** aux formes **mío, tuyo, suyo,** etc. **El mío,** *le mien ;* **las tuyas,** *les tiennes ;* etc.

6. Les démonstratifs

☐ **Les adjectifs :**
Il y a trois démonstratifs en espagnol qui correspondent à différents degrés d'éloignement dans l'espace ou le temps :

este	**esta**	**estos**	**estas**
ese	**esa**	**esos**	**esas**
aquel	**aquella**	**aquellos**	**aquellas**

Aquí : esta casa	*ici : cette maison-ci*
Ahí : esa casa	*là (près) : cette maison-là*
Allí : aquella casa	*là (loin) : cette maison-là*
En aquella época	*à cette époque-là (éloignée)*

☐ **Les pronoms démonstratifs** se distinguent des adjectifs parce qu'ils portent un accent écrit sur la voyelle tonique : **éste,** ***celui-ci ;*** **ésa,** ***celle-là ;*** **aquéllos,** ***ceux-là ;*** etc. Mais si l'emploi pronominal est manifeste, l'accent écrit peut ne pas apparaître : **Este es el señor...** *voici monsieur...*
Il existe aussi des pronoms neutres qui ne portent pas d'accent écrit puisqu'il n'y a pas d'adjectifs correspondants : **esto,** ***ceci ;*** **eso,** ***cela ;*** **aquello,** *cela* (éloigné).

• Les pronoms ***celui, celle(s), ceux*** suivis de ***de*** ou de ***qui*** ou ***que*** sont traduits en espagnol par les articles définis correspondants :
el (la, los, las) de, ***celui (celle, ceux, celles) de ;*** **los de ayer,** ***ceux d'hier ;***
el (la, los, las) que, pour les personnes et les choses (**quien** ou **quienes** pour les personnes seulement), ***celui (celle, ceux, celles) qui*** (ou ***que) :*** **el que habla,** ***celui qui parle ;***
lo que, ***ce que, ce qui :*** **lo que dices,** ***ce que tu dis.***

7. Les comparatifs et les superlatifs

☐ **Les comparatifs :**

más (rico) que	***plus (riche) que***
menos (pobre) que	***moins (pauvre) que***
tan (largo) como	***aussi (long) que***

Irrégularités : **mayor,** ***plus grand ;*** **menor,** ***plus petit ;*** **mejor,** ***meilleur ;*** **peor,** ***pire*** ou ***pis.***

Attention au comparatif d'égalité qui est **tan** (apocope de **tanto**) devant un adjectif ou un adverbe et **tanto/a/os/as** devant un nom :
no soy tan alto como él, ***je ne suis pas aussi grand que lui ;***
tiene tanta suerte como tú, ***il a autant de chance que toi.***

☐ **Les superlatifs** absolus se forment avec l'adverbe **muy**, ***très***, ou avec le suffixe **-ísimo/a** :

muy hermosa = hermosísima *(très belle)* ;
muy fácil = facilísimo.

Irrégularités : **muy rico = riquísimo**, ***très riche*** ;
muy amable = amabilísimo ;
muy antiguo = antiquísimo, ***très ancien***, etc.

• Les superlatifs relatifs se forment comme en français avec l'article défini suivi de **más** ou de **menos** : **la más delgada**, ***la plus mince*** ; **el menos gordo**, ***le moins gros*** ; **los (las) más...**, ***les plus...***

Placé après le nom, le superlatif relatif s'emploie sans article :
el chico más inteligente, ***le garçon le plus intelligent*** ;
la chica más guapa, ***la fille la plus jolie*** ;
los coches más rápidos, ***les voitures les plus rapides*** ;
las casas menos altas, ***les maisons les moins hautes.***

8. La numération

Les nombres cardinaux indiquent la quantité et les nombres ordinaux, le rang.

☐ **Nombres cardinaux**

1 uno, a	**10 diez**	**20 veinte**
2 dos	**11 once**	**21 veintiuno**
3 tres	**12 doce**	**22 veintidós**
4 cuatro	**13 trece**	**30 treinta**
5 cinco	**14 catorce**	**40 cuarenta**
6 seis	**15 quince**	**50 cincuenta**
7 siete	**16 dieciséis**	**60 sesenta**
8 ocho	**17 diecisiete**	**70 setenta**
9 nueve	**18 dieciocho**	**80 ochenta**
	19 diecinueve	**90 noventa**

100 ciento (cien)	
101 ciento uno	1 000 = **mil**
200 doscientos, as	2 000 = **dos mil**
300 trescientos, as	10 000 = **diez mil**
400 cuatrocientos, as	100 000 = **cien mil**
500 quinientos, as	
600 seiscientos, as	*un million* = **un millón**
700 setecientos, as	*dix millions* = **diez millones**
800 ochocientos, as	*un milliard* = **mil millones**
900 novecientos, as	1 000 000 000 000 = **un billón**

☐ Nombres ordinaux

1er primero	11e undécimo	21e vigésimo primero
2e segundo	12e duodécimo	22e vigésimo segundo
3e tercero	13e decimotercio	23e vigésimo tercero
4e cuarto	14e decimocuarto	30e trigésimo
5e quinto	15e decimoquinto	40e cuadragésimo
6e sexto	16e decimosexto	50e quincuagésimo
7e séptimo	17e decimoséptimo	60e sexagésimo
8e octavo	18e decimoctavo	70e septuagésimo
9e noveno	19e decimonoveno	80e octogésimo
10e décimo	20e vigésimo	90e nonagésimo
		100e centésimo
		1000e milésimo

9. Les difficultés de la numération

• **Uno** s'apocope en **un** devant un nom masculin même précédé d'un adjectif : **un buen negocio,** ***une bonne affaire.***

• La conjonction **y** n'apparaît qu'entre les dizaines et les unités : **sesenta y tres mil (63 000)** ; une seule exception : **las mil y una noches,** ***les mille et une nuits.***

• De 16 à 29, on utilise de préférence la contraction : **dieciséis, diecisiete,... veintinueve.**

• **Ciento** devient **cien** devant un nom, **mil** ou **millón.** ***5%*** se dit **el** ou **un cinco por ciento** mais ***100%,*** **cien por cien.**

• De 200 à 900, les centaines (placées après le mot **millón**) se terminent par **-as** au féminin : **quinientas pesetas** ***(cinq cents pesetas).***

• La manière française de compter : onze cents, douze cents, etc., n'existe pas en espagnol.

• **Mil** est invariable sauf dans le sens de millier : **varios miles,** ***plusieurs milliers.***

• **Millón** se comporte comme un nom, il prend le pluriel et est suivi de la préposition **de : dos millones de pesos.**

• Dans la pratique, on n'utilise les ordinaux que jusqu'à **décimo** ou **duodécimo : la segunda factura,** ***la seconde facture ;*** ensuite on utilise le cardinal : **el siglo veinte,** ***le XXe siècle.*** Ils se placent toujours après le nom pour indiquer un classement dans une série : **capítulo tercero,** ***troisième chapitre.***

• **Primero** et **tercero** apocopent en **primer** et **tercer** devant un nom masculin même précédé d'un adjectif.

• L'idée de moitié se rend par le substantif **la mitad** ou par l'adjectif **medio : la mitad de los clientes,** *la moitié des clients ;* **medio kilo,** *un demi-kilo.*

• *0,90* se lit **cero coma noventa** (ou **cero noventa**).
1,50 se lit **uno coma cincuenta** (ou **uno cincuenta** ; ou **uno y medio**).
2,125 se lit **dos coma ciento veinticinco** (ou **dos coma uno, dos, cinco**).

10. Les pronoms personnels

Pronoms sing.	1re personne	2e personne	3e personne
sujets : comp. ind. : comp. dir. : réfléchis : après prép. :	**yo** **me** **me** **me** **mí**	**tú** **te** **te** **te** **ti**	**él, ella, Ud.** **le** **le, lo, la** **se** **él, ella, Ud., sí**
Pronoms plur.	1re personne	2e personne	3e personne
sujets : comp. ind. : comp. dir. : réfléchis : après prép. :	**nosotros/as** **nos** **nos** **nos** **nosotros/as**	**vosotros/as** **os** **os** **os** **vosotros/as**	**ellos/as, Uds.** **les** **los, las** **se** **ellos/as, Uds., sí**

• A la troisième personne du singulier, on peut utiliser **lo** ou **le** si le pronom représente une personne de sexe masculin :
Al jefe no lo *ou* **le aguanta nadie,** *le chef, personne ne le supporte.*

• **Sí,** après préposition, est utilisé lorsque le pronom complément désigne la même personne que le sujet :
Javier habla siempre de sí (mismo), *Xavier parle toujours de lui(-même).*
Sinon : **Javier habla siempre de él (Juan),** *Xavier parle toujours de lui (Jean).*

• Lorsqu'ils sont précédés de la préposition **con,** *avec,* **mí, ti, sí** deviennent **conmigo,** *avec moi,* **contigo,** *avec toi,* **consigo,** *avec lui (soi).*

• Il existe en espagnol un pronom neutre **ello** qui est l'équivalent du français *cela :* **no hablemos más de ello,** *ne parlons plus de cela, n'en parlons plus.*

• L'emploi de deux pronoms consécutifs :
a) le pronom indirect précède toujours le pronom direct.
b) **le,** *lui* ou *vous* (V.S.), **les,** *leur* ou *vous* (V.P.) deviennent uniformément **se** devant un pronom direct de la troisième personne. Une précision peut être donnée en faisant suivre le verbe d'un autre pronom précédé d'une préposition :

Se lo pido a él, *je le lui demande.*
Se lo pido a Ud. *je vous le demande.*

• Un pronom est enclitique lorsqu'il est placé après le verbe et soudé à lui sans trait d'union. Cette construction est obligatoire à l'impératif affirmatif, à l'infinitif et au gérondif. Si cela est devenu nécessaire à son maintien, il convient d'écrire l'accent sur la voyelle normalement accentuée du verbe.

Levanta + te = levántate, *lève-toi.*
Levantar + se = levantarse, *se lever.*
Levantando + nos = levantándonos, *en nous levant.*

• Si l'infinitif ou le gérondif sont placés après un verbe auxiliaire, ou semi-auxiliaire, **le** ou **les** pronoms peuvent être placés avant celui-ci.

Voy a mandártelo = te lo voy a mandar, *je vais te l'envoyer.*

11. La traduction de *en* et de *y*

• Ces deux mots n'existent pas en espagnol. On ne cherche à les traduire par des équivalents que s'ils sont indispensables.

• S'ils indiquent un lieu, on utilisera un adverbe de lieu comme **aquí,** *ici,* ou **allí,** *là :* **vengo de allí,** *j'en viens.*

• S'ils remplacent un nom, on les traduira par **de él,** *de lui,* **de ella,** *d'elle,* etc. : **me acuerdo de ellos,** *je m'en souviens.* Si **en** remplace une phrase, on le traduira par **de eso.**

• Le *en* de *il y en a* se traduit par un pronom complément direct : **¿Hay turistas ? — Los hay.** *Y a-t-il des touristes ? — Il y en a.*

12. La traduction de *on*

• *On* est le sujet d'un verbe qui exprime une action réalisée par des tierces personnes dont est exclu celui qui parle : le verbe se met à la 3e pers. du plur.

Nos informan de Sevilla, *on nous informe de Séville.*

• *On* est le sujet d'un verbe qui exprime une recommandation, une possibilité, une habitude : on utilise **se** + le verbe qui s'accorde avec le complément d'objet direct français.

Aquí se come bien, *ici on mange bien.*
Se venden frutas, *on vend des fruits.*

• L'accord du verbe ne se fera pas si le complément d'objet direct est précédé de **a,** ou s'il est pronominal.

Se felicita a los primeros ; se les felicita.
On félicite les premiers ; on les félicite.

Il faut noter que dans ce cas le pronom personnel se traduit par **le** ou **les,** quoi qu'il représente.

• *On* se rendra par **uno** avec un verbe pronominal.

En verano, uno se acuesta tarde, *en été, on se couche tard.*

Uno servira aussi à atténuer une expression personnelle (les femmes diront **una**).

Uno no trabaja por nada, *on ne travaille pas pour rien.*

• Le français emploie souvent à tort *on* au lieu de *nous ;* l'espagnol utilise dans ce cas la 1re personne du pluriel.

Vamos a divertirnos, *on va s'amuser.*

13. Les pronoms relatifs

• **Que** est invariable et est utilisé pour les personnes, les animaux et les choses, soit comme sujet, soit comme complément, avec le sens de *que* ou de *qui* :

El muchacho que habla, *le jeune homme qui parle.*
El cuadro que ves, *le tableau que tu vois.*

• **Quien (quienes** au pluriel) ne s'emploie qu'en parlant des personnes. Il est surtout utilisé comme complément et est alors précédé d'une préposition :

La señora a quien escribo, *la dame à qui (à laquelle) j'écris.*

• Traduction de *dont*

1. Complément de verbe : **de que** (choses), **de quien** ou **quienes** (personnes) ou encore **del, de la/los/las que** ou **cual(es) : el pintor de quien se habla,** *le peintre dont on parle.*
Attention : quelques verbes peuvent régir une autre préposition que **de** ou ne pas en avoir :

La isla con la que sueño, *l'île dont je rêve.*
El expediente que necesito, *le dossier dont j'ai besoin.*

2. Complément de nom, il se traduit par **cuyo, a, os, as,** qui précèdent ce nom (sans article) et s'accordent avec lui en genre et en nombre :

El señor cuya fábrica..., *le monsieur dont l'usine...*
La tienda cuyos escaparates..., *la boutique dont les vitrines...*

• Si **cuyo** est précédé d'une préposition, il se traduit par *duquel, de laquelle,* etc. :

El pueblo por cuyos contornos..., *le village dans les environs duquel...*

• Traduction de *où*

1. S'il y a mouvement vers un lieu, il se traduit par **adonde, a que** ou **al cual :**

El hotel adonde fuimos el año pasado, *l'hôtel où nous sommes allés l'année dernière.*

2. S'il n'y a pas mouvement, il se traduit par **donde, en donde, en que :**
Esta calle donde vivimos..., *cette rue où nous habitons...*

3. S'il y a une idée de temps, elle peut être rendue par **que** ou mieux encore par **en que : el año que nació** ou **el año en que nació,** *l'année où il est né.*

14. L'emploi des prépositions

• **a** 1° après un verbe de mouvement :
Voy a Madrid, *je vais à Madrid ;*
Se marchó a Colombia, *il est parti en Colombie ;*
Vino a decírnoslo, *il est venu nous le dire.*

2° devant le complément direct lorsque celui-ci est un nom ou un pronom qui désigne une personne déterminée :
Espero a mis amigos, *j'attends mes amis.*

• **de** 1° pour indiquer la provenance : **viene de Barcelona.**

2° la matière et la propriété :
Esta silla es de madera, *cette chaise est en bois ;*
¿ De quién es esta mesa ?, *à qui est cette table ?*

• **en** indique le lieu sans mouvement : **está en Buenos Aires.**

• **por** et **para :**
Par se traduit toujours par **por** : **por aquí,** *par ici.*
Pour se traduit par **por** lorsqu'il indique une idée de cause :
Lo digo por ti, *je le dis pour (à cause de) toi.*
Pour se traduit par **para** lorsqu'il indique une idée de destination :
Este regalo es para ti, *ce cadeau est pour toi.*

• Autres prépositions simples : **ante,** *devant ;* **bajo,** *sous ;* **con,** *avec ;* **contra,** *contre ;* **desde,** *depuis ;* **durante,** *pendant ;* **entre,** *entre, parmi ;* **hacia,** *vers ;* **hasta,** *jusqu'à ;* **sobre,** *sur ;* **según,** *selon ;* **salvo,** *sauf ;* **sin,** *sans ;* **tras,** *derrière.*

• Prépositions composées : **delante de,** *devant ;* **detrás de,** *derrière ;* **dentro de,** *dans ;* **fuera de,** *hors de ;* **encima de,** *au-dessus de, sur ;* **debajo de,** *au-dessous de, sous ;* **lejos de,** *loin de ;* **junto a, cerca de,** *près de ;* **antes de,** *avant de ;* **después de,** *après ;* **al lado de,** *à côté de ;* **al cabo de,** *au bout de ;* **en frente de,** *en face de ;* **frente a,** *face à ;* **en caso de,** *en cas de ;* **en (a) casa de,** *chez.*

15. Principales conjonctions

☐ **La coordination**
y (ou **e** devant un mot commençant par **i** ou **hi**) : *et ;*
o (ou **u** devant un mot commençant par **o** ou **ho**) : *ou ;*
ni, *ni ;* **pero,** *mais ;* **sino, sino que,** *mais* (traduction de mais, v. mémo 16) ; **pues,** *eh bien, car, en effet* (lorsque **pues** est le premier mot de la proposition) ; *donc* (lorsque **pues** est placé après le premier terme de la phrase) ; **que,** *car* (après un ordre ou un conseil).

☐ **La subordination**
que, *que ;* **cuando,** *quand* (conjonctions de temps, v. mémo 21) ; **como,** *comme ;* **si,** *si ;* **aunque** + indicatif, *bien que ;* **aunque** + sub-

jonctif, ***même si*** (l'emploi de **aunque**, v. mémo 23) ; **ya que, puesto que,** *puisque* ; **de modo (manera) que,** ***de sorte que*** ; **porque,** ***parce que*** ; **para que,** ***pour que*** ; **mientras que,** ***tandis que, alors que*** ; **por si, por si acaso, en caso de que, caso que,** ***au cas où*** ; **con tal que,** ***pourvu que*** ; **a no ser que, a menos que,** ***à moins que,*** etc.

16. La traduction de *mais*

• ***Mais,*** marquant une réserve, une atténuation ou une précision, se traduit par **pero** :

La idea es buena, pero no me interesa.
L'idée est bonne, mais elle ne m'intéresse pas.

• ***Mais*** s'oppose à une phrase négative et marque une opposition entre 2 mots, il se traduit par **sino,** par **sino que** si l'opposition se fait entre 2 propositions :

No lo hizo él, sino su mujer.
Ce n'est pas lui qui l'a fait, mais sa femme.
No quiere que te vayas sino que te quedes.
Il ne veut pas que tu partes mais que tu restes.

• ***Mais*** renforcé par ***aussi*** et s'opposant à ***non seulement*** se rend par **no sólo... sino también** :

No sólo he visto a Andrés sino también a sus padres.
Je n'ai pas seulement vu André mais aussi ses parents.

• ***Ne pas... mais en revanche*** se rend par **no... pero sí** :

No bebía pero sí fumaba mucho.
Il ne buvait pas mais en revanche il fumait beaucoup.

17. La traduction de *devoir*

• Si ***devoir*** exprime une obligation personnelle, contraignante répondant à un besoin, il se rend par **tener que** + infinitif.

Tenemos que mandar el cheque hoy.
Nous devons envoyer le chèque aujourd'hui.

• Si ***devoir*** exprime une obligation moins contraignante ou annonce une chose à faire parce qu'il en a été ainsi convenu, il se rend par **haber de** + infinitif.

He de salir con él esta noche, ***je dois sortir avec lui ce soir.***

• Si ***devoir*** exprime une obligation plus morale, plus générale, il se rend par **deber** + infinitif.

Debes ayudar a tus compañeros, ***tu dois aider tes camarades.***

• Si ***devoir*** exprime la conjecture, la supposition, il se rend par le futur ou par **deber de** + infinitif.

Estará cansada, ***elle doit être fatiguée.***
Debe de ser tarde, ***il doit être tard.***

18. La concordance des temps

• Si la subordonnée est au mode indicatif, le verbe se met au même temps qu'en français.

Digo que él se marcha, se marchaba, se ha marchado, etc.
Je dis qu'il part, partait, est parti, etc.

• Si la subordonnée est au mode subjonctif, la concordance doit s'établir rigoureusement de la façon suivante :

principale	subordonnée
Indicatif présent, passé composé, futur, impératif	subjonctif présent
Indicatif imparfait, passé simple, plus-que-parfait, conditionnel.	subjonctif imparfait

Quiero, he querido, querré que se marche.
Je veux, j'ai voulu, je voudrai qu'il parte.
Quería, quise, había querido, querría que se marchara.
Je voulais, voulus, avais voulu, voudrais qu'il parte.

• Cette concordance ne connaît qu'une exception constante : **como si** est toujours suivi du subjonctif imparfait même si la principale est au présent ou au futur.

Me habla como si nada hubiese ocurrido.
Il me parle comme si rien n'était arrivé.

19. L'emploi du subjonctif

• Le verbe de la subordonnée se met au subjonctif lorsqu'il se réfère à des faits ou des actions qui n'ont pas été réalisés ou qui n'ont pas de réalité dans l'esprit de la personne qui parle.

• On emploiera donc le subjonctif en espagnol quand :
1) le verbe de la principale nie ou met en doute la réalité d'un fait ou d'une action.

Dudo que te ayude, *je doute qu'il t'aide.*
No creo que venga mañana, *je ne crois pas qu'il vienne demain.*

2) le verbe de la principale exprime une réaction subjective de son sujet devant le fait énoncé dans la subordonnée.

No me molesta que canten.
Cela ne me dérange pas qu'ils chantent.

3) le verbe de la principale exprime un jugement de valeur ou une appréciation.

Es necesario que traigas tu pasaporte.
Il est nécessaire que tu apportes ton passeport.
Más vale que se lo digas. *Il vaut mieux que tu le lui dises.*

Il existe cependant un certain nombre d'expressions qui s'emploient avec l'indicatif parce qu'elles sont considérées non pas comme une appréciation mais comme de simples constatations : **es cierto que,** *il est certain que,* **es verdad que,** *il est vrai que,* etc.

Es verdad que tengo dificultades.

Il est vrai que j'éprouve des difficultés.

4) le verbe de la principale exerce sur le sujet de la subordonnée une influence de nature à modifier son action ou son comportement, (v. mémo 20, verbes de volonté + subjonctif).

5) le verbe de la subordonnée exprime un fait non expérimenté.

Enséñeme el mejor tejido que tenga.

Montrez-moi le meilleur tissu que vous ayez.

En revanche, on emploie l'indicatif s'il s'agit d'un fait déjà expérimenté.

Es la piedra más dura que se conoce.

C'est la pierre la plus dure que l'on connaisse.

• La subordonnée dépendant du verbe **esperar,** dans le sens d'*espérer,* se met à l'indicatif si l'on croit la chose très probable et au subjonctif si l'on n'en est nullement sûr.

Espero que ganará.

J'espère (et je m'y attends) ***qu'il gagnera.***

Espero que no se pierda.

J'espère (mais je n'en suis pas certain) ***qu'il ne se perdra pas.***

• Avec **esperar,** *attendre,* on emploie toujours le subjonctif dans la subordonnée.

Espero a que salgan todos. ***J'attends qu'ils sortent tous.***

20. Verbes de volonté + subjonctif

• Après un verbe exprimant un acte de volonté (verbes d'ordre, de prière, de conseil, de défense, etc.), le verbe de la subordonnée doit se mettre au subjonctif en espagnol même s'il est à l'infinitif en français.

Le digo que la compre, *je lui dis de l'acheter.*

→ Si **decir** énonce un fait, il est suivi de l'indicatif.

Dice que la va a comprar, *il dit qu'il va l'acheter.*

• Il y a des verbes qui admettent une double construction, subjonctif ou infinitif, dans la subordonnée si leur complément indirect est un pronom ou s'il n'y en a pas : **permitir,** *permettre ;* **prohibir,** *défendre ;* **mandar,** *ordonner ;* **impedir,** *empêcher ;* etc.

Le prohíbo volver. Le prohíbo que vuelva.

Je lui interdis de revenir.

Mandó callar, *il a ordonné de se taire.*

→ **Pedir,** *demander* et ses synonymes n'admettent que le subjonctif.

21. Conjonctions de temps + subjonctif

• Après une conjonction de temps (**cuando**, *quand* ; **en cuanto, tan pronto como, así que**, *aussitôt que, dès que* ; **mientras**, *pendant que* ; **conforme**, *à mesure que* ; **una vez que**, *une fois que* ; etc.) l'espagnol emploie le présent du subjonctif là où le français utilise le futur.

En cuanto pueda, iré a Argentina.
Dès que je le pourrai, j'irai en Argentine.
Cuando lo tenga, te lo daré, *quand je l'aurai, je te le donnerai.*
Mientras estés así, no haré nada.
Tant que tu seras comme ça, je ne ferai rien.
Conforme salgan, los contarás.
A mesure qu'ils sortiront, tu les compteras.

→ On utilise le futur après **cuándo** (portant un accent écrit) dans la phrase interrogative ou avec le style indirect.

¿ Cuándo vendrá ? — No sé cuándo vendrá.
Quand viendra-t-il ? — Je ne sais pas quand il viendra.

• Après une conjonction de temps, l'espagnol emploie l'imparfait du subjonctif là où le français utilise le conditionnel.

Prometió que escribiría tan pronto como llegara.
Il a promis qu'il écrirait aussitôt qu'il arriverait.

22. Si + imparfait

• L'imparfait de l'indicatif employé en français après la conjonction *si* exprimant la condition ou l'hypothèse se rend en espagnol par l'imparfait du subjonctif (le verbe principal reste au conditionnel).

Si yo la conociera bien, se la presentaría a Ud.
Si je la connaissais bien, je vous la présenterais.

• Au passé, la condition est énoncée en espagnol au plus-que-parfait du subjonctif et le verbe principal est au conditionnel passé.

Si hubiera sabido su nombre, te lo hubiera dicho.
Si j'avais su son nom, je te l'aurais dit.

• La conjonction **si** est suivie de l'indicatif ou du conditionnel quand elle introduit une interrogation indirecte (**preguntar si**, *demander si*, etc.), lorsqu'elle dépend d'un verbe de déclaration (**decir que**, *dire que* ; **prometer que**, etc.) ou si elle est simplement l'équivalent de *lorsque* ou de *puisque*.

Preguntó si lo sabías, *il a demandé si tu le savais.*
Dijo que si hacía frío, no saldría.
Il a dit que s'il faisait froid, il ne sortirait pas.
Si había comido demasiado, no dormía.
S'il avait trop mangé, il ne dormait pas.

23. L'emploi de « aunque »

• **Aunque** + indicatif = ***bien que, quoique.***
Expressions synonymes suivies aussi de l'indicatif : **si bien, a pesar de que, y eso que** (langue parlée).

No voy a comprarlo aunque tengo bastante dinero.
Je ne vais pas l'acheter bien que j'aie assez d'argent.
No vino, y eso que nos había dicho que le esperáramos.
Il n'est pas venu bien qu'il nous ait dit de l'attendre.

• **Aunque** + subjonctif = ***même si.***

Aun cuando + subjonctif = ***même si.***
Dijo que nos llamaría aunque fuera muy tarde.
Il a dit qu'il nous appellerait même s'il était très tard.

Aun cuando suivi de l'imparfait du subjonctif peut prendre le sens de ***quand bien même.***

Aun cuando fuese el mejor, no le contrataría.
Quand bien même serait-il le meilleur, je ne l'engagerais pas.

24. Le subjonctif dans la proposition relative

• Après un pronom relatif, on emploie le subjonctif en espagnol, en observant la règle de la concordance des temps, lorsque le français utilise le futur ou le conditionnel d'éventualité.

Haz lo que quieras, ***fais ce que tu voudras.***
Dijo que haría lo que quisieras.
Il a dit qu'il ferait ce que tu voudrais.

• Aux autres temps, on emploie le subjonctif lorsque l'action est irréelle, c'est-à-dire lorsqu'elle se réfère à un fait non réalisé ou non expérimenté, et l'indicatif lorsqu'elle est réelle.

¿ No hay nadie aquí que hable español ?
Il n'y a personne ici qui parle espagnol ?
Han encontrado un dependiente que habla francés.
Ils ont trouvé un vendeur qui parle français.

25. La traduction du verbe *être* (ser ou estar)

• *Être* se traduit par **ser** :

1. devant un nom, un pronom, un infinitif ou un numéral :
   La Paz es la capital de Bolivia. *La Paz est la capitale de la Bolivie.*
   ¿ Quién es ? — Soy yo, *qui est-ce ? — C'est moi.*
   Lo mejor es esperar, *le mieux est d'attendre.*

On emploiera toujours **ser** pour exprimer :
— la profession : **es ingeniero,** *il est ingénieur ;*
— l'origine : **es de Córdoba,** *il est de Cordoue ;*
— la matière : **este reloj es de oro,** *cette montre est en or ;*
— l'appartenance : **es de mi padre,** *elle est à mon père ;*

— la quantité : **son once,** *ils sont onze.*
— l 'heure : **son las dos,** *il est deux heures.*

2. Devant un adjectif ou un participe passé employé comme adjectif qui expriment une caractéristique essentielle à l'existence du sujet, une définition :
— **Es canadiense,** *il est canadien ;* **es muy alto,** *il est très grand.*
— **Es filipina, joven, morena y guapa,** *elle est philippine, jeune, brune et jolie.*
— **Esta playa es amplia, muy hermosa y muy blanca,** *cette plage est vaste, très belle et très blanche.*
— **El cuerpo de este atleta es perfectamente proporcionado,** *le corps de cet athlète est parfaitement proportionné.*

3. Avec un participe passé, comme auxiliaire pour exprimer une action à la voix passive :
— **El gol fue marcado por Maradona,** *le but a été marqué par Maradona.*

• *Être* se traduit par **estar :**
1. Pour exprimer une localisation dans l'espace ou dans le temps :
Están en Colombia, *ils sont en Colombie.*
Estamos a primero de abril, *nous sommes le premier avril.*

2. Devant un adjectif ou un participe passé employé comme adjectif pour exprimer un état ou une situation accidentelle, un résultat :
Este café está demasiado caliente, *ce café est trop chaud.*
La botella está vacía, *la bouteille est vide.*
No están muy satisfechos, *ils ne sont pas très satisfaits.*

3. Devant un participe passé pour exprimer un état ou le résultat d'une action :
Ahora la casa está vendida, *maintenant la maison est vendue.*
Están cerrados, *ils sont fermés.*

4. Avec un gérondif pour exprimer l'action qui est en train de s'accomplir (forme progressive) :
¿ Qué están haciendo ? *que sont-ils en train de faire ?*
Estaba pensándolo, *j'étais en train d'y réfléchir.*

• Certains adjectifs s'emploient toujours avec **ser** ou toujours avec **estar :**
ser : feliz *(heureux),* **infeliz** *(malheureux),* **posible** *(possible),* **imposible** *(impossible),* **cierto** *(certain),* **necesario** *(nécessaire),* **obligatorio** *(obligatoire).*
estar : contento *(content),* **descontento** *(mécontent),* **enfermo** *(malade),* **solo** *(seul),* **satisfecho** *(satisfait).*

• L'emploi de **ser** ou de **estar** peut modifier le sens de certains adjectifs ou participes passés :

ser	**bueno**	*bon*	**estar**	**bueno**	*en bonne santé*
	malo	*méchant*		**malo**	*malade*
	cansado	*fatigant*		**cansado**	*fatigué*
	rico	*riche*		**rico**	*délicieux*
	listo	*vif d'esprit*		**listo**	*prêt*
	delicado	*délicat*		**delicado**	*souffrant*

• L'emploi de **ser** ou de **estar** nuance le sens de certains adjectifs :

ser	**nervioso**	***nerveux***	estar	**nervioso**	***énervé***
	nuevo	***neuf (récent)***		**nuevo**	***neuf d'aspect***
	mudo	***muet***		**mudo**	***ne rien dire***
	verde	***vert***		**verde**	***pas mûr***
	loco	***fou***		**loco**	***toqué, cinglé***

• Expressions diverses :
¿Qué ha sido de él ? ***qu'est-il advenu de lui ?*** **Está de vacaciones,** ***il est en vacances.*** **Está para salir,** ***il est sur le point de sortir.*** **Está por salir,** ***il est tenté de sortir.*** **Está para cantar,** ***il est d'humeur à chanter.***

26. La traduction du verbe *avoir*

- *Avoir* a le sens de posséder : il se traduit par **tener.**
  Tiene monedas de oro, ***il a des pièces d'or.***
- *Avoir* est auxiliaire, il sert à conjuguer les temps composés : c'est **haber** qu'on utilise.
  Lo ha visto todo, ***il a tout vu.***
  Yo no había visto nada, ***je n'avais rien vu.***
- Attention à la conjugaison française qui utilise l'auxiliaire ***être*** avec les verbes pronominaux (il s'est levé), certains verbes de mouvement sans complément ou de transformation (je suis allé, je suis monté, devenu) ; l'espagnol, dans tous ces cas, utilise **haber.**
  Se ha acostado tarde, ***il s'est couché tard.***
  Había ido al cine, ***il était allé au cinéma.***
- On peut utiliser, au lieu de **haber,** le verbe **tener** + participe passé qui s'accorde pour insister sur l'action réalisée, sur le résultat acquis ou sur la valeur fréquentative.
  Tengo apuntada su dirección en mi agenda, ***j'ai noté son adresse sur mon agenda.***

27. La construction du verbe « gustar »

Gustar n'existe qu'aux 3e personnes du singulier et du pluriel, car il se construit à la manière de « plaire » : ***j'aime la vie = la vie me plaît.***
Aussi, le verbe **gustar** s'accorde-t-il toujours avec le nom qui suit :
A mí, me gusta el café : le nom est singulier, donc le verbe est au singulier.
A mí, me gustan las flores : le nom est pluriel, donc le verbe est au pluriel.

Les groupes **a mí, a él,** etc., ne sont pas obligatoires. Utilisés, ils marquent l'insistance ou évitent la confusion :

a mí me gusta el café	*moi, j'aime le café*
a ti te gustan las flores	*toi, tu aimes les fleurs*
a él le gusta correr	*lui, il aime courir*
a Ud. también, le gusta	*vous aussi, vous aimez*
a nosotros no nos gusta	*nous, nous n'aimons pas*
a vosotros os gusta	*vous, vous aimez*
a ellas también les gusta	*elles, elles aiment aussi*
a Uds. les gusta el sol	*vous, vous aimez le soleil*

28. Les verbes espagnols

- Le verbe espagnol, régulier ou non, ne peut se terminer à l'infinitif que par **-ar, -er,** ou **-ir.**
- Chaque personne d'un verbe conjugué a une terminaison caractéristique ; aussi le pronom personnel sujet devient-il inutile, sauf aux 1re et 3e personnes du singulier de l'imparfait de l'indicatif, du présent du subjonctif, des deux imparfaits du subjonctif et du conditionnel, où les terminaisons sont semblables.
  Le pronom personnel sujet ne sera donc utilisé que pour éviter une confusion entre deux personnes ou pour marquer l'insistance sur la personne qui fait l'action : moi, je... — lui, il...

- La conjugaison espagnole présente une particularité : l'imparfait du subjonctif a deux formes qui ont la même signification et qui peuvent être utilisées indifféremment.

- Il y a, en espagnol, dans la conjugaison des temps simples, trois temps clés :
  — le présent de l'indicatif qui donne le présent du subjonctif ;
  — le futur de l'indicatif qui donne le conditionnel présent ;
  — le passé simple qui, par l'intermédiaire de sa 3e personne du pluriel, donne les deux imparfaits du subjonctif. L'imparfait de l'indicatif, sauf pour trois verbes **(ir, ser** et **ver)** est toujours régulier.
- Les verbes espagnols sont présentés dans l'ordre suivant :
  — les verbes réguliers **(tomar, comer, vivir)**
  — les verbes à diphtongue **(volver, empezar)**
  — les verbes du groupe **sentir**
  — les verbes du groupe **pedir**
  — les verbes en **-ducir (conducir)**
  — les verbes en **-uir (construir)**
  — les verbes irréguliers indépendants (de **andar** à **ver)**
  — les verbes en **-acer, -ecer** et **-ocer (obedecer)**
  — les verbes en **-iar (variar)**
  ensuite : l'impératif, le participe passé et le gérondif.

28.1 Les verbes espagnols

Indicatif présent		Subjonctif présent	Indicatif futur		Conditionnel présent
Tomar *prendre* (verbe régulier en **-ar**)					
tomo	→	tome	tomaré	→	tomaría
tomas		tomes	tomarás		tomarías
toma		tome	tomará		tomaría
tomamos		tomemos	tomaremos		tomaríamos
tomáis		toméis	tomaréis		tomaríais
toman		tomen	tomarán		tomarían
Comer *manger* (verbe régulier en **-er**)					
como	→	coma	comeré	→	comería
comes		comas	comerás		comerías
come		coma	comerá		comería
comemos		comamos	comeremos		comeríamos
coméis		comáis	comeréis		comeríais
comen		coman	comerán		comerían
Vivir *habiter, vivre* (verbe régulier en -ir)					
vivo	→	viva	viviré	→	viviría
vives		vivas	vivirás		vivirías
vive		viva	vivirá		viviría
vivimos		vivamos	viviremos		viviríamos
vivís		viváis	viviréis		viviríais
viven		vivan	vivirán		vivirían
Volver *rentrer* (verbe à diphtongue **o → ue**)					
vuelvo	→	vuelva	volveré	→	volvería
vuelves		vuelvas	volverás		volverías
vuelve		vuelva	volverá		volvería
volvemos		volvamos	volveremos		volveríamos
volvéis		volváis	volveréis		volveríais
vuelven		vuelvan	volverán		volverían
Empezar *commencer* (diphtongue **e → ie**)					
empiezo	→	empiece	empezaré	→	empezaría
empiezas		empieces	empezarás		empezarías
empieza		empiece	empezará		empezaría
empezamos		empecemos	empezaremos		empezaríamos
empezáis		empecéis	empezaréis		empezaríais
empiezan		empiecen	empezarán		empezarían

28.1 Les verbes espagnols

Indicatif imparfait	Passé simple	Subjonctifs imparfaits 1re forme	2e forme
Tomar *prendre*			
tomaba	tomé	tomara	tomase
tomabas	tomaste	tomaras	tomases
tomaba	tomó	tomara	tomase
tomábamos	tomamos	tomáramos	tomásemos
tomabais	tomasteis	tomarais	tomaseis
tomaban	tomaron	tomaran	tomasen
Comer *manger*			
comía	comí	comiera	comiese
comías	comiste	comieras	comieses
comía	comió	comiera	comiese
comíamos	comimos	comiéramos	comiésemos
comíais	comisteis	comierais	comieseis
comían	comieron	comieran	comiesen
Vivir *habiter, vivre*			
vivía	viví	viviera	viviese
vivías	viviste	vivieras	vivieses
vivía	vivió	viviera	viviese
vivíamos	vivimos	viviéramos	viviésemos
vivíais	vivisteis	vivierais	vivieseis
vivían	vivieron	vivieran	viviesen
Volver *rentrer*			
volvía	volví	volviera	volviese
volvías	volviste	volvieras	volvieses
volvía	volvió	volviera	volviese
volvíamos	volvimos	volviéramos	volviésemos
volvíais	volvisteis	volvierais	volvieseis
volvían	volvieron	volvieran	volviesen
Empezar *commencer*			
empezaba	empecé	empezara	empezase
empezabas	empezaste	empezaras	empezases
empezaba	empezó	empezara	empezase
empezábamos	empezamos	empezáramos	empezásemos
empezabais	empezasteis	empezarais	empezaseis
empezaban	empezaron	empezaran	empezasen

Indicatif présent	Subjonctif présent	Indicatif futur	Conditionnel présent
Sentir *sentir, regretter, entendre*			
siento →	sienta	sentiré →	sentiría
sientes	sientas	sentirás	sentirías
siente	sienta	sentirá	sentiría
sentimos	sintamos	sentiremos	sentiríamos
sentís	sintáis	sentiréis	sentiríais
sienten	sientan	sentirán	sentirían
Pedir *demander, exiger*			
pido →	pida	pediré →	pediría
pides	pidas	pedirás	pedirías
pide	pida	pedirá	pediría
pedimos	pidamos	pediremos	pediríamos
pedís	pidáis	pediréis	pediríais
piden	pidan	pedirán	pedirían
Conducir *conduire*			
conduzco →	conduzca	conduciré →	conduciría
conduces	conduzcas	conducirás	conducirías
conduce	conduzca	conducirá	conduciría
conducimos	conduzcamos	conduciremos	conduciríamos
conducís	conduzcáis	conduciréis	conduciríais
conducen	conduzcan	conducirán	conducirían
Construir *construire*			
construyo →	construya	construiré →	construiría
construyes	construyas	construirás	construirías
construye	construya	construirá	construiría
construimos	construyamos	construiremos	construiríamos
construís	construyáis	construiréis	construiríais
construyen	construyan	construirán	construirían
Andar *marcher*			
ando →	ande	andaré →	andaría
andas	andes	andarás	andarías
anda	ande	andará	andaría
andamos	andemos	andaremos	andaríamos
andáis	andéis	andaréis	andaríais
andan	anden	andarán	andarían

28.2 Les verbes espagnols

Indicatif imparfait	Passé simple	Subjonctifs imparfaits 1re forme	2e forme
Sentir *sentir, regretter, entendre*			
sentía	sentí	sintiera	sintiese
sentías	sentiste	sintieras	sintieses
sentía	sintió	sintiera	sintiese
sentíamos	sentimos	sintiéramos	sintiésemos
sentíais	sentisteis	sintierais	sintieseis
sentían	sintieron	sintieran	sintiesen
Pedir *demander, exiger*			
pedía	pedí	pidiera	pidiese
pedías	pediste	pidieras	pidieses
pedía	pidió	pidiera	pidiese
pedíamos	pedimos	pidiéramos	pidiésemos
pedíais	pedisteis	pidierais	pidieseis
pedían	pidieron	pidieran	pidiesen
Conducir *conduire*			
conducía	conduje	condujera	condujese
conducías	condujiste	condujeras	condujeses
conducía	condujo	condujera	condujese
conducíamos	condujimos	condujéramos	condujésemos
conducíais	condujisteis	condujerais	condujeseis
conducían	condujeron	condujeran	condujesen
Construir *construire*			
construía	construí	construyera	construyese
construías	construiste	construyeras	construyeses
construía	construyó	construyera	construyese
construíamos	construimos	construyéramos	construyésemos
construíais	construisteis	construyerais	construyeseis
construían	construyeron	construyeran	construyesen
Andar *marcher*			
andaba	anduve	anduviera	anduviese
andabas	anduviste	anduvieras	anduvieses
andaba	anduvo	anduviera	anduviese
andábamos	anduvimos	anduviéramos	anduviésemos
andabais	anduvisteis	anduvierais	anduvieseis
andaban	anduvieron	anduvieran	anduviesen

28.3 Les verbes espagnols

Indicatif présent		Subjonctif présent	Indicatif futur		Conditionnel présent
Caber *tenir dans, être contenu*					
quepo	→	quepa	cabré	→	cabría
cabes		quepas	cabrás		cabrías
cabe		quepa	cabrá		cabría
cabemos		quepamos	cabremos		cabríamos
cabéis		quepáis	cabréis		cabríais
caben		quepan	cabrán		cabrían
Caer *tomber*					
caigo	→	caiga	caeré	→	caería
caes		caigas	caerás		caerías
cae		caiga	caerá		caería
caemos		caigamos	caeremos		caeríamos
caéis		caigáis	caeréis		caeríais
caen		caigan	caerán		caerían
Dar *donner*					
doy	→	dé	daré	→	daría
das		des	darás		darías
da		dé	dará		daría
damos		demos	daremos		daríamos
dais		deis	daréis		daríais
dan		den	darán		darían
Decir *dire*					
digo	→	diga	diré	→	diría
dices		digas	dirás		dirías
dice		diga	dirá		diría
decimos		digamos	diremos		diríamos
decís		digáis	diréis		diríais
dicen		digan	dirán		dirían
Estar *être, se trouver*					
estoy	→	esté	estaré	→	estaría
estás		estés	estarás		estarías
está		esté	estará		estaría
estamos		estemos	estaremos		estaríamos
estáis		estéis	estaréis		estaríais
están		estén	estarán		estarían

28.3 Les verbes espagnols

Indicatif imparfait	Passé simple	Subjonctifs imparfaits 1re forme	2e forme
Caber *tenir dans, être contenu*			
cabía	cupe	cupiera	cupiese
cabías	cupiste	cupieras	cupieses
cabía	cupo	cupiera	cupiese
cabíamos	cupimos	cupiéramos	cupiésemos
cabíais	cupisteis	cupierais	cupieseis
cabían	cupieron	cupieran	cupiesen
Caer *tomber*			
caía	caí	cayera	cayese
caías	caíste	cayeras	cayeses
caía	cayó	cayera	cayese
caíamos	caímos	cayéramos	cayésemos
caíais	caísteis	cayerais	cayeseis
caían	cayeron	cayeran	cayesen
Dar *donner*			
daba	di	diera	diese
dabas	diste	dieras	dieses
daba	dio	diera	diese
dábamos	dimos	diéramos	diésemos
dabais	disteis	dierais	dieseis
daban	dieron	dieran	diesen
Decir *dire*			
decía	dije	dijera	dijese
decías	dijiste	dijeras	dijeses
decía	dijo	dijera	dijese
decíamos	dijimos	dijéramos	dijésemos
decíais	dijisteis	dijerais	dijeseis
decían	dijeron	dijeran	dijesen
Estar *être, se trouver*			
estaba	estuve	estuviera	estuviese
estabas	estuviste	estuvieras	estuvieses
estaba	estuvo	estuviera	estuviese
estábamos	estuvimos	estuviéramos	estuviésemos
estabais	estuvisteis	estuvierais	estuvieseis
estaban	estuvieron	estuvieran	estuviesen

28.4 Les verbes espagnols

Indicatif présent	Subjonctif présent	Indicatif futur	Conditionnel présent
Haber *avoir (auxiliaire)*			
he	haya	habré →	habría
has	hayas	habrás	habrías
ha	haya	habrá	habría
hemos	hayamos	habremos	habríamos
habéis	hayáis	habréis	habríais
han	hayan	habrán	habrían
Hacer *faire*			
hago →	haga	haré →	haría
haces	hagas	harás	harías
hace	haga	hará	haría
hacemos	hagamos	haremos	haríamos
hacéis	hagáis	haréis	haríais
hacen	hagan	harán	harían
Ir *aller*			
voy	vaya	iré →	iría
vas	vayas	irás	irías
va	vaya	irá	iría
vamos	vayamos	iremos	iríamos
vais	vayáis	iréis	iríais
van	vayan	irán	irían
Oír *entendre*			
oigo →	oiga	oiré →	oiría
oyes	oigas	oirás	oirías
oye	oiga	oirá	oiría
oímos	oigamos	oiremos	oiríamos
oís	oigáis	oiréis	oiríais
oyen	oigan	oirán	oirían
Poder *pouvoir*			
puedo →	pueda	podré →	podría
puedes	puedas	podrás	podrías
puede	pueda	podrá	podría
podemos	podamos	podremos	podríamos
podéis	podáis	podréis	podríais
pueden	puedan	podrán	podrían

28.4 Les verbes espagnols

Indicatif imparfait	Passé simple	Subjonctifs imparfaits 1re forme	2e forme
Haber *avoir (auxiliaire)*			
había	hube	hubiera	hubiese
habías	hubiste	hubieras	hubieses
había	hubo	hubiera	hubiese
habíamos	hubimos	hubi**é**ramos	hubi**é**semos
habíais	hubisteis	hubierais	hubieseis
habían	hubieron	hubieran	hubiesen
Hacer *faire*			
hacía	hice	hiciera	hiciese
hacías	hiciste	hicieras	hicieses
hacía	hizo	hiciera	hiciese
hacíamos	hicimos	hici**é**ramos	hici**é**semos
hacíais	hicisteis	hicierais	hicieseis
hacían	hicieron	hicieran	hiciesen
Ir *aller*			
iba	fui	fuera	fuese
ibas	fuiste	fueras	fueses
iba	fue	fuera	fuese
íbamos	fuimos	fu**é**ramos	fu**é**semos
ibais	fuisteis	fuerais	fueseis
iban	fueron	fueran	fuesen
Oír *entendre*			
oía	oí	oyera	oyese
oías	oíste	oyeras	oyeses
oía	oyó	oyera	oyese
oíamos	oímos	oy**é**ramos	oy**é**semos
oíais	oísteis	oyerais	oyeseis
oían	oyeron	oyeran	oyesen
Poder *pouvoir*			
podía	pude	pudiera	pudiese
podías	pudiste	pudieras	pudieses
podía	pudo	pudiera	pudiese
podíamos	pudimos	pudi**é**ramos	pudi**é**semos
podíais	pudisteis	pudierais	pudieseis
podían	pudieron	pudieran	pudiesen

28.5 Les verbes espagnols

Indicatif présent	Subjonctif présent	Indicatif futur	Conditionnel présent
Poner *mettre*			
pongo →	ponga	pondré →	pondría
pones	pongas	pondrás	pondrías
pone	ponga	pondrá	pondría
ponemos	pongamos	pondremos	pondríamos
ponéis	pongáis	pondréis	pondríais
ponen	pongan	pondrán	pondrían
Querer *vouloir, aimer*			
quiero →	quiera	querré →	querría
quieres	quieras	querrás	querrías
quiere	quiera	querrá	querría
queremos	queramos	querremos	querríamos
queréis	queráis	querréis	querríais
quieren	quieran	querrán	querrían
Saber *savoir*			
sé	sepa	sabré →	sabría
sabes	sepas	sabrás	sabrías
sabe	sepa	sabrá	sabría
sabemos	sepamos	sabremos	sabríamos
sabéis	sepáis	sabréis	sabríais
saben	sepan	sabrán	sabrían
Salir *sortir*			
salgo →	salga	saldré →	saldría
sales	salgas	saldrás	saldrías
sale	salga	saldrá	saldría
salimos	salgamos	saldremos	saldríamos
salís	salgáis	saldréis	saldríais
salen	salgan	saldrán	saldrían
Ser *être*			
soy	sea	seré →	sería
eres	seas	serás	serías
es	sea	será	sería
somos	seamos	seremos	seríamos
sois	seáis	seréis	seríais
son	sean	serán	serían

28.5 Les verbes espagnols

Indicatif imparfait	Passé simple	Subjonctifs imparfaits 1re forme	2e forme
Poner *mettre*			
ponía	puse	pusiera	pusiese
ponías	pusiste	pusieras	pusieses
ponía	puso	pusiera	pusiese
poníamos	pusimos	pusiéramos	pusiésemos
poníais	pusisteis	pusierais	pusieseis
ponían	pusieron	pusieran	pusiesen
Querer *vouloir, aimer*			
quería	quise	quisiera	quisiese
querías	quisiste	quisieras	quisieses
quería	quiso	quisiera	quisiese
queríamos	quisimos	quisiéramos	quisiésemos
queríais	quisisteis	quisierais	quisieseis
querían	quisieron	quisieran	quisiesen
Saber *savoir*			
sabía	supe	supiera	supiese
sabías	supiste	supieras	supieses
sabía	supo	supiera	supiese
sabíamos	supimos	supiéramos	supiésemos
sabíais	supisteis	supierais	supieseis
sabían	supieron	supieran	supiesen
Salir *sortir*			
salía	salí	saliera	saliese
salías	saliste	salieras	salieses
salía	salió	saliera	saliese
salíamos	salimos	saliéramos	saliésemos
salíais	salisteis	salierais	salieseis
salían	salieron	salieran	saliesen
Ser *être*			
era	fui	fuera	fuese
eras	fuiste	fueras	fueses
era	fue	fuera	fuese
éramos	fuimos	fuéramos	fuésemos
erais	fuisteis	fuerais	fueseis
eran	fueron	fueran	fuesen

Indicatif présent	Subjonctif présent	Indicatif futur	Conditionnel présent
Tener ***avoir, posséder***			
tengo →	tenga	tendré →	tendría
tienes	tengas	tendrás	tendrías
tiene	tenga	tendrá	tendría
tenemos	tengamos	tendremos	tendríamos
tenéis	tengáis	tendréis	tendríais
tienen	tengan	tendrán	tendrían
Traer ***apporter, amener***			
traigo →	traiga	traeré →	traería
traes	traigas	traerás	traerías
trae	traiga	traerá	traería
traemos	traigamos	traeremos	traeríamos
traéis	traigáis	traeréis	traeríais
traen	traigan	traerán	traerían
Valer ***valoir***			
valgo →	valga	valdré →	valdría
vales	valgas	valdrás	valdrías
vale	valga	valdrá	valdría
valemos	valgamos	valdremos	valdríamos
valéis	valgáis	valdréis	valdríais
valen	valgan	valdrán	valdrían
Venir ***venir***			
vengo →	venga	vendré →	vendría
vienes	vengas	vendrás	vendrías
viene	venga	vendrá	vendría
venimos	vengamos	vendremos	vendríamos
venís	vengáis	vendréis	vendríais
vienen	vengan	vendrán	vendrían
Ver ***voir***			
veo →	vea	veré →	vería
ves	veas	verás	verías
ve	vea	verá	vería
vemos	veamos	veremos	veríamos
veis	veáis	veréis	veríais
ven	vean	verán	verían

Indicatif imparfait	Passé simple	Subjonctifs imparfaits 1re forme	2e forme
Tener *avoir, posséder*			
tenía	tuve	tuviera	tuviese
tenías	tuviste	tuvieras	tuvieses
tenía	tuvo	tuviera	tuviese
teníamos	tuvimos	tuviéramos	tuviésemos
teníais	tuvisteis	tuvierais	tuvieseis
tenían	tuvieron	tuvieran	tuviesen
Traer *apporter, amener*			
traía	traje	trajera	trajese
traías	trajiste	trajeras	trajeses
traía	trajo	trajera	trajese
traíamos	trajimos	trajéramos	trajésemos
traíais	trajisteis	trajerais	trajeseis
traían	trajeron	trajeran	trajesen
Valer *valoir*			
valía	valí	valiera	valiese
valías	valiste	valieras	valieses
valía	valió	valiera	valiese
valíamos	valimos	valiéramos	valiésemos
valíais	valisteis	valierais	valieseis
valían	valieron	valieran	valiesen
Venir *venir*			
venía	vine	viniera	viniese
venías	viniste	vinieras	vinieses
venía	vino	viniera	viniese
veníamos	vinimos	viniéramos	viniésemos
veníais	vinisteis	vinierais	vinieseis
venían	vinieron	vinieran	viniesen
Ver *voir*			
veía	vi	viera	viese
veías	viste	vieras	vieses
veía	vio	viera	viese
veíamos	vimos	viéramos	viésemos
veíais	visteis	vierais	vieseis
veían	vieron	vieran	viesen

28.7 Les verbes en -acer, -ecer, -ocer

• Les verbes dont l'infinitif se termine en **-acer, -ecer, -ocer** présentent l'irrégularité suivante : ils intercalent un **z** entre la voyelle de la dernière syllabe du radical et le **c** à la 1re personne du singulier du présent de l'indicatif, et donc, à tout le subjonctif présent :
Obedecer *(obéir)* **obedezco, obedeces,** etc.
obedezca, obedezcas, etc.

• *Exceptions :* **cocer,** *cuire* = **cuezo** ; faire, qui est un verbe irrégulier indépendant ; **mecer,** *bercer* = **mezo** ; **hacer,** *faire,* v. 28.4.

28.8 Les verbes en -iar

• Certains verbes, comme **variar,** *varier* accentuent le **i** aux 3 personnes du singulier et à la 3e du pluriel des présents de l'indicatif et du subjonctif :
varío, varías, varía,.. varían
varíe, varíes, varíe,.. varíen

• D'autres, comme **cambiar,** *changer* lient le **i** à la voyelle suivante :
cambio, cambias, cambia,...cambian
cambie, cambies, cambie,...cambien
Consultez le dictionnaire.

29. L'impératif

• L'impératif espagnol n'a que deux formes propres : la 2e personne du singulier (T.S. = tutoiement singulier) et la 2e personne du pluriel (T.P. = tutoiement pluriel) de la forme affirmative.

• Lorsqu'il est régulier, le tutoiement singulier affirmatif s'obtient en supprimant le **-s** final de la 2e personne du singulier du présent de l'indicatif.
Aprendes - s = aprende, *apprends*

• Le tutoiement pluriel affirmatif s'obtient en remplaçant le **-r** final de l'infinitif par un **-d.**
Aprender — r + d = aprended, *apprenez.*

• On emploie le présent du subjonctif aux autres personnes de la forme affirmative (V.S. = vouvoiement singulier ; V.P. = vouvoiement pluriel ; 1 P.P. = 1re personne du pluriel) et à toutes les personnes de la forme négative.

Impératif du verbe **aprender**, *apprendre*

	Affirmatif	Négatif
T.S.	**aprende**	**no aprendas**
T.P.	**aprended**	**no aprendáis**
V.S.	**aprenda**	**no aprenda**
V.P.	**aprendan**	**no aprendan**
1. P.P.	**aprendamos**	**no aprendamos**

• L'enclise du ou des pronoms est obligatoire à la forme affirmative de l'impératif.

Dámela, *donne-la-moi.*
No me la des, *ne me la donne pas.*

Chute du **-s** final du verbe à la 1re personne du pluriel de l'impératif affirmatif devant les pronoms **nos, selo, sela.**

Levantémonos, *levons-nous ;* **démoselos,** *donnons-le-lui.*

Chute du **-d** final du tutoiement pluriel devant le pronom **os** (sauf pour **idos,** *allez-vous-en).*

Acercad + os = acercaos, *approchez-vous*
Moved + os = moveos, *secouez-vous.*
Cubrid + os = cubríos, *couvrez-vous*

Dans le cas des verbes en **-ir,** il faut écrire un accent sur le **i** pour éviter la diphtongaison.

• Tutoiements singuliers affirmatifs irréguliers.

ven (venir, ***venir*****)**
pon (poner, ***mettre*****)**
ten (tener, ***avoir*****)**
val (valer, ***valoir*****)**
sal (salir, ***sortir*****)**
haz (hacer, ***faire*****)**
di (decir, ***dire)***
ve (ir, ***aller)***
sé (ser, ***être)***

La 1re personne du pluriel, forme affirmative, du verbe **ir,** *aller,* est **vamos** au lieu de **vayamos.**

• Impératif du verbe **irse,** *s'en aller*

	Affirmatif	Négatif
T.S.	**vete**	**no te vayas**
T.P.	**idos**	**no os vayáis**
V.S.	**váyase**	**no se vaya**
V.P.	**váyanse**	**no se vayan**
1. P.P.	**vámonos**	**no nos vayamos**

• Dans la langue familière, l'espagnol emploie parfois l'infinitif dans un sens affirmatif en s'adressant à plusieurs personnes.

¡Correr, niños ! *Courez, les enfants !*

30. Le participe passé

- Participe passé régulier
tomar : tom + ado = tomado, *pris*
comer : com + ido = comido, *mangé*
subir : sub + ido = subido, *monté*

- Certains verbes ont un participe passé irrégulier :
abrir, *ouvrir,* **abierto ; cubrir,** *couvrir,* **cubierto ; decir,** *dire,* **dicho ; hacer,** *faire,* **hecho ; morir,** *mourir,* **muerto ; poner,** *mettre,* **puesto ; ver,** *voir,* **visto** ; les verbes terminés en **-olver** et **-scribir** font respectivement **-uelto** et **scrito : volver,** *tourner,* **vuelto ; escribir,** *écrire,* **escrito.**

- D'autres verbes ont deux participes passés, l'un régulier, l'autre irrégulier. Les plus fréquents, et à retenir, sont :

bendecir	*bénir*	**bendecido**	**bendito**
despertar	*éveiller*	**despertado**	**despierto**
extender	*étendre*	**extendido**	**extenso**
imprimir	*imprimer*	**imprimido**	**impreso**
fijar	*fixer*	**fijado**	**fijo**
juntar	*unir*	**juntado**	**junto**
maldecir	*maudire*	**maldecido**	**maldito**
manifestar	*manifester*	**manifestado**	**manifiesto**
oprimir	*opprimer*	**oprimido**	**opreso**
prender	*prendre*	**prendido**	**preso**
presumir	*présumer*	**presumido**	**presunto**
soltar	*lâcher*	**soltado**	**suelto**
suprimir	*supprimer*	**suprimido**	**supreso**

La règle est que le participe passé régulier sert à former temps composés et forme passive, la forme irrégulière étant utilisée comme adjectif :

Le han soltado, *on l'a relâché.*
Es demasiado suelto de la lengua.
Il a la langue trop bien pendue.

- Dans la langue courante, **frito** de **freír,** *frire,* **provisto** de **proveer,** *pourvoir,* **roto** de **romper,** *casser,* remplacent souvent les formes régulières :
Han roto el florero de Clodoveo.
Ils ont cassé le vase de Clovis.

- Dans quelques expressions figées, **bendito** et **maldito** prennent la place des formes régulières :
¡ Bendito sea Dios ! *Dieu soit loué !*
¡ Maldito tiempo ! *Maudit temps !*

31. Le gérondif

- Gérondif régulier

tomar :	tom	+ ando	= tomando, *en prenant*
comer :	com	+ iendo	= comiendo, *en mangeant*
subir :	sub	+ iendo	= subiendo, *en montant*

- Irrégularités et modifications orthographiques

— L'**e** du radical de certains verbes devient i au gérondif :

verbes du type **sentir,** ***sentir, regretter***	**sintiendo**
verbes du type **pedir,** ***demander***	**pidiendo**
decir, ***dire***	**diciendo**
venir, ***venir***	**viniendo**

— L'o du radical de certains verbes devient **u** au gérondif :

dormir, ***dormir***	**durmiendo**
morir, ***mourir***	**muriendo**
poder, ***pouvoir***	**pudiendo**

— L'i atone de **-iendo** se transcrit **y** lorsqu'il se trouve placé après la voyelle finale du radical :

caer, ***tomber***	**cayendo**
creer, ***croire***	**creyendo**
leer, ***lire***	**leyendo**
oír, ***entendre***	**oyendo**
traer, ***apporter,*** etc.	**trayendo**
et verbes en **-uir**	
construir, ***construire***	**construyendo**

— L'i atone de **-iendo** disparaît après une consonne mouillée (**ch, ll, ñ**)

bullir, ***bouillonner***	**bullendo**
gruñir, ***grogner***	**gruñendo**
etc.	

— Les verbes en **-eír** et **-eñir** (ainsi que **henchir**) perdent aussi l'i atone de **-iendo** et, de plus, sont concernés par l'irrégularité des verbes du type **pedir** (l'**e** du radical devient **i** au gérondif) :

reír, ***rire***	**riendo**
reñir, ***quereller***	**riñendo**
henchir, ***enfler***	**hinchendo**
etc.	

— Gérondif du verbe **ir,** ***aller*** **yendo**

Lexique

A

abajo, adv.	dessous.
más abajo	plus bas.
abierto, adj.	ouvert.
abogado, m.	avocat.
abrigo, m.	1. abri. 2. pardessus, manteau.
abrir, v.	ouvrir.
absolutamente, adv.	absolument, tout à fait.
absoluto, adj.	absolu.
en absoluto	pas du tout, absolument pas, nullement.
no... en absoluto	ne... absolument pas.
abuelo, m.	grand-père.
los abuelos	les grands-parents.
aburrido, adj.	1. (avec **estar**) ennuyé. 2. (avec **ser**) ennuyeux.
aburrirse, v.	s'ennuyer
abusivo, adj.	abusif.
abuso, m.	abus.
acabar, v.	achever, terminer.
acabar de	venir de (passé récent).
no acabar de	ne pas arriver à, ne pas réussir à.
acabar + gérondif	finir par + infinitif.
accidente, m.	accident.
aceite, m.	huile.
aceptar, v.	accepter.
acercarse, v.	1. s'approcher. 2. passer, aller, venir.
acertar, v.	réussir, deviner, trouver.
acompañar, v.	accompagner.
aconsejar, v.	conseiller.
acordar, v.	décider.

acordarse de	se souvenir de, se rappeler.
acostado, adj.	couché.
acostarse, v.	se coucher.
acostumbrado, adj.	habitué.
actitud, f.	attitude.
actor, m.	acteur, comédien.
actriz, f.	actrice, comédienne.
actuar, v.	1. agir. 2. jouer un rôle.
acuerdo, m.	accord.
de acuerdo	d'accord.
estar de acuerdo con	être d'accord avec.
adelantar, v.	avancer.
además, adv.	en plus, de plus, en outre.
adiós, interj.	1. au revoir. 2. adieu.
administrativo, adj. et m.	administratif
admitir, v.	admettre.
adonde, adv.	où (avec déplacement).
adverso, adj.	adverse, opposé.
advertir, v.	avertir, signaler, prévenir.
aeropuerto, m.	aéroport.
aficionado, adj. et m.	amateur, passionné.
ser aficionado a	être passionné de, aimer beaucoup.
agencia, f.	agence.
agradable, adj.	agréable.
agradecer, v.	remercier, être reconnaissant.
agua, f.	eau.
aguantar, v.	supporter, endurer.
ahí, adv.	là.
ahora, adv.	maintenant.
ahora mismo	tout de suite.
desde ahora	à partir de maintenant.
ajedrez, m.	échecs (jeu).
ajeno, adj.	étranger.
alcanzar, v.	atteindre.
alcohol, m.	alcool.
alegrarse, v.	se réjouir.
alegre, adj.	gai.
alemán, adj.	allemand.

algo, pron. ind.	quelque chose.
algo, adv.	un peu.
alguien, pron. ind.	quelqu'un.
alguno, adj. ind.	quelque.
algunos, pron. ind.	quelques-uns.
alimentar, v.	alimenter, nourrir.
almacén, m.	magasin.
almendra, f.	amande.
alquilar, v.	louer.
alto, adj.	grand, haut.
allá, adv.	là-bas.
allí, adv.	là, là-bas.
amable, adj.	aimable.
amablemente, adv.	aimablement.
ambulancia, f.	ambulance.
amigo, m.	ami.
amueblar, v.	meubler.
andar, v.	marcher.
¡ ande !	allons (pour encourager).
anís, m.	anis.
anochecer (al)	à la tombée de la nuit.
ante, prép.	devant.
antemano (de)	d'avance.
antes, adv.	avant, auparavant.
antes de que	avant que.
cuanto antes, lo antes posible	le plus tôt possible, au plus vite
antipático, adj.	antipathique, désagréable.
anular, v.	annuler.
añadir, v.	ajouter.
año, m.	an, année.
el año **pasado**	l'année dernière.
aparcar, v.	garer, parquer.
aparecer, v.	apparaître.
aparte, adv.	à part.
aparte de	en dehors de, mis à part.
apasionado, adj.	passionné.
apenas, adv.	à peine.
apetecer, v.	faire envie, plaire, dire.
aprensivo, adj.	craintif, peureux.
ser un aprensivo	s'inquiéter toujours.

aprobar, v.	approuver.
apuntado, adj.	noté, écrit.
apuntar, v.	noter, prendre en note.
apurarse, v.	1. s'attrister. 2. (Amér.) se presser.
aquel, adj. démons.	ce, cet.
aquél, pron. démons.	celui-ci.
aquello, pron. démons. neutre	ceci, cela.
aquí, adv.	ici.
archivo, m.	archives.
argumento, m.	argument.
armario, m.	armoire.
arreglar, v.	arranger.
arrepentirse, v.	se repentir.
arriba, adv.	en haut, là-haut.
artículo, m.	article.
asado, adj.	rôti.
asar, v.	rôtir.
ascenso, m.	avancement, promotion.
asegurar, v.	assurer.
así, adv.	ainsi, comme ça.
así que	si bien que, donc.
asistir, v.	assister.
aspecto, m.	aspect, mine, allure.
asumir, v.	assumer.
asunto, m.	affaire.
atender, v.	s'occuper de.
atento, adj.	attentif.
atrás, adv.	derrière, en arrière.
aumento, m.	augmentation.
aun, adv.	même.
aún, adv.	encore.
aunque, conj.	1. (suivi de l'indicatif) bien que, quoique. 2. (suivi du subjonctif) même si.
ausencia, f.	absence.
ausentarse, v.	s'absenter.
autobús, m.	autobus.
autocar, m.	autocar, autobus.
automático, adj.	automatique.

avenida, f.	avenue.
avisar, v.	aviser, prévenir.
ay, interj.	aïe ! hélas ! mon Dieu !
ayer, adv.	hier.
ayuda, f.	aide.
ayudar, v.	aider.
ayuntamiento, m.	mairie.
azafata, f.	hôtesse de l'air.
azúcar, m.	sucre.
azul, adj.	bleu.

B

bajar, v.	baisser.
bajo, adj.	petit, bas.
banco, m.	banque.
bar, m.	bar, café.
barato, adj.	bon marché.
barrio, m.	quartier (d'une ville).
bastante, adj. et adv.	assez de, assez.
bastar, v.	suffire.
basta con	il suffit de.
beber, v.	boire.
bien, adv.	bien.
bienvenido, adj.	bienvenu.
bigote, m.	moustache.
blanco, adj.	blanc.
boda, f.	mariage, noce.
bolso, m.	sac à main.
bombón, m.	bonbon au chocolat, chocolat.
bonito, adj.	joli.
botar, v.	1. lancer. 2. (Amér.) jeter.
brindar, v.	offrir.
brindar por	boire à la santé de.
broma, f.	plaisanterie.
sin broma	sérieusement.
estar de broma	plaisanter.
bueno, adj. et adv.	bon.
busca, f.	recherche.
en busca de	à la recherche de.

buscar, v.	chercher.

C

cada, adj. inv.	chaque.
cada uno	chacun.
caer, v.	1. tomber. 2. (fig.) y être, saisir, comprendre.
caerle bien a uno	trouver sympathique.
café, m.	café.
caja, f.	caisse.
cajero, m.	caissier.
cajero automático	distributeur automatique de billets, billetterie.
cajón, m.	tiroir.
calcetín, m.	chaussette.
calor, m.	chaleur.
callar, callarse, v.	se taire.
calle, f.	rue
camarero, m.	garçon de café, serveur.
cambiado, adj.	changé.
cambiar, v.	changer.
cambio, m.	change, changement.
camisa, f.	chemise.
cansado, adj.	fatigué.
cansancio, m.	fatigue.
cansarse, v.	se fatiguer.
cántaro, m.	cruche.
llover a cántaros	pleuvoir à verse, à seaux.
cantidad, f.	quantité.
capaz, adj.	capable.
carácter, m.	caractère.
carne, f.	viande.
carné, m.	carnet.
carné de identidad	carte d'identité.
caro, adj. et adv.	cher (onéreux).
carrera, f.	1. course. 2. carrière. 3. études.
carretera, f.	route.

carro, m.	1. chariot. 2. (Amér.) voiture automobile.
carta, f.	lettre.
cartel, m.	affiche, panneau.
casa, f.	maison.
a, (de, en, por) casa de	chez.
ésta es tu casa	tu es ici chez toi.
casarse, v.	se marier.
casi, adv.	presque.
casillero, m.	casier.
caso, m.	cas.
el caso es que	l'affaire est que, c'est que.
catálogo, m.	catalogue.
causa, f.	cause.
celebrar, v.	célébrer, fêter.
cenar, v.	dîner.
censurar, v.	censurer, blâmer, critiquer.
centro, m.	centre.
cerca, adv.	près.
ceremonioso, adj.	cérémonieux.
cerrado, adj.	fermé.
cerradura, f.	serrure.
cerrar, v.	fermer.
cerveza, f.	bière.
cesar, v.	cesser.
cierto, adj. ind.	certain.
por cierto	1. certainement, assurément. 2. à propos.
cigarro, m.	cigarette.
cinco, adj. num.	cinq.
cine, m.	cinéma.
circulación, f.	circulation.
circunstancia, f.	circonstance.
cita, f.	rendez-vous.
citarse, v.	se donner rendez-vous.
ciudad, f.	ville, cité.
claro, adj.	clair.
¡ claro !	bien sûr ! évidemment ! bien entendu !
clase, f.	classe (toutes acceptions).

clásico, adj.	classique.
clínica, f.	clinique.
cliente, m.	client.
cobrar, v.	encaisser, toucher, percevoir.
cocina, f.	cuisine.
cóctel, m.	cocktail.
coche, m.	voiture.
cochinillo, m.	cochon de lait.
coger, v.	prendre.
colegio, m.	collège.
colgar, v.	1. pendre, suspendre. 2. (téléphone) raccrocher.
color, m.	couleur.
combinación, f.	combinaison.
comedor, m.	salle à manger.
comentar, m.	commenter.
comer, v.	1. manger. 2. déjeuner.
comercial, adj.	commercial.
comercio, m.	1. commerce. 2. magasin.
comida, f.	1. nourriture. 2. repas. 3. déjeuner.
como, adv.	comme.
cómo, adv. inter.	comment.
cómo no	bien sûr.
cómodo, adj.	confortable, commode.
ponerse cómodo	se mettre à l'aise.
compadecer, v.	plaindre, avoir pitié.
compañero, ra, m. et f.	camarade, collègue.
compensación, f.	compensation.
completamente, adv.	complètement.
complicado, adj.	compliqué.
complicar, v.	compliquer.
compra, f.	achat.
hacer la compra	faire le marché, les achats.
comprador, m.	acheteur.
comprar, v.	acheter.
compromiso, m.	engagement.
comunicar, v.	communiquer, faire savoir.
con, prép.	avec.
concesión, f.	concession.

concluir, v.	conclure.
concretar, v.	concrétiser.
concreto, adj.	concret.
condición, f.	condition.
conductor, m.	chauffeur, conducteur.
conectar, v.	connecter, mettre en rapport.
conectar con	changer pour (transport).
confiar, v.	confier.
confiar en	avoir confiance en.
confidencial, adj.	confidentiel.
confirmar, v.	confirmer.
conflictivo, adj.	tendu, de conflit.
conflicto, m.	conflit.
conforme, adj.	conforme.
¡ conforme !	d'accord !
estar conforme	être d'accord.
congelado, m.	surgelé.
conmigo, pron. pers.	avec moi.
conocer, v.	connaître.
conocido, adj.	connu.
consecuencia, f.	conséquence.
conseguir, v.	obtenir, réussir.
consejo, m.	conseil.
conservar, v.	conserver.
consiguiente, adj.	conséquent.
por consiguiente	par conséquent.
constitucional, adj.	constitutionnel.
consulta, f.	consultation.
contabilidad, f.	comptabilité.
contable, m.	comptable.
contar, v.	1. raconter. 2. compter.
contento, adj.	content.
estar contento con	être content de.
contestación, f.	réponse.
contestar, v.	répondre.
contigo, pron. pers.	avec toi.
continuar, v.	continuer.
contra, prép.	contre.
estar en contra de	être contre, opposé.
contradecir, v.	contredire.
contraproposición, f.	contre-proposition.

contrario, adj.	contraire.
al contrario	au contraire.
lo contrario	le contraire.
contrato, m.	contrat.
convencer, v.	convaincre.
convencido, adj.	convaincu.
convenido, adj.	convenu.
convenir, v.	convenir.
convincente, adj.	convaincant.
copa, f.	coupe, verre à pied.
copita, f.	petit verre.
corbata, f.	cravate.
corregir, v.	corriger.
correo, m.	courrier.
Correos	la Poste.
correr, v.	courir.
correr a cuenta de	être à la charge de.
corresponder, v.	1. correspondre. 2. payer de retour, rendre.
corriente, adj.	courant, ordinaire.
al corriente	au courant.
del corriente	de ce mois.
cortar, v.	couper.
cosa, f.	chose.
costar, v.	coûter.
costumbre, f.	habitude.
crédito, m.	crédit.
creer, v.	croire, penser.
¡ no crea !	ne vous fiez pas aux apparences !
criticar, v.	critiquer.
cruzado, adj.	croisé.
traje cruzado	costume croisé.
cruzar, v.	traverser.
cuadra, f.	1. écurie. 2. (Amér.) pâté de maisons.
cuadro, m.	tableau, peinture.
cuál, pron. inter.	quel, lequel.
cualquiera, adj. et pron. ind.	quelconque, n'importe lequel.
de cualquier forma	de toute façon.

cuando, conj.	quand.
cuánto, adj.	combien.
en cuanto	dès que.
en cuanto a	quant à.
cuatro, adj. num.	quatre.
cuenta, f.	compte.
darse cuenta	se rendre compte.
cuestión, f.	question, affaire.
ser cuestión de	être une question de.
cuidarse, v.	se soigner, prendre soin.
cuidado, m.	soin.
tener cuidado con	faire attention à, prendre soin de.
culpa, f.	faute, tort.
culpable, adj.	coupable.
cumpleaños, m.	anniversaire.
cumplir, v.	1. accomplir. 2. tenir sa parole.
curioso, adj.	curieux.
curso, m.	1. cours. 2. année scolaire.

CH

chalé, m.	pavillon, villa.
chaqueta, f.	veste.
charlar, v.	bavarder.
chequera, f.	(Amér.) chéquier.
chico, ca, m. et f.	garçon, fille.

D

dar, v.	donner.
dar con	trouver, tomber sur.
deber, v.	devoir (obligation, dette).
decidido, adj.	décidé.
decidir, v.	décider.
décimo, adj. num.	dixième.
decir, v.	dire.
decisión, f.	décision.
decorativo, adj.	décoratif.
defensa, f.	défense.

dejar, v.	laisser.
dejar de	cesser de.
no dejar de	ne pas laisser de, ne pas manquer de.
delantero, m.	avant (sport).
delantero centro	avant-centre
delgado, adj.	mince.
delicado, adj.	délicat.
demás, adj. et pron. ind.	autre.
por lo demás	pour le reste.
demasiado, adj. et adv.	trop, de trop.
demora, f.	retard, délai.
demorarse, v.	tarder.
dentista, m. et f.	dentiste.
dentro, adv.	dans, dedans, à l'intérieur.
dentro de poco	sous peu, d'ici peu.
denunciar, v.	dénoncer.
depender, v.	dépendre.
dependiente, ta, m. et f.	vendeur, vendeuse.
deprisa, adv.	vite, rapidement.
derecho, adj.	droit.
a la derecha	à droite.
derecho, m.	droit.
no hay derecho a que	c'est inadmissible que, ce n'est pas permis que, c'est une honte que.
desaconsejar, v.	déconseiller.
descansar, v.	se reposer.
descanso, m.	repos.
descontento, adj.	mécontent.
describir, v,	décrire.
desde, prép.	de, depuis.
desde luego	bien sûr, certainement, évidemment.
desde hace un mes	depuis un mois.
desear, v.	désirer, souhaiter.
despacho, m.	bureau.
después, adv.	après.

después de + nom	après + nom.
después de + infinitif	après + infinitif passé.
detalle, m.	détail.
en detalle	en détail.
detergente, m.	détergent, lessive.
detrás de, loc. adv.	derrière.
devolver, v.	rendre, restituer.
día, m.	jour.
buenos días	bonjour (jusqu'après déjeuner).
diciembre, m.	décembre.
dictar, v.	dicter.
dicho, adj.	dit.
diez, adj. num.	dix.
difícil, adj.	difficile.
dificultad, f.	difficulté.
dinero, m.	argent (monnaie).
Dios, m.	Dieu.
¡ vaya por Dios !	mon Dieu !
dirección, f.	direction.
directo, adv.	directement.
director, m.	directeur.
dirigir, v.	1. diriger. 2. adresser.
disco, m.	disque.
discreción, f.	discrétion.
disculpa, f.	excuse.
pedir disculpas	présenter des excuses.
disculparse, v.	s'excuser.
discutir, v.	discuter.
disimular, v.	dissimuler, cacher.
distinto, adj.	distinct, différent.
divertido, adj.	1. (avec **ser**) amusant, drôle. 2. (avec **estar**) amusé, distrait.
divorcio, m.	divorce.
doctor, m.	docteur.
documento, m.	document.
documento de identidad	pièce d'identité.
doler, v.	faire mal, faire souffrir.
dolor, m.	douleur.
donde, adv.	où.

dormir, v.	dormir.
dos, adj. num.	deux.
duda, f.	doute.
poner en duda	mettre en doute.
dudar, v.	1. douter. 2. hésiter.
dudoso, adj.	douteux.
duración, f.	durée.
durante, prép.	pendant, durant.

E

económico, adj.	économique.
echar, v.	jeter.
echar una mano	donner un coup de main.
echar de menos	regretter, ressentir l'absence.
edad, f.	âge.
edificio, m.	édifice, immeuble.
efectivamente, adv.	effectivement.
efectivo, adj.	effectif.
en efectivo	en espèces.
ejemplo, m.	exemple.
por ejemplo	par exemple.
el, article défini	le.
él, pron. pers.	lui, il.
ello, pron. pers. neutre	ceci, cela.
embargo, m.	saisie, séquestre.
sin embargo	cependant, néanmoins.
empeñarse, v.	s'obstiner, s'entêter.
empezar, v.	commencer.
empleado, m.	employé.
empleo, m.	emploi.
empresa, f.	entreprise.
encantar, v.	enchanter, ravir.
¡ encantado !	enchanté ! très heureux !
encargado, m.	1. préposé, employé. 2. chef, responsable.
encargar, v.	charger.
encargo, m.	1. commission, course. 2. message.

encerrado, adj.	enfermé.
encima, adv.	1. dessus. 2. en plus, par-dessus le marché.
encima de	sur, au-dessus de.
encomienda, f.	1. commission (affaire confiée à quelqu'un). 2. (Amér.) colis, paquet.
encontrar, v.	trouver.
encontrarse con, v.	rencontrer.
enero, m.	janvier.
enfadarse, v.	se fâcher.
enfermo, adj.	malade.
enfocar, v.	envisager, aborder.
enfoque, m.	approche, optique, façon d'aborder un problème.
enfrente, adv.	en face.
enhorabuena, f.	félicitations, compliments.
dar la enhorabuena	présenter ses félicitations, ses compliments.
enlazar (con), v.	changer pour (transport).
enseguida, adv.	aussitôt, tout de suite.
enseñar, v.	1. enseigner. 2. montrer, faire voir.
entender, v.	comprendre.
enterado, adj.	au courant.
estar enterado	être au courant, informé.
enteramente, adv.	entièrement, totalement.
enterarse, v.	s'informer, se mettre au courant, apprendre, se renseigner.
entonces, adv.	alors, dans ces conditions.
entrar, v.	entrer.
entrega, f.	livraison.
entregar, v.	remettre, livrer.
entretener, v.	distraire, amuser.
entrevistador, m.	interviewer, journaliste.
enviar, v.	envoyer.
época, f.	époque.
equipo, m.	équipe.
equivocarse, v.	se tromper.
error, m.	erreur.

escribir, v.	écrire.
ese, adj. démons.	ce, cet.
ése, pron. démons.	celui-ci, celle-ci.
esencial, adj.	essentiel.
eso, pron. démons. neutre.	ceci, cela.
a eso de	vers.
eso es	c'est cela.
por eso	aussi, en conséquence.
espantoso, adj.	épouvantable.
especialidad, f.	spécialité.
especialmente, adv.	spécialement.
esperar, v.	espérer.
esperar a que	attendre que.
esquina, f.	coin.
estable, adj.	stable.
estación, f.	1. gare, station. 2. saison.
estadio, m.	stade.
estado, m.	état.
estancia, f.	séjour.
estantería, f.	rayonnage, étagères.
estar, v.	être, se trouver.
¿ cómo está usted ?	comment allez-vous ?
estatuilla, f.	statuette.
este, adj. démons.	ce, cet.
éste, pron. démons.	celui-ci, celle-ci.
estilo, m.	style.
esto, pron. démons. neutre	ceci, cela.
estrella, f.	étoile.
estropear, v.	abîmer, gâcher.
estudiar, v.	étudier.
estupendo, adj.	excellent, extraordinaire.
¡ estupendo !	formidable !
evitar, v.	éviter.
exactamente, adv.	exactement.
exagerar, v.	exagérer.
excelente, adj.	excellent.
exclusivamente, adv.	exclusivement.
exigir, v.	exiger.
éxito, m.	succès.

expediente, m.	dossier.
experiencia, f.	expérience.
explicar, v.	expliquer.
expresar, v.	exprimer.
extranjero, adj. et m.	étranger.
extrañar, v.	surprendre, étonner.
extraordinario, adj.	extraordinaire.

F

fácil, adj.	facile.
factura, f.	facture.
falta, f.	1. manque, défaut. 2. faute.
sin falta	sans faute.
hace falta que	il faut que.
hacerle falta a uno	être nécessaire à quelqu'un, avoir besoin.
faltar, v.	manquer.
¡ no faltaría más !	il ne manquerait plus que cela ! je vous en prie !
familia, f.	famille.
farmacia, f.	pharmacie.
fastidiar, v.	fatiguer, ennuyer.
fatal, adj.	1. fatal. 2. lamentable, déplorable, très mauvais.
favor, m.	faveur, grâce.
a favor de	en faveur de.
hacer el favor de	faire le plaisir de.
¿ me hace el favor ?	s'il vous plaît ? (en interpellant).
hacer un favor	rendre un service.
por favor	s'il te (vous) plaît.
fecha, f.	date.
felicidades, f. pl.	félicitations, compliments.
felicitar, v.	féliciter.
fenomenal, adj.	phénoménal.
¡ fenomenal !	formidable ! sensationnel !

feria, f.	foire commerciale.
fiarse,v.	se fier, avoir confiance.
fiebre, f.	fièvre.
fiesta, f.	1. fête. 2. soirée.
figurarse, v.	se figurer, s'imaginer.
fijarse en, v.	remarquer, observer, voir, noter, regarder.
fin, m.	fin.
por fin	enfin.
final, m.	fin, bout.
a finales de	à la fin de.
al final	finalement, à la fin.
hasta el final	jusqu'au bout.
firmar, v.	signer.
firme, adj.	ferme.
físico, adj.	physique.
flor, f.	fleur.
folio, m.	feuillet.
fondo, m.	fond.
forma, f.	façon, forme
foto, f.	photo.
fotocopia, f.	photocopie.
francamente, adv.	franchement.
franco, adj.	franc.
frecuente, adj.	fréquent.
frontera, f.	frontière.
fuera, adv.	dehors.
fuerte, adj.	fort, lourd (à digérer).
fuerza, f.	force.
fumar, v.	fumer.
funcionar, v.	fonctionner.
fútbol, m.	football.

G

gafas, fpl.	lunettes.
gana, f.	envie.
dar ganas	faire envie, donner envie.
dar la gana	faire envie, avoir envie.
darle (entrarle)	*être pris d'envie.*

ganas a uno	volontiers, de bon cœur.
de buena gana	
tener ganas de	avoir envie de.
ganar, v.	gagner.
garganta, f.	gorge.
gastar, v.	dépenser.
gastrónomo, m.	gastronome, fine gueule.
general, adj.	général.
en general, por lo general	en général, généralement.
gente, f.	les gens.
gobierno, m.	gouvernement.
gol, m.	but (au football).
gordo, adj.	gros.
gracias, interj.	merci.
muchas gracias (por)	merci beaucoup (de).
dar las gracias	remercier, dire merci.
grande, adj.	grand.
grave, adj.	grave.
gris, adj.	gris.
grito, m.	cri.
grupo, m.	groupe.
guapo, adj.	joli, beau.
guardar, v.	garder.
guardia, f.	garde.
de guardia	de garde.
gustar, v.	plaire, aimer.
me (te, etc.) *gusta*	j'aime (tu aimes), etc.
gusto, m.	1. goût. 2. plaisir.
a gusto	à l'aise, bien.
mal gusto	mauvais goût.
mucho gusto	très heureux, enchanté.

H

haber, v. auxiliaire	être, avoir.
hay	il y a.
hay que + infinitif	il faut + infinitif.
habitación, f.	pièce, chambre.

hablar, v.	parler.
hacer, v.	faire.
hace	il y a, cela fait.
hacer de	jouer, tenir le rôle de.
¡ qué le vamos a hacer !	que peut-on y faire !
hala, interj.	allons, allez (pour encourager).
hambre, f.	faim.
harto, adj.	1. rassasié. 2. fatigué.
estar harto de	en avoir assez de.
hasta, prép.	jusqu'à.
hasta mañana	à demain.
hasta que	jusqu'à ce que.
hermano, a, m. et f.	frère, sœur.
hierba, f.	herbe.
hijo, m.	fils.
hola, interj.	holà ! salut ! bonjour !
hombre, m.	homme.
¡ hombre !	mon vieux ! mon cher ! quoi ! tiens ! tenez ! allons ! etc.
honor, m.	honneur.
hora, f.	heure.
ya es hora de que	il est temps que.
horrible, adj.	horrible.
hospital, m.	hôpital.
hotel, m.	hôtel.
hoy, adv.	aujourd'hui.
huelga, f.	grève.
huella, f.	trace.
humo, m.	fumée.

I

identidad, f.	identité.
igual, adj.	égal.
dar igual	être égal, pareil, sans importance.
ilusión, f.	illusion.
hacer ilusión	faire plaisir.
imagen, f.	image.

imaginarse, v.	s'imaginer.
impopular, adj.	impopulaire.
importancia, f.	importance.
importante, adj.	important.
importar, v.	importer.
¿ te importa...?	cela t'ennuie de...?
impresión, f.	impression.
imprudencia, f.	imprudence.
incluido, adj.	inclus.
todo incluido	tout compris.
incluso, adv.	même.
inconveniente, m.	inconvénient.
indicar, v.	indiquer.
indirecto, adj.	indirect.
indiscreto, adj.	indiscret.
inesperado, adj.	inattendu, inespéré.
infarto, m.	infarctus.
información, f.	information, renseignement.
informarse, v.	s'informer, se renseigner.
informática, f.	informatique.
informe, m.	1. information, renseignement. 2. rapport.
inmediatamente, adv.	immédiatement.
inmediato, adj.	immédiat.
inmejorablemente, adv.	très bien, parfaitement.
insistir, v.	insister.
insoluble, adj.	insoluble.
insoportable, adj.	insupportable.
intención, f.	intention.
intentar, v.	essayer de, tenter de.
interés, m.	intérêt.
interesante, adj.	intéressant.
interesar, v.	intéresser.
interpretación, v.	interprétation.
interrumpir, v.	interrompre.
investigación, f.	investigation, enquête.
invitación, f.	invitation.
invitado, adj. et m.	invité.
invitar, v.	inviter.
ir, v.	aller.

¡ qué va !	allons donc ! tu parles ! (vous parlez !) penses-tu ! (pensez-vous !).
¡ vaya !	eh bien ! dis donc ! dites donc !
irregular, adj.	irrégulier.
irresponsable, adj.	irresponsable.
irse, v.	s'en aller, partir.
izquierdo, adj.	gauche.
a la izquierda	à gauche.

J

jabón, m.	savon.
jabón de (para) lavar	savon de ménage, pour la lessive.
jaleo, m.	tapage, boucan, chambard.
jerra, f.	jarre, pot, chope, pichet.
jefe, m.	chef.
jersey, m.	pull-over.
joven, m. et f.	jeune, jeune homme, jeune fille.
juego, m.	jeu.
hacer juego	aller ensemble, faire pendant.
jueves, m.	jeudi.
jugar, v.	jouer.
juicio, m.	jugement.
a mi juicio	à mon avis.
en tela de juicío	en question, en doute.
julio, m.	juillet.
junio, m.	juin.
juntos, as, adj.	ensemble.
justificar, v.	justifier.
juzgar, v.	juger, estimer.

K

kilo, m.	kilo.

L

laboral, adj.	du travail, relatif au travail.
lado, m.	côté.
al lado de	à côté de.
lamentar, v.	regretter.
lamentarse, v.	se lamenter, se désoler.
largo, adj.	long.
lástima, f.	1. pitié. 2. dommage.
dar lástima	faire pitié.
¡ lástima que...!	dommage que...!
lata, f.	1. fer-blanc. 2. boîte de conserve, conserve.
lavadora, f.	lave-linge, machine à laver le linge.
lavar, v.	laver.
lavavajillas, m.	lave-vaisselle, machine à laver la vaisselle.
leer, v.	lire.
legítimo, adj.	légitime.
lejos, adv.	loin.
levantarse, v.	se lever.
libre, adj.	libre.
estar libre	être libre, disponible.
libro, m.	livre.
licenciar, v.	1. licencier, congédier. 2. libérer (un soldat).
licor, m.	liqueur.
limitación, f.	limitation.
limpieza, f.	1. propreté. 2. nettoyage.
productos de limpieza	produits d'entretien.
lista, f.	liste.
listo, adj.	prêt, préparé.
litro, m.	litre.
lo, article neutre	le, ce qu'il y a, ce qui est.
lo de	l'histoire de, le problème de.
lo que	ce qui, ce que.
lo... que	comme, combien, ce qui, ce que.
lo, pron. pers.	le, la.

lógico, adj.	logique.
lograr, v.	réussir à, parvenir à.
luego, adv.	ensuite, après.
desde luego	bien entendu, certainement, évidemment.
lugar, m.	lieu.
en lugar de	au lieu de.
luz, f.	lumière.

LL

llamar, v.	appeler.
llamar por teléfono	appeler, téléphoner.
llamar de usted	vouvoyer.
llave, f.	clé.
llegar, v.	arriver.
lleno, adj.	plein.
llevar, v.	1. porter. 2. conduire, amener.
llevar una hora esperando	attendre depuis une heure.
llevarse bien	s'entendre bien.
llover, v.	pleuvoir.

M

madre, f.	mère.
madrugar, v.	se lever de bonne heure.
magnetófono, m.	magnétophone.
magnífico, adj.	magnifique.
maleta, f.	valise.
malo, adj.	mauvais.
mamá, f.	maman.
mancha, f.	tache.
mandar, v.	1. ordonner, commander. 2. envoyer.
a mandar	à ton (votre) service.
manejar, v.	1. manier. 2. (Amér.) conduire.
manera, v.	manière, façon.
mano,f.	main.

echar una mano	donner un coup de main.
estar de la mano	être du ressort.
mantenerse, v.	se tenir, rester.
mañana, adv.	demain.
esta mañana	ce matin.
pasado mañana	après-demain.
máquina, f.	machine.
escribir a máquina	écrire à la machine.
marca, f.	marque.
marcado, adj.	marqué, indiqué.
marcar, v.	marquer.
marco, m.	cadre.
marcharse, v.	partir, s'en aller.
marearse, v.	avoir mal au cœur, avoir la tête qui tourne.
marido, m.	mari.
marino, adj.	marin.
azul marino	bleu marine.
marrón, m.	marron (couleur).
martes, m.	mardi.
marzo, m.	mars.
más, adv.	plus, davantage.
más bien	plutôt.
más o menos	plus ou moins, à peu près.
mayo, m.	mai.
mayor, adj.	plus grand, plus âgé ; aîné.
medicina, f.	médecine.
médico, m.	médecin.
medio, adj.	demi.
mejor, adj. et adv.	meilleur ; mieux.
a lo mejor	peut-être.
es mejor + infinitif	il est mieux de + infinitif.
estar mejor	être mieux, aller mieux.
mejora, f.	amélioration (progrès).
mejorarse, v.	mieux se porter, aller mieux.
mejoría, f.	amélioration (retour à la normale).
memoria, f.	mémoire.
saber de memoria	savoir par cœur.
menor, adj.	moindre, plus petit.
menos, adv.	moins.

por lo menos	au moins.
mentira, f.	mensonge.
parece mentira	c'est incroyable.
menú, m.	menu.
merendar, v.	goûter, prendre un goûter.
mes, m.	mois.
el mes que viene	le mois prochain.
mesa, f.	table.
mesita, f.	petite table.
meterse, v.	se mettre, se fourrer.
método, m.	méthode.
metro, m.	métro.
mi, adj. poss.	mon, ma.
mí, pron. pers.	moi.
para mí	pour moi, à mon avis.
miedo, m.	peur, crainte.
tener miedo de que	avoir peur que.
mil, adj. num.	mille.
mili, f.	service militaire.
hacer la mili	faire son service militaire.
millón, m.	million.
mínimo, adj.	minime, très petit.
ministerio, m.	ministère.
ministro, m.	ministre.
minoría, f.	minorité.
minuto, m.	minute.
mío, adj. poss.	mon, ma, à moi.
mirar, v.	regarder.
¡ mira !	regarde ! écoute !
¡ mire !	regardez ! écoutez !
miseria, f.	misère.
mismo, adj.	même.
lo mismo	la même chose.
dar lo mismo	revenir au même, être égal.
moderno, adj.	moderne.
modo, m.	mode, façon.
de modo que	si bien que, de sorte que.
de ningún modo	en aucune façon.
molestar, v.	gêner, déranger.
molestia, f.	ennui, tracas, gêne.
momento, m.	moment, instant.

montaña, f.	montagne.
montón, m.	tas, masse, montagne.
un montón de tiempo	un bon bout de temps.
moreno, adj.	brun.
mover, v.	bouger.
muchacho, m.	jeune homme, garçon.
mucho, adj. et adv.	beaucoup de, beaucoup.
mujer, f.	1. femme. 2. épouse.
mundo, m.	monde.
muy, adv.	très.

N

nación, f.	nation.
nada, pron. ind.	rien.
¡ nada, nada !	non, non !
no... nada	ne... pas du tout.
nada más + infinitif	tout juste + participe passé.
nadie, pron. ind.	personne.
naranja, f.	orange.
náusea, f.	nausée.
Navidad, f.	Nativité, Noël.
las Navidades	les fêtes de Noël.
necesario, adj.	nécessaire.
necesitar, v.	nécessiter, avoir besoin.
negar, v.	nier, refuser.
negarse a	refuser de.
negociar, v.	négocier.
negocio, m.	affaire, commerce.
negro, adj.	noir.
nervioso, adj.	nerveux.
poner nervioso	rendre nerveux.
ni, conj.	ni.
ni siquiera	ne... même pas.
ninguno, adj. et pron. ind.	aucun.
niño, m.	enfant.
noche, f.	nuit, soirée, soir.
de noche	la nuit.

esta noche	ce soir, cette nuit.
por la noche	le soir.
nombrar, v.	nommer.
nombre, m.	1. nom. 2. prénom.
en nombre de	au nom de.
normal, adj.	normal.
nosotros, pron. pers.	nous.
nota, f.	note.
noticia, f.	nouvelle.
noveno, adj. num.	neuvième.
noviembre, m.	novembre.
novio, via, m. et f.	fiancé, fiancée
nube, f.	nuage.
nuestro, adj. poss.	notre.
el nuestro	le nôtre.
nueve, adj. num.	neuf.
nuevo, adj.	nouveau, neuf.
número, m.	numéro.
nunca, adv.	jamais.

O

o, conj.	ou.
o sea	c'est-à-dire.
obligación, f.	obligation.
ocupado, adj.	occupé.
ocurrir, v.	arriver, survenir, se passer.
ocurrírsele a uno	penser, venir à l'esprit, passer par la tête.
ocho, adj. num.	huit.
oeste, m.	ouest.
oferta, f.	offre.
oficina, f.	bureau.
oficio, m.	métier.
ofrecer, v.	offrir.
oir, v.	entendre.
¡ oye !	écoute ! eh !
¡ oye ! ou *¡ oiga !*	(au téléphone) allô.
ojalá, interj.	Dieu vous entende ! plaise à Dieu !

ojo, m.	œil.
olvidar, v.	oublier.
once, adj. num.	onze.
operación, f.	opération.
opinar, v.	penser, avoir une opinion.
opinión, f.	opinion.
en mi opinión	à mon avis.
oponer, v.	opposer.
opuesto, adj.	opposé.
orden, m.	ordre, rangement.
poner orden	ranger, mettre de l'ordre.
ordenador, m.	ordinateur.
organizarse, v.	s'organiser.
original, adj.	original.
oscuro, adj.	obscur, sombre.
otro, adj. et pron. ind.	autre.

P

padre, m.	père.
los padres	les parents (père et mère).
paella, f.	paella, riz à la valencienne.
pagado, adj.	payé.
pagar, v.	payer.
página, f.	page.
país, m.	pays.
palabra, f.	mot, parole.
palanca, f.	1. levier. 2. (Amér.) piston, influence.
pantalón, pantalones	pantalon.
papa, f.	pomme de terre.
papel, m.	1. papier. 2. rôle.
paquete, m.	paquet.
par, m.	1. paire. 2. deux. 3. deux ou trois.
para, prép.	pour.
para mí	pour moi, à mon avis.
parada, f.	arrêt d'autobus.
parar, v.	arrêter.

parecer, v.	paraître, sembler.
me (te) parece que	je pense que (tu penses que).
paro, m.	chômage.
estar en el paro	être au chômage.
parque, m.	parc, jardin.
parte, f.	part.
de (por) parte de	de la part de.
de mi parte	de ma part.
por mi parte	pour moi.
por todas partes	de tous les côtés.
particularmente, adv.	particulièrement.
partido, m.	match, rencontre sportive.
pasado, adj.	passé, dernier.
pasado mañana	après-demain.
pasar, v.	1. passer. 2. entrer.
Pascuas, f. pl.	fêtes de Noël, de fin d'année, d'Épiphanie, de Pâques.
felicitar las Pascuas	souhaiter de bonnes fêtes.
paseo, m.	promenade, tour.
dar un paseo	faire un tour.
paso, m.	pas.
dar un paso	faire un pas.
pastas, fpl.	1. pâtes. 2. petits fours, petits gâteaux.
pastilla, f.	pastille.
pastilla de jabón	savonnette.
pata, f.	patte.
meter la pata	faire une gaffe.
tener mala pata	ne pas avoir de veine.
pedido, m.	commande.
pedir, v.	demander, commander, exiger.
pelado, adj.	épluché.
película, f.	film.
pelmazo, m.	casse-pieds, raseur.
pelo, m.	cheveux.
pena, f.	peine, chagrin.
dar pena	faire de la peine.
es una pena que, la pena es que	c'est dommage que.
¡ qué pena !	quel dommage !

valer la pena	valoir la peine.
pensar, v.	1. penser, réfléchir. 2. penser, envisager.
peor, adj.	pire.
pequeño, adj.	petit.
perder, v.	perdre.
perdón, m.	pardon.
pedir perdón	demander pardon, s'excuser.
perdonar, v.	pardonner.
perfectamente, adv.	parfaitement.
periódico, m.	journal.
periodista, m. et f.	journaliste.
período, m.	période, époque.
permiso, m.	permission.
permitir, v.	permettre.
pero, conj.	mais.
persistencia, f.	persistance.
persona, f.	personne.
personal, adj. et m.	personnel.
Personal	service du Personnel.
personalmente, adv.	personnellement.
pertenecer, v.	appartenir.
pertinente, adj.	pertinent.
pesado, adj.	lourd, pesant.
pésame, m.	condoléances.
pesar, m.	chagrin, peine.
a pesar de	malgré.
pesca, f.	1. pêche. 2. poisson.
pescado, m.	poisson (une fois pêché).
pesimista, adj.	pessimiste.
peso, m.	peso (monnaie de plusieurs pays latino-américains).
picar, v.	1. piquer. 2. grappiller, picorer.
pie, m.	pied.
a pie	à pied.
de pie, en pie	debout.
pierna, f.	jambe.
piso, m.	1. étage. 2. appartement.
plan, m.	plan, projet.
visto el plan	étant donné les circonstances.

planta, f.	1. plante. 2. étage.
plata, f.	argent (métal et monnaie surtout en Amérique).
plaza, f.	place.
plomo, m.	1. plomb. 2. plomb, fusible.
poco, adj. et adv.	peu de, peu.
poder, v.	pouvoir.
policía, m. et f.	1. policier. 2. police.
política, f.	politique.
ponencia, f.	rapport ; exposé.
poner, v.	mettre, poser.
poner con	mettre en communication téléphonique avec, passer.
poner en tela de juicio	mettre en question.
ponerse a + infinitif	se mettre à + infinitif.
ponerse + adjectif	devenir.
por, prép.	1. par, pour. 2. à travers.
porque, conj.	parce que.
por qué, conj.	pourquoi.
portada, f.	couverture d'une revue.
portería, f.	loge de concierge.
portero, m.	concierge, gardien.
posesión, f.	possession.
posible, adj.	possible.
lo antes posible	le plus tôt possible.
postura, f.	posture, position.
posventa, f.	après-vente.
prácticas, fpl.	stage.
precio, m.	prix.
precipitarse en, v.	se précipiter pour, se presser de.
precisamente, adv.	précisément.
precisión, f.	précision.
con más precisión	plus précisément.
preferencia, f.	préférence.
preferir, v.	préférer.
preguntar, v.	demander, interroger.
preocupación, f.	préoccupation.
preocupado, adj.	préoccupé, soucieux.
preocuparse, v.	se soucier, se préoccuper.

prenda, f.	vêtement.
prensa, f.	presse.
rueda de prensa	conférence de presse.
preparar, v.	préparer.
presentación, f.	présentation.
presentar, v.	présenter.
prestar, v.	prêter.
prever, v.	prévoir.
previsto, adj.	prévu.
prima, f.	prime.
primero, adj. num.	premier.
primero, adv.	1. d'abord, premièrement. 2. avant.
primo, a, m. et f.	cousin, cousine.
principio, m.	principe.
al principio	au début.
a principios de	au début de.
prisa, f.	hâte.
darse prisa	se presser, se dépêcher.
de prisa	vite, rapidement.
tener prisa	être pressé.
probable, adj.	probable.
probar, v.	1. prouver. 2. éprouver. 3. essayer. 4. goûter.
problema, m.	problème.
procedimiento, m.	1. procédé. 2. procédure.
procurar, v.	essayer de.
producir, v.	produire.
producto, m.	produit.
prohibir, v.	interdire.
prolongación, f.	prolongation.
prometer, v.	promettre.
pronto, adv.	1. vite, rapidement. 2. tôt.
tan pronto como	aussitôt que, dès que.
propio, adj.	propre, lui-même.
proponer, v.	proposer.
proposición, f.	proposition.
propósito, m.	intention.
propuesta, f.	proposition.
protagonista, m. et f.	héros, héroïne.
provisional, adj.	provisoire.

próximo, adj.	proche.
proyecto, m.	projet.
pueblo, m.	village.
puerta, f.	porte.
pues, conj.	1. parce que, puisque, car. 2. (dans le dialogue, en tête de phrase) eh bien.
punto, m.	1. point. 2. tricot.
estar a punto de	être sur le point de.
punto de vista	point de vue.
chaqueta de punto	veste en tricot.

Q

qué, pron. inter.	quoi, ce que.
quedar, v.	1. rester, demeurer. 2. avoir, prendre rendez-vous, se retrouver.
quedar en	décider, tomber d'accord.
quejarse, v.	se plaindre.
querer, v.	1. vouloir. 2. aimer.
quien, pron. relatif	qui (pour les personnes).
quinientos, adj. num.	cinq cents.
quinto, adj. num.	cinquième.
quiosco, m.	kiosque.
quitar, v.	enlever, ôter.
quizá, quizás, adv.	peut-être.

R

radicalización, f.	radicalisation.
rápido, adj.	rapide.
raro, adj.	1. rare. 2. bizarre, étrange.
rato, m.	moment, instant.
raya, f.	rayure.
de rayas	à rayures.
razón, f.	raison.
reacción, f.	réaction.
realidad, f.	réalité.

realmente, adv.	réellement.
rebajado, adj.	soldé.
rebajar, v.	baisser, faire un rabais.
recaer, v.	1. retomber. 2. rechuter (maladie).
recibir, v.	recevoir, accueillir.
recibo, m.	reçu.
reclamación, f.	réclamation.
reclamar, v.	réclamer.
recoger, v.	prendre, passer prendre, ramasser, recueillir.
recomendar, v.	recommander, conseiller.
reconocer, v.	reconnaître.
recordar, v.	rappeler, se rappeler.
recto, adv.	tout droit.
recuerdo, m.	souvenir.
dar recuerdos	se rappeler au bon souvenir.
recuperar, v.	récupérer.
recurso, m.	1. ressource. 2. recours.
rechazar, v.	repousser, refuser.
rechazo, m.	refus, rejet.
redondo, adj.	rond.
reestructuración, f.	restructuration.
referencia, f.	référence.
referirse, v.	se référer, parler de.
regalar, v.	offrir.
regalo, m.	cadeau.
régimen, m.	régime.
región, f.	région.
regular, adj.	1. régulier. 2. comme ci, comme ça.
reírse, v.	1. rire. 2. se moquer.
remitir, v.	remettre, envoyer.
repente (de), adv.	soudain, tout à coup.
repetir, v.	1. répéter. 2. recommencer, refaire.
reponerse, v.	se remettre, se rétablir.
representante, m.	représentant.
representativo, adj.	représentatif.
repuesto, adj.	rétabli.
reservar, v.	réserver.

respecto a, adv.	quant à, en ce qui concerne.
responsable, adj.	responsable.
respuesta, f.	réponse.
restaurante, m.	restaurant.
resultado, m.	résultat.
resultar, v.	1. résulter. 2. être.
resumir, v.	résumer.
retrasar, v.	retarder.
retraso, m.	retard.
reunión, f.	réunion.
reunir, v.	réunir.
revisión, f.	révision.
revista, f.	revue.
rincón, m.	coin.
rizado, adj.	frisé.
rogar, v.	demander, prier.
rojo, adj.	rouge.
romper, v.	briser, casser, fracturer.
ropa, f.	vêtement.
roto, adj.	rompu, cassé.
plomos rotos	plombs sautés.
rubio, adj.	blond.
rueda, f.	roue.
rueda de prensa	conférence de presse.
ruido, m.	bruit.
ruptura, f.	rupture.

S

sábado, m.	samedi.
sábana, f.	drap.
saber, v.	savoir.
sacar, v.	tirer, sortir.
sacar una fotocopia	faire une photocopie.
saco, m.	1. sac. 2. (Amér.) veste.
salarial, adj.	salarial.
salir, v.	sortir, partir.
salir bien	réussir, bien marcher.
salir mal	échouer, ne pas réussir.
salón, m.	salon.

saludar, v.	saluer, dire bonjour.
santo, m.	1. saint. 2. fête de quelqu'un.
satisfecho, adj.	satisfait.
sección, f.	section ; rayon (dans un magasin).
secretaria, f.	secrétaire.
seda, f.	soie.
seguida (en)	aussitôt, tout de suite.
seguir, v.	continuer, suivre.
seguir + gérondif	continuer à.
según, conj.	comme, au moment où.
segundo, adj. num.	second, deuxième.
seguro, adj.	sûr, certain.
seguro, m.	assurance.
selección, f.	1. sélection. 2. choix.
seleccionar, v.	sélectionner, retenir.
semana, f.	semaine.
fin de semana	week-end.
la semana pasada	la semaine dernière.
sencillo, adj.	simple.
seis, adj. num.	six.
sentar, v.	seoir, aller, convenir.
sentarse, v.	s'asseoir.
sentido, m.	sens.
sentir, v.	1. regretter. 2. sentir, . éprouver.
sentirse, v.	se sentir.
señor, a, m. et f.	monsieur, madame.
señorita, f.	mademoiselle.
ser, v.	être.
ser de	1. être à, appartenir. 2. advenir, devenir. 3. être de (origine).
ser para	être pour, être destiné à.
serio, adj.	sérieux.
en serio	sérieusement.
va en serio	c'est sérieux, c'est pour de bon.
servicio, m.	service.
servir, v.	servir.
servir a casa	livrer à domicile.

si, conj.	si.
sí, adv.	oui.
sí, pron. pers. réfléchi	lui, elle, soi.
siempre, adv.	toujours.
siempre que	chaque fois que.
siete, adj. num.	sept.
siguiente, adj.	suivant.
lo siguiente	la chose suivante.
simpático, adj.	sympathique.
sin, prép.	sans.
sindical, adj.	syndical.
sindicato, m.	syndicat.
siquiera, adv.	au moins.
ni siquiera	ne... même pas.
sirena, f.	sirène.
sitio, m.	endroit, lieu.
situación, f.	situation.
sobre, m.	enveloppe.
sobre, prép.	sur.
sobre todo	surtout.
sobrino, m.	neveu.
social, adj.	social.
sociedad, f.	société.
socio, m.	associé.
sofá, m.	sofa, canapé.
soler, v.	avoir l'habitude de.
solo, adj.	seul.
sólo, adv.	seulement, ne... que.
solución, f.	solution.
solucionar, v.	résoudre.
someter, v.	soumettre.
sopa, f.	soupe, potage.
soportar, v.	supporter.
sorprender, v.	surprendre, étonner.
subir, v.	monter.
subrayar, v.	souligner.
suceso, m.	événement, fait divers.
sueldo, m.	salaire.
sueño, m.	sommeil.
suerte, f.	sort, destin.

¡ suerte !	bonne chance !
desear suerte	souhaiter bonne chance.
mala suerte	malchance.
suficiente, adj.	suffisant.
sugerir, v.	suggérer.
supermercado, m.	supermarché.
suponer, v.	supposer.
supuesto, adj.	supposé.
por supuesto	certainement, évidemment, bien entendu, naturellement.
sur, m.	sud.
sustitución, f.	substitution.
sustituir, v.	substituer, remplacer.
suyo, adj. poss.	à lui, à elle, à eux, à elles ; à vous.

T

tacaño, adj.	radin, pingre.
tal, adj.	tel.
¿ qué tal...?	comment...?
¿ qué tal ?	comment ça va ?
tal como	tel que.
talla, f.	taille.
tamaño, m.	format, taille, grandeur.
también, adv.	aussi, également.
tambor, m.	1. tambour. 2. baril de lessive.
tampoco, adv.	non plus.
tan, adv.	si, tellement.
tanto, adj. et adv.	1. tant de, tant. 2. autant de, autant.
estar al tanto	être au courant.
por lo tanto	par conséquent, donc.
tanto... como	autant... que.
tardar, v.	tarder, mettre du temps.
tarde, f.	après-midi.
buenas tardes	bonjour (après déjeuner jusqu'à la tombée de la nuit).
tarde, adv.	tard, en retard, trop tard.
tarjeta, f.	carte.

tarjeta de crédito	carte de crédit.
teatro, m.	théâtre.
techo, m.	toit.
tela, f.	toile.
en tela de juicio	en question, en doute.
telefonista, m. et f.	standardiste, téléphoniste.
teléfono, m.	téléphone.
televisión, f.	télévision.
ver la televisión	regarder la télévision.
tema, m.	1. thème. 2. sujet, question, problème
temer, v.	craindre.
temor, m.	crainte.
temperatura, f.	température.
temprano, adv.	tôt, de bonne heure.
tener, v.	avoir, posséder.
tener que + infinitif	devoir + infinitif.
tercero, adj. num.	troisième.
terminar, v.	terminer.
testigo, m.	témoin.
ti, pron. pers.	toi.
tiempo, m.	temps.
a tiempo	à temps.
al mismo tiempo	en même temps.
tener tiempo	avoir le temps.
tienda, f.	boutique, magasin.
tintorería, f.	teinturerie.
tío, tía, m. et f.	oncle, tante.
los tíos	les oncle et tante.
tipo, m.	type, genre, classe.
tirar, v.	jeter.
tirar por	être attiré par, avoir un faible pour.
tocar, v.	1. toucher. 2. être à, revenir.
todavía, adv.	encore.
todo, adj.	tout.
del todo	tout à fait, absolument.
no... del todo	ne... pas du tout.
sobre todo	surtout.
tolerar, v.	tolérer.

tomar, v. prendre.
tomate, m. tomate.
tonto, adj. sot, sotte.
total (en) au total, en tout.
totalmente, adv. totalement, tout à fait.
trabajador, m. travailleur.
trabajar, v. travailler.
trabajo, m. 1. travail. 2. emploi.
traducir, v. traduire.
traer, v. apporter, amener.
tráfico, m. trafic, circulation.
traje, m. costume.
tranquilizador, m. rassurant.
tranquilizar, v. tranquilliser, rassurer.
tranquilo, adj. tranquille.
transporte, m. transport.
tratar, v. traiter.
tratarse de s'agir de.
tratamiento, m. traitement.
treinta, adj. num. trente.
tren, m. train.
tres, adj. num. trois.
trucha, f. truite.
tu, adj. poss. ton, ta.
tú, pron. pers. toi, tu.
turístico, adj. touristique.
tutear, v. tutoyer.
tuteo, m. tutoiement.
tuyo, adj. poss. ton, à toi.

U

últimamente, adv. dernièrement, ces derniers temps.
último, adj. dernier.
único, adj. unique, seul.
unir, v. unir.
unos, as, article et adj. ind. 1. des, quelques. 2. (devant un numéral) environ, à peu près, quelque.

unos pocos (cuantos)	quelques rares.
urgente, adj.	urgent.
usuario, m.	usager.
útil, adj.	utile.
utilizar, v.	utiliser.
uy, interj.	oh la la (surprise).

V

vacaciones, fpl.	vacances.
estar de vacaciones	être en vacances.
ir de vacaciones	aller en vacances.
valer, v.	valoir.
¡ vale !	d'accord ! ça va !
varios, adj.	plusieurs.
vaso, m.	verre.
vecino, m.	voisin.
veinte, adj. num.	vingt.
veinticuatro, adj. num.	vingt-quatre.
vendedor, a, m. et f.	vendeur, vendeuse.
vender, v.	vendre.
venir, v.	venir.
¡ venga !	allons ! allez ! vas-y !
venir bien	convenir.
ventana, f.	fenêtre.
ver, v.	voir.
a ver	voyons.
verano, m.	été.
verdad, f.	vérité.
de verdad	vraiment.
la verdad es que	il est vrai que.
¿ verdad ?	n'est-ce pas ?
verde, adj.	vert.
vestido, adj.	vêtu, habillé.
vestido, m.	vêtement (en général) ; robe.
vestirse, v.	s'habiller.
vez, f.	fois.
alguna vez	de temps à autre.

cada vez más	de plus en plus.
en vez de	au lieu de.
esta vez	cette fois.
otra vez	à nouveau, de nouveau.
viaje, m.	voyage.
vida, f.	vie.
vídeo, video, m.	magnétoscope.
viejo, adj.	vieux.
viernes, m.	vendredi.
vino, m.	vin.
visita, f.	visite.
vista, f.	vue.
las vistas	la vue, le panorama.
hasta la vista	au revoir.
visto, adj.	vu.
visto el plan	étant donné les circonstances.
vivir, v.	vivre, habiter.
volar, v.	voler (dans l'espace).
voy volando	j'y cours.
voluntad, f.	volonté.
volver, v.	1. tourner. 2. rentrer.
volver a + infinitif	recommencer à.
vosotros, pron. pers.	vous.
votación, f.	vote.
votar, v.	voter.
vuelo, m.	vol (dans l'espace).
vuelta, f.	tour, retour.
dar media vuelta	faire demi-tour.
vuestro, adj. poss.	votre, à vous.

Y

ya, adv.	1. déjà. 2. bien. 3. maintenant.
ya es hora	il est grand temps.
ya no	ne... plus.

Z

zapato, m.	chaussure.
zona, f.	zone.

Les langues pour tous

Collection dirigée par Jean-Pierre Berman, Michel Marcheteau et Michel Savio

ESPAGNOL

Pour débuter (ou tout revoir) :

- **40 leçons**

Pour mieux exprimer et mieux comprendre :

- **Communiquer**

Pour se perfectionner et connaître l'environnement :

- **Pratiquer l'espagnol**

Pour évaluer et améliorer votre niveau :

- **Score** (200 tests d'espagnol)

Pour aborder la langue spécialisée :

- **L'espagnol économique et commercial** (20 dossiers)
- **La correspondance commerciale espagnole**
- **Dictionnaire économique, commercial et financier**

Pour s'aider d'ouvrages de référence :

- **Dictionnaire de l'espagnol d'aujourd'hui** (en prép.)
- **Grammaire espagnole pour tous** (en prép.)

Pour prendre contact avec des œuvres en version originale :

- **Série bilingue**

→ **Niveaux :** □ facile (1er cycle) □□ moyen (2e cycle) □□□ avancé

Borges Jorge Luis : Histoire universelle de l'infamie	□□□
Nouvelles espagnoles contemporaines	□□
Nouvelles hispano-américaines :	
• Vol. I - Des années aux Caraïbes	□□
• Vol. II - Rêves et Réalités	□□
L'Espagne à travers sa presse	□□
L'espagnol par les chansons	□
M.V. Montalbán : Vu des toits	□□

Autres langues disponibles dans les séries de la collection **Les langues pour tous**

Allemand - Anglais - Arabe - Français - Grec - Hébreu - Italien - Latin - Néerlandais - Portugais - Russe

Achevé d'imprimer en janvier 1991
sur les presses de Cox and Wyman Ltd
(Angleterre)

1839B-5 - Dépôt légal : août 1989.
Imprimé en Angleterre